明史

清　張廷玉等撰

第二三册

卷二六八至卷二八〇（傳）

中華書局

明史卷二百六十八

列傳第一百五十六

曹文詔 弟文耀　周遇吉　黃得功

曹文詔，大同人。勇毅有智略。從軍遼左，歷事熊廷弼、孫承宗，積功至遊擊。崇禎二年冬，從袁崇煥入衞京師。明年二月，總理馬世龍畀所賜尙方劍，令率參將王承胤、張叔嘉，都司左良玉等伏玉田枯樹、洪橋，鏖戰有功，遷參將。自大塹山轉戰逼遵化，又從世龍等克大安城及鮎魚諸關。以與復四城功，加都督僉事。七月，陝西賊熾，擢延綏東路副總兵。

賊渠王嘉胤久據河曲。四年四月，文詔克其城。嘉胤脫走，轉掠至陽城南山。文詔追及之，其下斬以降，以功擢臨洮總兵官。

點燈子自陝入山西。文詔追之，及於稷山，諭降七百人。點燈子遁，尋被獲，伏誅。

李老柴、獨行狼陷中部，巡撫練國事、延綏總兵王承恩圍之。五月，慶陽賊郝臨菴、劉道江援之。會文詔西旋，與楡林參政張福臻合剿，馘老柴及其黨一條龍，餘黨奔摩雲谷。副將張弘業、遊擊李明輔戰死。文詔乃與遊擊左光先、崔宗廕、李國奇分剿綏德、宜君、清澗、米脂賊，戰懷寧川、黑泉峪、封家溝、綿湖峪，皆大捷，掃地王授首。

紅軍友、李都司、杜三、楊老柴者，神一魁餘黨也，屯鎮原，將犯平涼。國事檄甘肅總兵楊嘉謨、副將王性善扼之，賊走慶陽。文詔從鄜州間道與嘉謨、性善合。五年三月，大戰西濠，斬千級，生擒杜三、楊老柴。餘黨糾他賊掠武安監，陷華亭，攻莊浪。文詔、嘉謨至，賊屯張麻村。官軍掩擊，賊走高山。遊擊曹變蛟、馮舉、劉成功、平安等譟而上，賊潰走。變蛟者，文詔從子也。會性善及甘肅副將李鴻嗣、參將莫與京等至，共擊斬五百二十餘級。追敗之咸寧關，又敗之關上嶺。追至隴安，嘉謨、變蛟夾擊，復敗之。賊餘衆數千欲走漢南，爲遊擊趙光遠所遏，乃由長寧驛走張家川。其逸出清水者，副將蔣一陽遇之敗，都司李宮用被執。文詔乃縱反間，紿其黨，殺紅軍友，遂蹙敗之水落城。追至靜寧州，賊奔據唐毛山，變蛟先登，殄其衆。

可天飛、郝臨庵、劉道江爲王承恩所敗，退保鐵角城。獨行狼、李都司走與合，可天飛、劉道江遂圍合水。文詔往救。賊匿精銳，以千騎逆戰，誘抵南原，伏大起。城上人言曹將軍已歿。文詔持矛左右突，西馬縈萬衆中。諸軍望見，夾擊，賊大敗，僵屍蔽野，餘走銅川橋。文詔率變蛟、舉、嘉謨及參將方茂功等追及之，大戰陷陣，賊復大敗。尋與寧夏總兵賀虎臣、固原總兵楊麒破賊甘泉之虎兕凹。麒復追賊安口河、崇信窰、白茅山，皆大獲。總督洪承疇斬可天飛、李都司於平涼，降其將白廣恩，餘賊分竄。文詔追擊之隴州、平、鳳間。十月三戰三敗之，遂蹙賊耀州錐子山，其黨殺獨行狼、郝臨庵以降。承疇戮四百人，餘散遣。關中巨寇略平。

巡撫御史范復粹彙奏首功凡三萬六千六百有奇，文詔功第一，嘉謨次之，承恩、麒又次之。文詔在陝西，大小數十戰，功最多，承疇不爲敍。巡按御史吳甡推奬甚至，復粹疏復上。兵部抑其功，卒不敍。

當是時，賊見陝兵盛，多流入山西，其魁紫金梁、混世王、姬關鎖、八大王、曹操、闖塌天、興加哈利七大部，多者萬人，少亦半之，蹂躪汾州、太原、平陽。御史張宸極言：「賊自秦中來。秦將曹文詔威名宿著，士民爲之謠曰『軍中有一曹，西賊聞之心膽搖』。且嘗立功晉中，而秦賊滅且盡。宜敕令入晉協勦。」於是命陝西、山西諸將並受文詔節制。

六年正月抵霍州，敗賊汾河、盂縣，追及於壽陽。巡撫許鼎臣遣謀士張宰先大軍嘗賊，賊驚潰。二月，文詔追擊之，斬混世王於碧霞村。〔一〕餘黨爲猛如虎逐走，遇文詔兵方山，復敗。五臺、盂、定襄、壽陽賊盡平。鼎臣命文詔軍平定，備太原東；張應昌軍汾州，備太原西。文詔連敗賊太谷、范村、楡社，太原賊幾盡。

帝以文詔功多，敕所過地多積糗糧以犒，並敕文詔速平賊。山西監視中官劉中允言文詔剿賊徐溝、盂、定襄，所司不給米，反以礮石傷士卒。帝卽下御史按問。三月，賊從河內上太行，文詔大敗之澤州。賊走潞安，文詔至陽城遇賊不擊，自沁水潛師，還擊之芹地、劉村寨，斬首千餘。四月，賊屯潤城，其他部陷平順，殺知縣徐明揚。文詔至，賊走，乃夜半襲潤城，斬賊千五百。紫金梁、老回回自楡社走武鄉，過天星走高澤山，文詔皆擊敗。他賊圍涉縣，聞文詔破賊黎城，解去。

五月，帝遣中官孫茂霖爲文詔內中軍。賊犯沁水，文詔大敗之，擒其魁大虎，又敗之遼城毛嶺山西。賊旣屢敗，乃避文詔鋒，多流入河北。帝乃命文詔移師往討。而賊已敗鄧玘兵於林縣，文詔率五營軍夜襲破之。七月大敗懷慶賊柴陵村，馘其魁滾地龍，又追斬老回回於濟源。

文詔在洪洞時，與里居御史劉令譽忤。及是，令譽按河南，而四川石砫土官馬鳳儀軍敗沒於侯家庄，賴文詔馳退賊。甫解甲，與令譽相見，語復相失。文詔拂衣起，面叱之。令譽怒，遂以鳳儀之敗爲文詔罪。部議文詔怙勝而驕，乃調之大同。

七年七月，大清兵西征插漢，還師入大同境，攻拔得勝堡，參將李全自經，遂攻圍懷仁縣及井坪堡、應州。文詔偕總督張宗衡先駐懷仁固守。八月，圍解，即移駐鎮城，挑戰敗還。已而靈丘及他屯堡多失陷，大清兵亦旋。十一月論罪，文詔、宗衡及巡撫胡沾恩並充軍邊衞。令甫下，山西巡撫吳甡薦文詔知兵善戰，請用之晉中。乃命爲援剿總兵官，立功自贖。當是時，河南禍尤劇，帝已允兵部議，敕文詔馳剿河南賊。甡復抗疏力爭，請令先平晉賊，後入豫，帝不許。而文詔以甡有恩，竟取道太原，爲甡所留。

會賊高加計已殲，而鳳陽告陷，遂整兵南，以八年三月會總督洪承疇於信陽。承疇大喜，即令擊賊隨州，文詔追斬賊三百八十有奇。四月，承疇次汝州。以賊盡入關中，議還顧根本。分命諸將扼要害，檄文詔入關，文詔乃馳至靈寶謁承疇。承疇以賊在商、雒，聞官兵至，必先走漢中，而大軍由潼關入，反在其後，乃令文詔由閿鄉取山路至雒南、商州，直擣賊巢，復從山陽、鎮安、洵陽馳入漢中，遏其奔軼。曰：「此行也，道路回遠，將軍甚勞苦，吾集關中兵以待將軍。」拊其背而遣之，文詔躍馬去。五月五日抵商州。賊去城三十里，營火滿山。文詔夜半率從子參將變蛟、守備鼎蛟、都司白廣恩等敗賊深林中，追至金嶺川。賊據險以千騎逆戰，變蛟大呼陷陣，諸軍並進，賊敗走。變蛟勇冠三軍，賊中聞大小曹將軍名，皆怖慴。

已而闖王、八大王諸賊犯鳳翔，趨汧陽、隴州，文詔自漢中馳赴。賊盡向靜寧、泰安、清水、秦州間，衆且二十萬。承疇以文詔所部合張全昌、張外嘉軍止六千，衆寡不敵，告急於朝，未得命。六月，官軍遇賊亂馬川。前鋒中軍劉弘烈被執，俄副將艾萬年、柳國鎮復戰死。文詔聞之，瞋目大駡，亟詣承疇請行。承疇喜曰：「非將軍不能滅此賊。顧吾兵已分，無可策應者。將軍行，吾將由涇陽趨淳化爲後勁。」文詔乃以三千人自寧州進，遇賊眞寧之湫頭鎭。變蛟先登，斬首五百，追三十里，文詔率步兵繼之。賊伏數萬騎合圍，矢蝟集。賊不知爲文詔也，有小卒縛急，大呼曰：「將軍救我！」賊中叛卒識之，惎賊曰：「此曹總兵也。」賊喜，圍益急。文詔左右跳蕩，手擊殺數十人，轉鬬數里。力不支，拔刀自刎死。遊擊平安以下死者二十餘人。承疇聞，拊膺大哭，帝亦痛悼，贈太子太保、左都督，賜祭葬，世廕指揮僉事，有司建祠，春秋致祭。文詔忠勇冠時，稱明季良將第一。其死也，賊中爲相慶。

弟文耀，從兄征討，數有功。河曲之戰，斬獲多。後擊賊忻州，戰死城下。詔予贈卹。

從子變蛟，自有傳。

周遇吉，錦州衞人。少有勇力，好射生。後入行伍，戰輒先登，積功至京營遊擊。京營將多勳戚中官子弟，見遇吉質魯，意輕之。遇吉曰：「公等皆紈袴子，豈足當大敵。何不於無事時練膽勇，爲異日用，而徒糜廩祿爲！」同輩咸目笑之。

崇禎九年，都城被兵。從尚書張鳳翼數血戰有功，連進二秩，爲前鋒營副將。明年冬，從孫應元等討賊河南，戰光山、固始，皆大捷。十一年班師，進秩受賚。明年秋，復出討賊，破胡可受於淅川，降其全部。楊嗣昌出師襄陽，遇吉從中官劉元斌往會。會張獻忠將至房縣，嗣昌策其必窺渡鄖灘，遣遇吉扼守槐樹關，張一龍屯光化，賊遂不敢犯。十二月，獻忠敗於興安，將走竹山、竹溪，遇吉復以嗣昌令至石花街、草店扼其要害，〔三〕賊自是盡入蜀。遇吉乃從元斌駐荆門，專護獻陵。明年與孫應元等大破羅汝才於豐邑坪。又明年與黃得功追破賊鳳陽。已而旋師，敗他賊李青山於壽張，追至東平，殲滅幾盡，青山遂降。屢加太子少保、左都督。

十五年冬，山西總兵官許定國有罪論死，以遇吉代之。至則汰老弱，繕甲仗，練勇敢，一軍特精。明年十二月，李自成陷全陝，將犯山西。遇吉以沿河千餘里，賊處處可渡，分兵扼其上流，以下流蒲坂屬之巡撫蔡懋德，而請濟師於朝。朝廷遣副將熊通以二千人來赴。十七年正月，遇吉令通防河。會平陽守將陳尚智已遣使迎賊，諷通還鎮說降。遇吉叱之曰：「吾受國厚恩，寧從爾叛逆！且爾統兵二千，不能殺賊，反作說客邪！」立斬之，傳首京師。至二月七日，太原陷，懋德死之。賊遂陷忻州，圍代州。

遇吉先在代遏其北犯，乃憑城固守，而潛出兵奮擊。連數日，殺賊無算。會食盡援絕，退保寧武。賊亦踵至，大呼五日不降者屠其城。遇吉四面發大礮，殺賊萬人，火藥且盡，外圍轉急。或請甘言紿之，遇吉怒曰：「若輩何怯邪！今能勝，一軍皆忠義。卽不支，縛我予賊。」於是設伏城內，出弱卒誘賊入城，亟下閘殺數千人。賊用礮攻城，圮復完者再，傷其四驍將。自成懼，欲退。其將曰：「我衆百倍於彼，但用十攻一，番進，蔑不勝矣。」自成從之。前隊死，後復繼。官軍力盡，城遂陷。遇吉巷戰，馬蹶，徒步跳蕩，手格殺數十人。身被矢如蝟，竟爲賊執，大罵不屈。賊懸之高竿，叢射殺之，復臠其肉。城中士民感遇吉忠義，巷戰殺賊，不可勝計。其舍中兒，先從遇吉出鬭，死亡略盡。夫人劉氏素勇健，率婦女數十人據山巔公廨，登屋而射，每一矢斃一賊，賊不敢逼。縱火焚之，闔家盡死。

自成集衆計曰：「寧武雖破，吾將士死傷多。自此達京師，歷大同、陽和、宣府、居庸，皆有重兵。倘盡如寧武，吾部下寧有孑遺哉！不如還秦休息，圖後舉。」刻期將遁，而大同總兵姜瓖降表至，自成大喜。方宴其使者，宣府總兵王承廕表亦至，自成益喜。遂決策長驅，歷大同、宣府抵居庸。太監杜之秩、總兵唐通復開門延之，京師遂不守矣。賊每語人曰：

「他鎮復有一周總兵，吾安得至此。」福王時，贈太保，謚忠武，列祀旌忠祠。

黄得功，號虎山，開原衞人，其先自合肥徙。早孤，與母徐居。少負奇氣，膽略過人。年十二，母釀酒熟，竊飲至盡。母責之，笑曰：「償易耳。」時遼事急，得功持刀雜行伍中，出斬首二級，中賞率得白金五十兩，歸奉母，曰：「兒以償酒也。」由是隸經略爲親軍，累功至遊擊。

崇禎九年遷副總兵，分管京衞營。十一年以禁軍從總督熊文燦擊賊於舞陽，塵光、固間，最。八月又從擊賊馬光玉於淅川之吳村、王家寨，大破之。詔加太子太師，署總兵銜。十三年從太監盧九德破賊於板石畈，賊革裏眼等五營降。十四年以總兵與王憲分護鳳陽、泗州陵，得功駐定遠。張獻忠攻桐城，挾營將廖應登至城下誘降。得功與劉良佐合兵擊之於鮑家嶺，賊敗遁，追至潛山，擒斬賊將闖世王馬武、三鷂子王興國。三鷂子，獻忠養子，最號驍勇者也。得功箭傷面，愈自奮，與賊轉戰十餘日，所殺傷獨多。明年移鎮廬州。

十七年封靖南伯。福王立江南，進封侯。旋命與劉良佐、劉澤清、高傑爲四鎮。

初，督輔史可法慮傑跋扈難制，故置得功儀眞，陰相牽制。適登萊總兵黄蜚將之任，蜚與得功同姓，稱兄弟，移書請兵備非常。得功率騎三百由揚州往高郵迎之，傑副將胡茂楨馳報傑。傑素忌得功，又疑圖己，乃伏精卒道中邀擊之。得功行至土橋，方作食。伏起出不意，上馬舉鐵鞭，飛矢雨集。馬踣，騰他騎馳。有驍騎舞槊直前，得功大呼反鬬，挾其槊而扶之，人馬皆糜。復殺數十人，跳入頹垣中，哮聲如雷，追者不敢進，遂疾馳至大軍得免。方鬬時，傑潛師擣儀眞，得功兵頗傷，而所俱行三百騎皆歿。遂訴於朝，願與傑決一死戰。可法命監軍萬元吉和解之，不可。會得功有母喪，可法來弔，語之曰：「土橋之役，無智愚皆知傑不義。今將軍以國故捐盛怒，而歸曲於高，是將軍收大名於天下也。」得功色稍和，終以所殺亡多爲恨。可法令傑償其馬，復出千金爲母賻。得功不得已，聽之。

明年，傑欲趨河南，規取中原。詔得功與劉良佐守邳、徐。傑死，得功還儀眞。傑家幷將士妻子尚留揚州，得功謀襲之。朝廷急遣盧九德諭止，得功遂移鎭廬州。四月，左良玉東下，以淸君側爲名，至九江病死，軍中立其子夢庚。命得功趨上江禦之，駐師荻港。得功破夢庚於銅陵，解其圍。命移家鎭太平，一意辦賊，論功加左柱國。

時大淸兵已渡江，知福王奔，分兵襲太平。得功方收兵屯蕪湖，福王潛入其營。得功驚泣曰：「陛下死守京城，臣等猶可盡力，奈何聽奸人言，倉卒至此！且臣方對敵，安能扈駕？」王曰：「非卿無可仗者。」得功泣曰：「願效死。」得功戰荻港時，傷臂幾墮。衣葛衣，以帛絡臂，佩刀坐小舟，督麾下八總兵結束前迎敵。而劉良佐已先歸命，大呼岸上招降。得功怒叱曰：「汝乃降乎！」忽飛矢至，中其喉偏左。得功知不可爲，擲刀拾所拔箭刺吭死。其妻聞之，亦自經。總兵翁之琪投江死，中軍田雄遂挾福王降。

得功粗猛不識文義。江南初立，王詔書指揮，多出羣小。得功得詔紙或對使罵裂之。然忠義出天性，聞以國事相規誡者，輒屈己改不旋踵。北來太子之獄，得功抗疏爭曰：「東宮未必假冒，先帝子卽上子，未有了無證明，混然雷同者。臣恐在廷諸臣，諂徇者多，抗顏者少，卽明白識認，亦不敢抗詞取禍矣。」時太子眞僞莫敢決，而得功忠憤不阿如此。得功每戰，飲酒數斗，酒酣氣益厲。喜持鐵鞭戰，鞭漬血沾手腕，以水濡之，久乃得脫，軍中呼爲黃闖子。始爲偏裨，隨大帥立功名，未嘗一當大敵。及專鎭封侯，不及一年餘而南北轉徙，主逃將潰，無所一用其力，束手就殪，與國俱亡而已。其軍行紀律嚴，下無敢犯，所至人感其德。廬州、桐城、定遠皆爲立生祠。葬儀眞方山母墓側。

贊曰：曹文詔等秉驍猛之資，所向摧敗，皆所稱萬人敵也。大命旣傾，良將顚蹶。三人者忠勇最著，死事亦最烈，故別著於篇。

校勘記

〔一〕二月文詔追擊之斬混世王於碧霞村　二月，原作「六月」，置於「正月」與「三月」之間，當訛，據綏寇紀略卷一、懷陵流寇始終錄卷六改。又，混世王，懷陵流寇始終錄作「混天王」。

〔二〕遇吉復以嗣昌令至石花街草店扼其要害　石花街，原作「化石街」，據明史稿傳一四五周遇吉傳改。讀史方輿紀要卷七九，穀城縣有石花街鎭。

明史卷二百六十九

列傳第一百五十七

艾萬年 李卑 湯九州 楊正芳 楊世恩 陳于王 程龍等

侯良柱 子天錫 張令 汪之鳳 猛如虎 劉光祚等 虎大威

孫應元 姜名武 王來聘等 鄧祖禹 尤世威 王世欽等

侯世祿 子拱極 劉國能 李萬慶

艾萬年，米脂人。由武學生從軍，積功至神木參將。

崇禎四年從曹文詔復河曲。點燈子入山西，萬年從文詔連敗之桑落鎮、花地窊、霧露山，都司王世虎、守備姚進忠戰死。賊退屯石樓之康家山，西距河三十里，綏德知州周士奇、守備孫守法伏兵含峪，渡河襲殺之。五年從參政樊一蘅討平不沾泥。山西告警，隸文詔東討，與李卑一月奏五捷，又與賀人龍敗八大王、掃地王兵。明年，賊將東遁，連破之延家山、亢義村、賈寨村，擢副總兵。

初，山西既中賊，其土寇亦乘間起，三關王剛、孝義通天柱、臨縣王之臣皆殘破城邑。後見賊衰，相繼歸順，然陰結黨不散。巡撫戴君恩新視事，謀誅之。七年正月迎春，召王剛宴，殺之，并殺通天柱於他所，而萬年亦捕殺王豹五與其黨領兵王，生擒翻山動、姬關鎖、掌世王，獻俘京師，晉中巨盜略靖。豹五即之臣也。有議君恩殺降者，給事中張第元力言諸賊蹂躪之慘，請錄萬年功。萬年適遘疾告歸，尋加署都督僉事。

八年二月上疏言：

臣仗劍從戎七載，復府谷，解孤山圍，救清水、黃甫、木瓜十一營堡。轉戰高山，設伏河曲，有馬鎮、虎頭巖、石臺山、西川之捷。戰平陽、汾州、太原，復臨縣及蹶亭驛。[一]大小數十戰，精力盡耗。與臣共事者李卑，溘先朝露。臣病勢奄奄，猶力戰冀北。又撫剿王剛、豹五、領兵王、通天柱，解散賊一萬三千有奇。蒙恩許臣養病，而督臣洪承疇檄又至，臣不敢不力疾上道。但念滅賊之法，不外剿撫，今剿撫俱未合機宜，臣不得不極言。

夫剿賊不患賊多，患賊走。蓋疊嶂重巒，皆其淵藪，兵未至而賊先逃，所以難滅，其故則兵寡也。當事非不知兵寡，因糗糧不足，爲苟且計，日引月長，以至於今，雖多措餉，多設兵，而已不可救矣。宜合計賊衆多寡，用兵若干，餉若干，度其足用，然後審察地利，用正用奇，用伏用間，或擊首尾，或衝左右，有不卽時殄滅者，臣不信也。

次則行堅壁淸野之法，困賊於死地，然後可言撫。蓋羣賊攜妻挈子，無城柵，無輜重，暮楚朝秦，傳食中土，以剽掠爲生。誠令附近村屯移入城郭，儲精兵火器以待之，賊衣食易盡，生理一絕，鳥驚鼠竄。然後選精銳，據要害以擊之；或體陛下好生之心，誅厥渠魁，宥其脅從，不傷仁，不損威，乃撫剿良策。

帝深嘉之，下所司議行，然卒不能用其策也。

尋授孤山副總兵，戍平涼。當是時，總督洪承疇迫六月滅賊之期，急進戰。諸將見賊衆兵寡，咸自揣不敵，而勢不可止。萬年及副將劉成功、柳國鎭，遊擊王錫命合兵三千，以六月十四日至寧州之襄樂，遇賊大戰，斬首數百。伏兵驟起，圍之數重。萬年、國鎭力戰不支，皆戰歿。成功、錫命負重傷歸。士卒死者千餘人。事聞，贈恤如制。

李卑，字侍平，榆林人。由千總擢守備。天啓初，總督王象乾設薊鎭車營五，以卑爲都司僉書，統西協後車營。遷山海關遊擊，坐事罷歸。

崇禎二年，陝西巡撫劉廣生議討延慶回賊，三道進兵，命卑與遊擊伍維藩等由西路入。卑簡精騎二百，追擊兩晝夜，行四百里抵保安寧塞，連破之，共獲首功一千有奇。旋起延安參將。時羣盜蠭起，延安尤甚，卑連敗之富家灣、松樹屯。四年，神一元陷保安，卑與寧夏總兵賀虎臣守延安，賊不敢犯。

尋擢孤山副總兵。譚雄陷安塞，據其城，卑與王承恩擊降雄，戮之，斬首五百三十餘級。五年春，混天猴陷宜君、鄜州，其夏攻合水。卑及參將馬科追至甘泉山。七月破之延水關，斬首六百二十餘級。其地東限黃河，賊溺死者無算，科部卒斬混天猴以獻。初，卑及遊擊吳國俊等斬賊魁三人於甘泉橋子溝，尋剿賊固原，斬其魁薛仁貴等三人。

時陝西賊多流入山西。詔卑及賀人龍各率部卒千，隸總督張宗衡麾下。會王自用陷遼州，聞官兵至，棄城走。六年春，諸軍入城，多殺良民冒功，卑獨嚴戢其下無所擾。已，敗賊陽城之郎家山，又與艾萬年連敗之南獨泉土河村，復敗之茋堰村。賊入濟源山中，巡撫許鼎臣檄卑、萬年合剿，卑破之天井關。七月，臨洮總兵曹文詔改大同，命卑代署其事，協討河北賊，加都督僉事，數有功。其冬，賊盡走河南，命卑援剿。七年春，敗賊內鄉，馳至光化，與楚兵敗賊蓮花坪、白溝坪，實授臨洮總兵官。討賊湖廣，賊多聚鄖、襄，總理盧象昇方倚卑辦賊，六月卒於官。

卑善持紀律，所至軍民安堵。爲人有器度，當倉猝，鎮靜如常。贈右都督，賜祭葬。

湯九州，石埭人。崇禎時，爲昌平副總兵。六年夏，流賊大擾河北、畿南。命九州協勦，與左良玉等屢破賊兵，賊悉渡河而南。其冬，大敗過天星於吳城鎮，斬首四百二十級。追賊闖天王等五華集，又敗之，斬首六百四十餘級。七年擊賊嵩縣之潭頭，斬首三百二十級。賊駐商、雒，謀再入山西。左良玉迎擊於商南，九州遣部將趙柱、周爾敬逆之雒南。賊至商州返。已，復侵閿鄉。九州病，遣部將淩元機、胡良翰等搜山，悉敗歿。九州尋赴援山西。未幾，以河南勦賊功，加署都督僉事。

八年春，被劾褫官，從軍自效。洪承疇入關，以吳村、瓦屋爲商南賊走內鄉、淅川要地，令九州偕良玉扼之。尋移駐洛陽。九年二月，賊走登封石陽關，與伊、嵩賊合。九州期良玉夾擊，良玉半道歸。九州以孤軍千二百人由嵩縣深入。賊屢敗，窮追四十餘里，悮入深崖。遇賊數萬，據險攻圍。九州勢不敵，夜移營，爲賊所乘，遂戰歿。從孫文瓊伏闕三上書請恤，不報。文瓊後亦殉難。

時有楊正芳者，天啓間，以小校從軍，屢剿貴州賊，積功至副總兵。敍桃紅壩功，加署都督同知。崇禎三年擊破定番叛苗。七年，賊陷當陽，正芳以鎭筸兵敗賊斑鳩灘，復其城。湖廣巡撫唐暉以獻陵、惠藩爲重，令正芳及總兵許成名專護荆州、承天。正芳連奏金沙鋪、蓮花坪、白溝坪、官田、石門山之捷。陳奇瑜出師鄖陽，正芳偕成名、鄧玘從竹山、竹溪、白河分道進，皆大獲。至十月，正芳督筸兵千餘援雒南，戰敗，及部將張上選皆死焉，一軍盡歿。贈太子少師、左都督，世廕指揮同知，再廕一子守備，賜祭葬，有司建祠。

又有楊世恩者，崇禎時，歷官湖廣副總兵。七年春，敗賊竹溪。大雨，山水驟發，賊多漂溺死，餘潰走。世恩疾擊，斬鎭山虎等四十餘人。已，追賊石河口，連戰康家坪、蚋溪，功最。八年冬，敗賊孝感。九年春，祖寬大破賊滁州。世恩從盧象昇馳至，復大破之。十年春，與秦翼明破劉國能於細石嶺，獲其魁新來虎。賊陷隨州，責戴罪自贖。

十二年冬，督師楊嗣昌令守宜城。會賊羅汝才、惠登相分屯興山、遠安，夷陵告急。嗣昌檄世恩及荆門守將羅安邦赴救，至洋坪猴兒洞，道險甚，嗣昌再檄召還，而安邦由祚峪，世恩由重陽坪已兩道深入，期至馬良坪合兵。汝才、登相圍之香油坪，嗣昌連發數道兵往援，皆以道遠不能進。世恩等被困久，突圍走黃連坪，絕地無水，士饑渴甚。賊至，兩軍盡覆，世恩、安邦並死。

陳于王，字丹衷，吳縣人。世爲蘇州衞千戶。旣襲職，兩舉武鄉試，授奇兵營守備。以捕獲海盜功，遷都司僉書，守崇明蛇山。盜王一爵等亂海濱，于王率戰艦數十擊之羊山，持刀躍入其舟，生擒一爵，殲其黨殆盡。上官交薦，遂知名。天啓初，經略熊廷弼用爲標下參將。代者至，飮于王酒暴卒。其子訴于王毒殺之，逮繫久不釋。

崇禎二年，京師有警。巡撫曹文衡貰其罪，署前鋒遊擊，將兵勤王。旣至，兵事已解，遂南還。久之，巡撫張國維用爲中軍守備。九年，賊入江北，圍廬州，陷和州。國維遣于王守六合，守備蔣若來守江浦。賊方圍江浦，若來急入與知縣李維樾固守。賊登城，若來拒却之。縋下角賊，矢著其頰，左臂傷，裹血還戰，賊乃退。六合無城，若來與于王掎角捍賊，二邑賴以全。賊犯宿松，于王弟國計偕指揮包文達等以二千人往救。文達敗歿，于王驟馬入，拔其弟而出。

十年正月，賊分犯江浦、六合及安慶。國維遣部將張載賡等援安慶，而以新募兵二千令副將程龍及于王、若來分戍二邑。已而賊不至，國維議赴安慶，城太湖，乃提龍等三將兵西上。三月，賊犯太湖，副將潘可大將安慶兵九百，龍等三將將吳中兵三千六百，禦之酆家店。賊先犯可大營，龍等至，夾擊之，賊多死。夜復至，中伏，亦敗去。監軍史可法欲退扼要害，諸將不從，掘塹守二十四日。羅汝才、劉國能等七營數萬衆齊至，圍數重。諸將突擊，頗有殺傷。可法偕副將許自強馳救，扼於賊，鳴大礮遙爲聲援，諸將亦呼譟突圍。會天雨，甲重不得出。明日日中，賊四面入，將士短兵接戰。可大戰死，龍引火自焚死。于王手執大刀，左右殺賊，傷重力竭，北面叩頭自刎死，閱十日面色如生。若來服圉人衣以免。同死者，武舉詹兆鵬首觸石死。陸王猷殺賊過當，賊臠分其肉死。莫是驊、唐世龍及千戶王定遠皆力戰死。〔三〕百戶王弘猷爲賊所執，鋸齒斷足，罵不絕聲死。士卒脫者僅千餘人。事聞，贈于王昭勇將軍、指揮使，世廕副千戶。餘贈廕有差。

侯良柱，字朝石，永寧衞人。天啓初，累官四川副總兵。討奢崇明父子，復遵義城。又與參議趙邦淸招降奢寅黨安鑾。六年五月代李維新爲四川總兵官，鎭永寧。時崇明敗奔水西，與安邦彥合，貴州兵數討不克。

崇禎二年，總督朱燮元遣貴州總兵許成名復赤水衞，崇明、邦彥以十餘萬衆來爭。成名還永寧，賊追之銳甚。良柱偕監軍副使劉可訓出戰小却，成名等來援，賊乃據五峯山桃紅壩。越數日，良柱乘賊不備，與副將鄧玘等侵早霧迫之，賊大潰，成名聞山上呼噪聲亦出。賊奔鵝項嶺，徑長而隘，人馬不能容。良柱、玘軍至，賊復大敗，死者數萬人。崇明、邦彥與邦彥黨僞都督莫德並授首，俘其黨楊作等數千人。積年巨寇平，時稱西南奇捷。

四川巡撫張論上其功不及黔將。成名等怒，言邦彥、德乃己部將趙國璽所斬，且崇明猶未死。燮元信之，奏於朝。兵部不能決，賞久不行。御史孫徵蘭言：「訊俘囚阿癡、楊作等，咸云邦彥卽時授首，灼然非黔兵力。」帝卽命獻俘告廟，傳首九邊。川中撫按及御史毛羽健皆訟良柱、可訓功，詆燮元。燮元疏辯且求去，賞遂格不行。良柱怨燮元，不爲用，至與相訐奏，解職候勘。久之，御史劉宗祥列上功狀。七年八月，始錄前功，進良柱左都督，世蔭錦衣指揮僉事；成名等亦優敍。未幾，復爲四川總兵官。

八年夏，總督洪承疇大舉討賊，令良柱扼賊入川路。戰鳳縣三江口，斬首三百七十有奇。明年冬，賊犯漢中，瑞王遣使乞師。良柱督兵援，與他將同却賊。十年四月，川中地震者七，地鳴者一，占主兵。賊果入犯，陷南江、通江。帝切責良柱及巡撫王維章。時良柱駐廣元，盡召諸地兵九千有奇，分防扼險，止餘二千人。賊知其勢弱，五月復寇川北。維章告急於朝。會賊轉掠他所，良柱乃撤還守隘兵，專守廣元。維章以爲非計，上章言之。十月，李自成、過天星、混天星等陷寧羌，分三道入寇。良柱急拒戰於緜州，衆寡不敵，陣亡。賊直逼成都，維章方守保寧，反在外，連失三十餘州縣。帝大怒，命逮二人下詔獄，猶未知良柱死。獄成，維章遣戍，追奪良柱官。

十三年，良柱子指揮天錫伏闕言：「臣與賊不共戴天。願捐貲繕甲，選募勁旅及臣父舊將，自當一隊，與賊血戰，下雪父恥，上報國恩。」帝深嘉之，命授遊擊，赴嗣昌軍立功。已，嗣昌言天錫所將親丁二百六十人及召募精卒五六百人皆剽悍敢戰。帝益嘉之，再增一秩。〔三〕

張令，永寧宣撫司人。天啓元年，奢崇明反，令爲僞總兵，從攻成都。令雖爲賊用，非其志。崇明敗歸永寧，令結宋武等乘間擒其僞丞相何若海，率衆以降。崇明怒，殺令一家，夷其先墓。巡撫朱燮元言令等爲國忘家，請優擢示勸，命與武並授參將。後屢從大軍征討，頻有功，加副總兵，仍視參將事，後實授建武遊擊。

崇禎中，屢遷副總兵，鎭川北。七年，流賊入犯，總兵張爾奇以令爲先鋒，副將陳一龍、武聲華爲左右翼，拒之員山。令追至龍潭，一龍等不至，面中三矢，斬賊百餘級而還。賊犯略陽，令又擊敗之，扼保寧、漢中諸要害，秦賊不敢犯。十年冬，李自成等陷四川三十餘州縣，總兵侯良柱陣亡，令獲免。楊嗣昌之督師也，張獻忠等悉奔興安，爲令所扼，不得入漢中，乃轉寇夔州。十三年二月大敗瑪瑙山，走岔溪、千江河，令復與副將方國安大破之。令時年七十餘，馬上用五石弩，中必洞胸，軍中號「神弩將」。

獻忠轉入柯家坪，其地亂峯錯峙，箐深道險。令率衆追及之，分其下爲五，鼓勇爭利。賊衆官軍寡，國安爲後拒，他道逸去。令獨深入，被圍，居絕阪中，屢射賊營，應弦斃者甚衆。水遠士渴，賴天雨以濟，圍終不解。襄陽監軍僉事張克儉言於總督鄭崇儉曰：「張令健將，奈何棄之！」急令參將張應元、汪之鳳從八台山進，總兵賀人龍從滿月嶆進。三月八日，應元等先至。令方與賊鬬，呼聲動山谷。應元等應之，內外夾擊，賊乃敗去。令與賊萬餘相持十三日，所殺傷過當，其卒僅五千耳。

時巡撫邵捷春駐重慶，遣守黃泥窪，倚令及秦良玉爲左右手。後捷春移大昌，以令守竹箘坪，防賊逸。九月，獻忠兵大至。令力戰，中矢死，軍遂敗。

之鳳既解柯家坪圍，後與應元同守夔州之土地嶺，部卒多新募。獻忠盡銳來攻，之鳳、應元力戰。賊分兵從後山下，突入其營。應元突圍出。之鳳走他道免，山行道渴，飲斗水臥，血凝臆而死。踰月，令亦戰死。軍中失二將，爲奪氣。

猛如虎，本塞外降人，家榆林，積功至遊擊。

崇禎五年擊邢紅狼於高平，解其圍。明年敗賊壽陽黑山，覆姬關鎖軍。已，從曹文詔追賊西偃、碧霞村，斬混世王。〔四〕與頗希牧逐賊壽陽東，又與陳國威、馬杰破來遠寨。從文詔大破賊范村。國威以步卒三百夜劫賊紅山嶺，如虎、杰及虎大威、和應詔擊殺九條龍。尋以巡撫許鼎臣命，由文水入山剿賊。又與大威、應詔、杰由皐落山剿東犯之賊。並有功。賊流入畿南，山西警漸息，如虎仍隸鼎臣。七年剿賊沁源，馘五條龍。

如虎驍果善戰，與虎大威齊名。戴君恩、吳甡相繼爲巡撫，並委任之。以功進參將。其年冬，賊在河南，欲乘冰北渡，如虎、大威扼之河濱。八年二月與大威、國威斬劇賊高加計。山西賊盡平，用甡薦加副總兵。其冬以防河功，加署都督僉事。連歲防河及援剿河南賊，勞績甚著。十一年冬，京師有警，如虎督兵勤王。明年四月擢薊鎮中協總兵官。

十三年坐事落職，發邊方立功。督師楊嗣昌請於朝，令從入蜀。十一月，監軍萬元吉大饗將士於保寧。以諸軍進止不一，擢如虎爲正總統，張應元副之，率軍趨綿州。分遣諸將屯要害。而元吉自間道走射洪，扼蓬溪以待賊。賊方屯安岳界，偵官軍且至，宵遁，抵內江。如虎簡驍騎追之。元吉、應元營安岳城下，以扼其歸路。十二月，張獻忠陷瀘州，其地三面阻江，惟立石站可北走。元吉以賊居絕地，將遣大兵南擣其老巢，而伏兵旁塞玉蟾寺，蹙賊北竄永川，逆而擊之，可盡殄。永川知縣已先遁，城中止丞簿一二人。如虎覓嚮導不可得，夜宿西關空舍。及抵立石，賊已先渡南溪返走。關中將賀人龍軍隔水不擊，賊遂越成都，走漢川、德陽，渡綿河入巴州。

明年正月，嗣昌親統舟師下雲陽，檄諸將陸追賊，諸軍乃盡躡賊後。賊折而東返，歸路悉空，不可復遏。如虎所將止六百騎，餘皆左良玉部兵，驕悍不可制，所過肆焚掠，惟參將劉士杰勇敢思立功。諸軍從良玉，多優閒不戰。改隸如虎，馳逐山谷風雪中，咸怨望。賊謠曰：「想殺我左鎮，跑殺我猛鎮。」時賀人龍兵已大譟西歸，所恃止如虎，元吉深憂之。賊自巴州至開縣，官軍追之，遇諸黃陵城。日晡雨作，諸將疲乏，請詰朝戰。士杰奮曰：「四旬逐賊，今始及之。舍弗擊，我不能也。」執戈先，如虎激諸軍繼之。士杰所當，輒摧陷。獻忠登高望官軍，見無後繼，密抽壯騎潛行箐谷中，乘高大呼馳下。良玉兵先潰，士杰及遊擊郭開、如虎子先捷並戰死。如虎率親兵力戰，部將挾上馬，潰圍出，旗纛軍符盡失。乃收殘卒從嗣昌下荊州。及嗣昌死，率所部扼德安、黃州。會疽發背，不能戰，退屯承天，尋移駐南陽。

十一月，李自成覆傅宗龍兵，乘勢來攻。如虎與劉光祚憑城固守，用計殺賊精卒數千。已而城破，如虎持短兵巷戰，大呼衝擊，血盈袍袖。過唐府門，北面叩頭謝上恩，自稱力竭，爲賊搥死。光祚及分守參議艾毓初、南陽知縣姚運熙並死之，唐王亦遇害。

光祚，字鴻基，榆林衞人。初爲諸生，棄去。承祖廕，歷官延綏游擊。崇禎三年奉詔勤王，與何可綱等戰灤州有功，遷汾州參將。五年與遊擊王尙義敗賊張有義於臨縣。賊還兵犯之，軍盡覆，光祚僅以身免。被徵，未行，偕諸將復臨縣，詔除其罪。六年，賊犯石樓，光祚分三道擊，大敗之，斬隔溝飛、撲天虎等六人，獲首功三百七十。又數敗賊於臨縣、永寧。撲天飛等詐降，光祚設伏斬之。已，擊敗賊魏家灣、黑茶山。七年剿敗王剛餘黨，斬四百餘級，加署都督僉事，爲山西副總兵。敗賊𡻕縣，復其城。八年，賊渠賀宗漢號活地草者，見其黨劉浩然、高加計破滅，僞乞降。光祚伏兵斬之。晉中羣盜皆盡，乃移光祚於宣府。久之，命率兵援剿河南。

十一年連敗賊白果園、襄城。已，擢保定總兵官，仍協討河南賊。其冬，畿輔有警，馳還鎭。大清兵薄保定，以光祚堅守，不攻而去。光祚尋從總督孫傳庭南下。明年二月，大清兵還至渾河，値水漲，輜重難渡，諸將王樸、曹變蛟等相顧不敢擊，光祚恇怯尤甚。視師大學士劉宇亮劾之，詔卽軍前正法。光祚適報武淸捷，宇亮乃繫之武淸獄，而拜疏請寬。帝怒罷宇亮，論光祚死。十四年，大學士范復粹錄囚，力言光祚才武，命充爲事官，戴罪辦賊。光祚舉廢將尤翟文等，帝亦從之。

當是時，賊已陷河南、襄陽，中原郡縣大抵殘破。光祚士馬無幾，督師丁啓睿尤怯。光祚雖少有克捷，而賊勢轉盛。及傅宗龍敗歿於項城，南陽震恐。光祚適經其地，唐王邀與共守，城陷遂死。

虎大威，榆林人。本塞外降卒，勇敢嫻將略，從軍有功，累官山西參將。崇禎三年冬，從總兵尤世祿擊王嘉胤於河曲，力戰被傷。五年從總督張宗衡剿賊臨川、潞安、陽城、沁水，連勝之。明年從巡撫許鼎臣擊賊介休，殲其魁九條龍。時賊去山西，遁據輝林、武陟山中，約二萬餘。鼎臣令曹文詔自黎城入，大威、猛如虎諸將自阜落山入，賊屢敗。尋移大威守平陽。七年，巡撫吳甡至，察諸將中惟大威、如虎沈毅可屬兵事，委任之。其冬與如虎扼賊渡河。高加計據岢嵐，四出剽掠。明年三月，二將追至忻、代山中。加計馬上舞三十觔長梃突陣，大威射殺之，追斬其衆五百人，餘黨悉平。甡薦二人忠勇，進大威副總兵。其冬以扼賊功，加署都督僉事。

九年八月，畿輔被兵，率師入援。明年春，命援剿陝西賊，遂代王忠爲山西總兵官。上疏言諸將討賊，零級不可取，生口不可貪，封域不可限。帝採納之。十一年詔兵部甄別諸大將，大威以稱職增秩。其年冬，京師戒嚴。命總督盧象昇統大威及宣府總兵楊國柱、大同總兵王樸入衞。尋從象昇轉戰至鉅鹿賈莊，被圍數匝，象昇死焉，大威等潰圍出。督師劉宇亮、總督孫傳庭皆言大威、國柱敢勇，身入重圍，視他將異，乞令立功自贖。大威亦上章請罪。帝不從，卒解其任。尋令從軍辦賊。

十四年正月，李自成圍開封。總督楊文岳遣大威及副將張德昌先率五千人渡河。會賊已解圍去，乃會河南巡撫李仙風於偃師，以兵少未敢擊賊。待文岳軍至，與賊戰鳴皐，大破之，又與監軍道任棟挫賊平峪。七月，自成及張獻忠、羅汝才攻鄧州，大威從文岳擊破之，斬首千餘級。陝西總督傅宗龍出關討賊，文岳、大威會之。九月次新蔡，抵孟家莊。將戰，秦帥賀人龍軍先潰，大威軍亦潰，遂奔沈丘。賊連陷河南鄧、許，再圍開封。大威從文岳援之，賊引去。明年二月，師次郾城。督師丁啓睿、總兵左良玉方與賊鏖戰，文岳督大威及馮大棟、張鵬翼等合擊，賊大敗。相持十一晝夜，俘斬數千。賊遂東陷陳州、歸德，已，復圍開封。七月朔，啓睿、文岳、大威及良玉、楊德政、方國安之師畢會。啓睿欲急擊，良玉不從，先走，大威諸軍亦走。帝大怒，立誅德政，黜譴啓睿諸人。大威時奔汝寧，出攻賊寨，中礟死，乃免其罪。

大威爲偏裨，最有聲。及爲大帥，値賊勢益張，所將止數千人，不能大有所挫。然身經數十戰，卒死王事，論者賢之。

孫應元，不知何許人。歷官京營參將，督勇衞營。勇衞營卽騰驤、武驤四衞也，其先隸御馬監，專牧馬。莊烈帝銳意修武備，簡應元及黃得功、周遇吉等訓練，遂成勁旅。崇禎九年秋，從張鳳翼軍畿輔，有功，進副總兵。再以功增秩一等。明年，河南賊熾，應元、得功慷慨請行。帝壯之。發卒萬人，監以中官劉元斌、盧九德，戒毋擾民。諸將奉命，軍行肅然。十二月大破賊鄭州，再破之密縣，先後斬首千七百。明年正月大破之舞陽、光山、固始。四日三捷，斬首二千九百有奇，賊乃謀犯江北。元斌、九德南趨潁州，護鳳陵，密遣應元、得功督騎兵扼賊前。自南而北，破之方家集。賊遂由固始走商城。錄功，加都督僉事。已，復破之新野，又大破之遂平。熊文燦方主撫不戰。而賊憚應元等，多降，降者亦不遽叛，文燦以此擅撫賊功。已而京師有警，召應元等還，賊遂無所忌。帝初聞禁軍屢破賊，大喜，累加應元都督同知，賜銀幣蟒服，至是論功，遂進左都督，加銜總兵官，世廕錦衣副千戶。

十二年五月，張獻忠、羅汝才復叛，仍命元斌、九德監應元、得功軍南征。應元等馳至南陽。會馬光玉屯淅川之吳村，僞乞撫，規渡漢江應獻忠。淅川知縣郭守邦說降其黨許可變、胡可受。可變即賊改世王，可受則安世王也。可變夜至，處之東關。可受爲光玉所持，約未定。應元、得功趨內鄉掩其背，令副將周遇吉等分道別擊之。文燦所遣陳洪範亦至。八月至小黃河口，參將馬文豸等力戰，可受敗，呼曰：「始與許王約降者我也，今歸命。」遇吉駐馬受之。應元、得功遂進兵王家寨。賊分屯南北兩山，用木石塞道。應元率文豸戰其南，得功率副將林報國戰其北，河南兵又扼華陽關，賊遂大敗，光玉遁免。元斌至軍，檄除可變、可受罪，授以官，報先後首功三千人。

及楊嗣昌督師襄陽，令元斌、應元戍荆門，護獻陵。十三年七月與副將王允成、王之綸，監軍僉事孔貞會等大破羅汝才於豐邑坪，斬首二千三百，生擒五百有奇。混世王、小秦王皆降。時稱荆楚第一功。十五年春，擊賊羅山，力戰。孤軍無援，遂陣歿。贈卹如制。

應元善戰，在行間多與黃得功偕。應元死，得功勳益顯，故其名尤震於世。

姜名武，字我揚，保德州人。舉天啓二年武會試，授大同威遠守備。崇禎初，遷大水峪遊擊。築杏山城有功，遷宣府西城參將，擊斬大盜王科。移守宣府右衞，擢通州副總兵。護諸陵有功，以故官典保定總督楊文岳中軍，兼忠勇營團練事。十五年，李自成圍開封急，名武從文岳往援。時諸軍壁朱仙鎭者十餘萬，左良玉最强。一夕，其軍大譟，突諸營，諸營驚潰。其軍遂乘亂掠諸營馬贏以去，於是諸營悉奔，獨名武一軍堅壁不動。侵晨，賊大至，督麾下血戰。殺數百人，力竭被執，大罵，爲賊磔死。贈特進榮祿大夫、右都督，廕外衞世襲總旗。其子援王來聘、甄奇傑例，乃議贈特進光祿大夫、左都督，世襲錦衣百戶。疏上，踰月而都城陷，不果行。

來聘，京師人。崇禎四年，中武會試。時帝鋭意重武，舉子運百斤大刀者止來聘及徐彥琦二人，而彥琦不與選。帝下考官及監試御史獄，悉貶兵部郎二十二人。遣詞臣倪元璐等覆閱，取百人，視文榜例，分三甲傳臚錫宴，以前三十卷進呈，欽定一甲三人，來聘居首，卽授副總兵。武榜有狀元，自來聘始也。來聘既拜命，泫然流涕曰：「上重武若此，欲吾儕效命疆場爾，不捐軀殺賊，何以報上恩！」明年，孔有德據登州叛，官軍攻之久不下。又明年二月以火藥轟城，城壞。將士踴入，輒爲賊擊退。來聘復先登，中傷而死。天子惜之，贈廕有加。奇傑亦官副總兵，隸楊文岳麾下，從擊賊河南，戰死。

先是，又有鄧祖禹者，蘄水人，舉萬曆四十七年武會試，授瀋陽守備。嘗出戰，中矢死，夜半復甦，創甚告歸。崇禎初，起宣府遊擊，入衞京師。副將申甫軍歿，祖禹力戰盧溝橋，擢涿州參將。疏請召對，不許。入朝上書，聲甚厲，爲御史所糾下獄，然帝頗採其言。久之赦出，爲辰沅參將，擒苗酋飛天王、張五保，斬首千五百級，夷其巢。擢副總兵，轄德安、黃州。攻賊土壁山，盡掩所獲爲己有。當事將劾之，請剿寇自贖。乃令援應城，將七百人入城。賊大至，圍數重。祖禹突圍保西城外，賊復圍之，軍敗被執。賊說降，怒罵不屈。賊言之再三，復罵曰：「若此，須換却心肝。」賊笑曰：「換不難。」遂剖心剜肝而死。

尤世威，榆林衞人。與兄世功、弟世祿並勇敢知名。天啓中，世威積官建昌營參將，調守牆子路。七年遷山海中部副總兵。寧遠告警，從大帥滿桂赴援，力戰城東有功，增秩受賜。崇禎二年擢總兵官，鎭守居庸、昌平。其冬，京師戒嚴，命提兵五千防順義。俄命還鎭，防護諸陵。四年代宋偉爲山海總兵官，積資至左都督。七年命偕寧遠總兵官吳襄馳援宣府。坐擁兵不進，褫職論戍。未行，會流賊躪河南，詔世威充爲事官，與副將張外嘉統關門鐵騎五千往剿。

明年正月，賊陷鳳陽。世威以二千五百騎赴之，抵亳州。會總督洪承疇出關討賊，次信陽，命世威趨汝州。甫二日，承疇亦至。時賊見河南兵盛，悉奔入關中。承疇將入關征討，乃大會諸將，令分防汝、雒諸要害。以世威部下皆勁旅，令與參將徐來朝分駐永寧、盧氏山中，以扼雒南蘭草川、朱陽關之險。戒之曰：「靈、陝，賊所出入，汝勿懈！」及承疇既入關，賊避之而南，復由藍田走盧氏。扼於世威，仍入商、雒山中。來朝所部三千人不肯入山，大譟。賊至，來朝逃，一軍盡歿。世威軍暴露久，大疫，與賊戰失利。世威及遊擊劉肇基、羅岱俱負重傷，軍大潰。賊遂越盧氏，走永寧。事聞，命解任候勘。十年，宣大總督盧象昇言：「世威善撫士卒，曉軍機，徒以數千客旅久戍荒山，疾作失利。今當用兵時，棄之可惜。」乃命赴象昇軍自效。及象昇戰歿，自免歸。

十五年以廷臣薦，命與弟世祿赴京候調。召對中左門，復告歸。明年十月，李自成陷西安，傳檄榆林招降。總兵官王定懼，率所部精兵棄城走。時巡撫張鳳翼未至，城中士馬單弱，人心洶洶。布政使都任〔五〕亟集副將惠顯、參將劉廷傑等與里居將帥世威及王世欽、王世國、侯世祿、侯拱極、王學書、故延綏總兵李昌齡議城守。衆推世威爲主帥。無何，賊十萬衆陷延安，下綏德，復遣使說降。廷傑大呼曰：「長安雖破，三邊如故。賊皆中州子弟，殺其父兄而驅之戰，必非所願。榆林天下勁兵，一戰奪其氣，然後約寧夏、固原爲三師迭進，賊可平也。」衆然其言，乃歃血誓師，簡卒乘，繕甲仗，各出私財佐軍。守具未備，賊已抵城下。廷傑募死士，乞師套部。師將至，賊分兵却之，攻城甚力。官軍力戰，殺賊無算。賊益衆來攻，起飛樓逼城中，矢石交至，世威等戰益厲。守七晝夜，賊乃穴城，置大礮轟之，城遂破。世威等猶督衆巷戰，婦人豎子亦發屋瓦擊賊，賊屍相枕藉。旣而力不支，任死之，侯世祿父子及學書俱不屈死。賊怒廷傑勾套部，磔之，至死罵不絕口。世威、世欽、世國、昌齡並被執，縛至西安。自成坐秦王府欲降之，四人不屈膝。自成曰：「諸公皆名將，助我平天下，取封侯，可乎？」衆罵曰：「汝驛卒，敢大言侮我！」自成笑，前解其縛，世欽唾曰：「驛卒毋近前，汙將軍衣！」自成怒，皆殺之。時顯亦被執，大罵賊。賊惜其勇，繫至神木，服毒死。

王世欽，大將威子，歷山海左部總兵官，謝病去。崇禎八年，洪承疇起之家，擊李自成有功，即謝歸。十六年召對中左門，未及用而歸，遂死於賊。世國，威弟，保定總兵官繼子，由柳溝總兵官罷歸。甫數日，竟拒賊以死。

世威弟世祿，爲寧夏總兵官，累著戰功，至是與世威同死。世威從弟翟文爲靖邊營副將。嘗從洪承疇敗闖賊於鳳翔之官亭，斬首七百餘級。至是，率敢死士出南門奮擊，殺傷甚衆，中矢死。

又有尤岱者，由步卒起家，至山海鐵騎營參將，數有功。忤上官，棄職歸，守水西門，城陷自殺。

廷傑既死，其父副使彝鼎聞之不哭，曰：「吾有子矣。」其弟廷夔收兄屍，亦自投閣死。

昌齡，字玉川，鎭番衞人。爲延綏總兵官，數有功，以剛直罷，徙居榆林。賊至，或勸之去，昌齡曰：「賊至而遁，非勇也。見難而避，非義也。」起偕世威等同守城，卒同死。

侯世祿，榆林人。由世職累官涼州副總兵。遼事亟，詔擢總兵官，提兵赴援。世祿勇敢精悍，爲經略熊廷弼所知。及袁應泰代廷弼，亦倚任之。

天啓元年，應泰議復撫順、淸河。以世祿及姜弼、梁仲善各將兵一萬駐淸河。未行，遼陽破，仲善陣亡，世祿、弼俱負重傷，潰圍出。世祿以傷重，命立功自效。尋用爲固原總兵官。六年以軍政拾遺罷。明年，寧、錦告警，命率家丁赴關聽調。旋命出守前屯，甫至，令以故官鎭山海。

崇禎元年移鎮宣府。明年冬，京師戒嚴，率師入衞。兵再潰，世祿被創。部卒剽民間，奔還鎮。事聞，當重坐，以勤王先至，減死戍邊。九年八月，京師被兵。率子弟從軍，敍功免戍，還籍。廷臣多推薦，卒不復用。十六年，李自成圍榆林，世祿與子拱極固守新添門。城陷，父子被執，俱不屈死。

拱極歷官參將，常從總兵尤世祿破賊河曲有功。九年冬，任山海總兵官，尋謝病歸。後以廷臣薦，應詔入都，與王洪、王世欽、尤世威召對中左門，未用遣歸。卒與父同死。

劉國能，延安人。始與李自成、張獻忠輩同爲盜，自號闖塌天。

崇禎三年大亂陝西。已，渡河而東，寇山西，轉掠畿南、河北。六年冬，入河南，遂由內鄉、淅川犯湖廣鄖、襄，破數縣。明年正月入四川，陷夔州。折而東，入鄖陽境，爲總督陳奇瑜所蹙。走漢南，同困車箱峽。已得出，復大亂陝西，再入河南，躪江北。官軍逼之，與整齊王屯商、雒山間。九年復偕闖王、蝎子塊等由鄖、襄趨興安、漢中，總督洪承疇奔命不暇。尋南走荆、襄，與總兵秦翼明數戰。其冬，與蝎子塊等十七營窺潼關，巡撫孫傳庭扼之，引而南。明年聞馬光玉等將犯蘄、黃，率衆會之，直趨江北。官軍數道邀擊，乃不敢東。還走黃陂，入木蘭山，轉寇河南，敗參將李春貴兵，將迫開封。詔諸將發兵援，乃南走黃、麻。

當是時，總理熊文燦新至，賊憚之。見其下招降令，頗有欲歸正者。國能先與張獻忠有隙，慮爲所幷，後又與左良玉戰敗，乃以十一年正月四日率先就撫於隨州，頓首文燦前曰：「愚民陷不義且十載，賴公湔洗更生。願悉衆入軍籍，身隸麾下盡死力。」文燦大喜，慰撫之，署爲守備，令隸良玉軍。國能受約束，無異志。已而張獻忠、羅汝才亦降，皆據邑自固。獨國能從軍征剿，數有功。明年二月從良玉勤王。有詔，還討賊，獎勵之。命兵部授官，錄其部下將士，曰：「獻忠能立功，視此。」遂授國能副總兵。四月，良玉會師南陽，擊李萬慶。國能分擊，賊潰奔，遂招萬慶降。其秋，獻忠、汝才並反。文燦遣國能率萬慶兵會討，遂並守鄖陽。既而李自成擾河南，復移守葉縣。

初，國能爲盜時，與自成、汝才輩結爲兄弟。及國能歸正，自成輩深恨之。十四年九月圍其城，四面力攻，國能不能支，城遂陷，被執。賊猶好謂之曰：「若，我故人也，何不降？」國能瞋目罵曰：「我初與若同爲賊，今則王臣也，何故降賊！」遂殺之。事聞，贈左都督，特進榮祿大夫，建祠。

李萬慶，延安人。崇禎初，與張獻忠、羅汝才等並反，賊中所稱射塌天者是也。起陝西，蔓山西、畿南、河北，渡河殘河南，出沒湖廣、四川，還趨鄖陽，入興安，困於車箱峽。出險，益大肆。八年春，賊七十二營會滎陽，議分兵隨所向，令萬慶及許可變助馬進忠、橫天王西當陝兵。已而諸路之賊盡萃於陝，總督洪承疇彌歲不能定，益恣，出沒於河南、湖廣，凡十五家。

迨十一年春，國能、獻忠降，萬慶等大譟而去，改稱十三家，勢頗衰。而文燦擁兵德安，不敢擊，萬慶等復大振。李自成向關中，萬慶及馬光玉、馬進忠、羅汝才、惠登相、賀一龍、藺養成、順天王、順義王九家最著。八月，進忠、光玉大挫於潼關。九月，鄖、襄賊又大敗於雙溝，汝才率九營走均州，萬慶率三營走光、固。十一月，汝才亦降，自成又大敗關內，勢益衰，惟萬慶、光玉、一龍、順天王最勁。而萬慶得馬士秀、杜應金所劫左良玉賄，富且強，營麻城，徙信陽。

十二年正月戰敗，徙應山、德安。會光玉、進忠等皆大敗，進忠懼而降，而順天王已死。一龍、養成伏深山，登相遠掠秦、蜀，萬慶勢益孤。文燦檄良玉擊之唐縣姚溝，分三營肆賊，逐入三山，裨將王修政趨利戰死。文燦收二營卒，令良玉蹙之內鄉。萬慶等在赤眉城四平岡，依山結壘請降。良玉慮其詐，謀之文燦，益調諸將陳永福、羅岱、金聲桓之兵會於賈宋，大剿萬慶及光玉、可變。副將國能亦至，由張家林、七里河分擊，賊大奔。良玉遣國能以二十騎往偵，且諭萬慶降。萬慶馳見，輸情國能，遂執許州叛黨于汝虎以降，處內鄉城下者四千人。士秀、應金見進忠、萬慶降而懼，復來歸。有劉喜才者，夜取順義王首以獻，餘黨推可變爲主，與胡可受皆降。自是羣盜大衰。至五月，獻忠復叛，汝才率其黨九營應之，復大熾。而萬慶、進忠以徒衆既散，無二心。萬慶願從征自效，比國能給餉。遂授爲副總兵，與國能守鄖陽。獻忠等方大亂蜀中，鄖境得無事。

十四年，獻忠突陷襄陽，鄖守如故。明年正月，總督汪喬年討賊，以萬慶從。至襄城，軍潰，入城。賊攻圍之，固守五日，城陷，喬年死，萬慶亦不屈死。事聞，贈都督同知、榮祿大夫，立祠襄城。

贊曰：明至末季，流寇蔓延，國勢坐困，雖有奮威禦敵之臣，而兵孱餉絀，徒使賊乘其敝，潰陷相屬，無救亂亡。如艾萬年等之捐軀盡節，其可悲者矣。此非其勇不具，略不嫺也。兵力耗傾，加以統馭失宜，應援不及，求無敗衄，得乎！

校勘記

〔一〕復臨縣及虢亭驛　虢亭驛，寰宇通志卷八二、明一統志卷二一作「虒亭驛」。明會典卷一四五作「褫亭驛」。

〔二〕莫是驊唐世龍及千戶王定遠皆力戰死　唐世龍，原作「詹世龍」，據明史稿傳一四五陳于王傳、綏寇紀略卷五改。

〔三〕再增一秩　增，原作「贈」，據明史稿傳一四五侯良柱傳改。

〔四〕從曹文詔追賊西偃碧霞村斬混世王　西偃，綏寇紀略卷一、懷陵流寇始終錄卷六作「西堰」；混世王，後書作「混天王」。

〔五〕布政使都任　布政使，本書卷三〇九李自成傳作「副使」，國榷卷九九頁六〇〇一作「兵備副使」。

明史卷二百七十

列傳第一百五十八

馬世龍 楊肇基 賀虎臣 子贊 誠 沈有容 張可大 弟可仕

魯欽 子宗文 秦良玉 龍在田

馬世龍，字蒼元，寧夏人。由世職舉武會試，歷宣府遊擊。天啓二年擢永平副總兵。署兵部孫承宗奇其才，薦授署都督僉事，充三屯營總兵官。承宗出鎮，薦爲山海總兵，俾領中部，調總兵王世欽、尤世祿分領南北二部。明年正月賜尚方劍，實授府銜。承宗爲築壇拜大將，代行授鉞禮，軍馬錢穀盡屬之。尋定分地，世龍居中，駐衞城，世欽南海，世祿北山，並受世龍節制，兵各萬五千人。世龍感承宗知己，頗盡力，與承宗定計出守關外諸城。四年，偕巡撫喻安性及袁崇煥東巡廣寧，又與崇煥、世欽航海抵蓋套，相度形勢而還。敍勞，加右都督。

當是時，承宗統士馬十餘萬，用將校數百人，歲費軍儲數百萬。諸有求於承宗者，率因世龍，不得則大恚。而世龍貌偉，中實怯，忌承宗者多擊世龍以撼之。承宗抗辯於朝曰：「人謂其貪淫朘削，臣敢以百口保其必無。」帝以承宗故，不問。

五年九月，世龍誤信降人劉伯漒言，遣前鋒副將魯之甲、參將李承先率師襲取耀州，敗沒。言官交章劾奏，嚴旨切責，令戴罪圖功。時魏忠賢方以淸君側疑承宗，其黨攻世龍者幷及承宗。承宗不安其位去，以兵部尚書高第來代。職方主事徐日久者，先佐第撓遼事，及從第贊畫，力攻世龍。世龍陰結忠賢，反削日久籍。其冬，世龍亦謝病去。

崇禎元年，王在晉爲尚書。世龍上疏極論其罪，有詔逮世龍，久不至。在晉罷，始詣獄。二年冬，都城戒嚴。刑部尚書喬允升薦世龍才，詔圖功自贖。會祖大壽師潰，京師大震。承宗再起督師，以便宜遣世龍馳諭大壽聽命。及滿桂戰死，遂令世龍代爲總理，賜尚方劍，盡統諸鎭援師。

三年三月進左都督。時遵化、永平、遷安、灤州四城失守已三月。承宗、大壽隔關門，與世龍諸軍聲息斷絕。帝急詔四方兵勤王，昌平尤世威、薊鎭楊肇基、保定曹鳴雷、山海宋偉、山西王國樑、固原楊麒、延綏吳自勉、臨洮王承恩、寧夏尤世祿、甘肅楊嘉謨，所將皆諸邊銳卒；內地則山東、河南、南都、湖廣、浙江、江西、福建、四川諸軍，亦先後至。幷壁薊門，觀望不進。給事中張第元上言：「世龍在關數載，績效無聞，非若衞、霍之儔，功名足以服人也。諸帥宿將，非世龍偏裨，欲驅策節制，誰能甘之。師老財匱，銳氣日消，延及夏秋，將有不可言者。」帝以世龍方規進取，不納其言。時大壽於五月十日薄灤州。明日，世龍等以師會。又明日復其城。十三日，遊擊靳國臣復遷安。明日，副將何可綱復永平。又二日，別將復遵化。閱五月，四城始復。論功，大壽最，世祿次之。世龍加太子少保，廕本衞世千戶。八月復謝病歸。

六年五月，插漢虎墩兔合套寇犯寧夏，總兵賀虎臣戰歿，詔起世龍代之。世龍生長寧夏，習其形勢，大修戰備。明年正月，二部入犯，遣參將卜應第大破之，斬首二百有奇。踰月，套寇犯賀蘭山。世龍遣降丁潛入其營，馘其長撒兒甲，斬級如前。未幾，插部大舉入寇。世龍遣副將婁光先等分五道伏要害，而己中道待之，夾擊，斬首八百有奇。巡撫王振奇亦斬三百餘級。寇復犯河西玉泉宮，世龍復邀斬五百餘。其年七月犯棗園堡，世龍又大敗之，俘斬一千有奇。世龍半歲中屢奏大捷，威名震西塞。無何，卒於官，年四十餘。後論功，贈太子太傅，世錦衣僉事，賜恤如制。

楊肇基，沂州衞人。起家世職，積官至大同總兵。天啓二年，妖賊徐鴻儒反山東，連陷鄆、鉅野、鄒、滕、嶧，衆至數萬。巡撫趙彥任都司楊國棟、廖棟檄所部練民兵，增諸要地守卒。時肇基方家居，彥因卽家薦起之，爲山東總兵官討賊。未至，棟及國棟等攻鄒，兵潰，遊擊張榜戰死。彥方視師兗州，遇賊。肇基至，急迎戰，而令國棟及棟夾擊，大敗之橫河。時賊精銳聚鄒、滕中道，肇基令遊兵綴賊鄒城，而以大軍擊賊黃陰、紀王城，大敗賊，蹙而殪之嶧山，遂圍鄒。國棟等亦先後收復鄆、鉅野、嶧、滕諸縣，又大破之於沙河。乃築長圍攻鄒。閱三月，賊食盡，其黨出降，遂擒鴻儒。獻俘，磔於市，賊平。肇基由署都督僉事進右都督，廕本衞世千戶。尋代沈有容鎭登、萊。改延綏，以擊套寇功，進左都督，廕錦衣千戶，屢加太子太保。

崇禎元年移薊鎭西協。二年冬，大清兵克三屯營。肇基乘間收復，困守數月，卒全孤城。廕錦衣世千戶。已，錄恢復四城功，加太子太師，改廕錦衣僉事。明年卒官。子御蕃，見徐從治傳。

賀虎臣，保定人。天啓初，歷天津海防遊擊，登萊參將，移兗州。六年遷延綏副總兵。河套寇大舉入犯，從帥楊肇基協擊，大破之。加署都督僉事。

崇禎二年捕誅階州叛卒周大旺等。擢總兵官，鎭守寧夏。關中賊大起，王嘉胤陷淸水營，殺遊擊李顯宗，遂陷府谷。其黨李老柴應之，嘯聚三千餘人，攻合水。總督楊鶴檄虎臣往討，擊之盤谷，俘馘六百有奇。已，擊斬慶陽賊渠劉六。〔一〕四年，神一元陷保安。延安告急，延綏撫鎮皆東援陝西。巡撫練國事檄虎臣及副將李卑援剿。虎臣等遂進圍保安，賊引河套數千騎挫虎臣軍。會張應昌擊敗之，賊衆棄城去。虎臣等前後獲首功一千九百。明年，可天飛、郝臨菴、劉道江、李都司再圍合水。虎臣偕臨洮曹文詔、甘肅楊嘉謨、固原楊麒合擊，大破賊甘泉之虎兕凹，斬首七百有奇，賊大困。

六年五月，插漢虎墩兔合套寇五萬騎自清水、橫城分道入。守備姚之夔等不能禦，沙井驛副將史開先、臨河堡參將張問政、岳家樓守備趙訪皆潰逃。寇遂進薄靈州，虎臣急領千騎入守。旋盡勒城中兵出擊，次大沙井。寇從漢伯堡突至，虎臣軍未及布陳，且衆寡不敵，遂戰死。子讚挾五十騎突重圍出。事聞，贈虎臣都督僉事，賜祭葬，世廕指揮僉事。尋錄先後剿寇功，再贈都督同知，世廕錦衣副千戶。

讚，勇敢有父風。既承廕，尋舉武進士。積官至京營副將。崇禎十七年三月，李自成薄京師，京軍六大營分列城外，皆不敢戰，或棄甲降。讚獨率部卒迎擊，中矢死。

弟誠，身長七尺，美鬚髯，爲諸生，以忠義自許。兄誠襲副千戶，早卒，無子，誠當襲，以讓其弟詮。及賊陷保定，家人勸易衣遁。叱曰：「吾忠臣子，偷生而逃，何以見先將軍地下！」遂偕妻女投井死。

沈有容，字士弘，宣城人。僉事寵之孫也。幼走馬擊劍，好兵略。舉萬曆七年武鄉試。薊遼總督梁夢龍見而異之，用爲昌平千總。復受知總督張佳胤，調薊鎭東路，轄南兵後營。十二年秋，朶顏長昂以三千騎犯劉家口。有容夜半率健卒二十九人迎擊，身中二矢，斬首六級，寇退乃還，由是知名。遼東巡撫顧養謙召隸麾下，俾練火器。十四年從李成梁出塞，抵可可毋林，斬馘多。明年再出，亦有功。成梁攻北關，有容陷陣，馬再易再斃，卒拔其城。錄功，世廕千戶。遷都司僉書，守浮屠谷。

從宋應昌援朝鮮，乞歸。日本封事壞，福建巡撫金學曾欲用奇搗其穴，起有容守浯嶼、銅山。二十九年，倭掠諸寨，有容擊敗之。踰月，與銅山把總張萬紀敗倭彭山洋。倭據東番。有容守石湖，謀盡殲之，以二十一舟出海，遇風，存十四舟。過彭湖，與倭遇，格殺數人，縱火沈其六舟，斬首十五級，奪還男婦三百七十餘人。倭遂去東番，海上息肩者十年。捷聞，文武將吏悉敘功，有容賚白金而已。

三十二年七月，西洋紅毛番長韋麻郎駕三大艘至彭湖，求互市，稅使高寀召之也。有容白當事，自請往諭。見麻郎，指陳利害。麻郎悟，呼寀使者，索還所賂寀金，揚帆去。改僉書浙江都司。由浙江遊擊調天津，遷溫處參將，罷歸。四十四年，倭犯福建。巡撫黃承元請特設水師，起有容統之，擒倭東沙。尋招降巨寇袁進、李忠，散遣其衆。

泰昌元年，遼事棘，始設山東副總兵，駐登州，以命有容。天啟改元，遼、瀋相繼覆。熊廷弼建三方布置之議，以陶朗先巡撫登、萊，而擢有容都督僉事，充總兵官，登萊遂爲重鎭。八月，毛文龍有鎭江之捷。詔有容統水師萬，偕天津水師直抵鎭江策應。有容歎曰：「率一旅之師，當方張之敵，吾知其不克濟也。」無何，鎭江果失，水師遂不進。明年，廣寧覆，遼民走避諸島，日望登師救援。朗先下令，敢渡一人者斬。有容爭之，立命數十艘往，獲濟者數萬人。時金、復、蓋三衞俱空無人，有欲據守金州者。有容言金州孤懸海外，登州、皮島俱遠隔大洋，聲援不及，不可守。迨文龍取金州，未幾復失。四年，有容以年老乞骸骨，歸，卒。贈都督同知，賜祭葬。

張可大，字觀甫，應天人。世襲南京羽林左衞千戶，舉萬曆二十九年武會試，授建昌守備。遷浙江都司僉書，分守瓜洲、儀眞，江洋大盜斂迹。稅監魯保死，淮撫李三才令可大錄其貲。保家餽重賄，却不受。葉向高赴召過儀，見而異之，曰：「此不特良將，且良吏也。」遷劉河遊擊，改廣東高肇參將。調浙江舟山。奉命征黎，與總兵王鳴鶴用黑番爲導，擣其巢，黎乃滅。

舟山，宋昌國城也，居海中，有七十二墺，爲浙東要害。可大條上八議，皆碩畫。倭犯五罩湖、白沙港、茶山、潭頭，連敗之加副總兵。城久圮，可大與副使蔡獻臣築之，兩月工竣。城內外田數千畝，海潮害稼。可大築碶蓄淡水，遂爲膏腴。民稱曰「張公碶」。天啓元年以都指揮使掌南京錦衣衞。六年擢都督僉事，僉書南京右府。

崇禎元年出爲登萊總兵官。會議裁登萊撫鎭，乃命以總兵官視登州副總兵事，而巡撫遂罷不設。可大盡心海防，親歷巡視，圖沿海地形、兵力强弱，爲海防圖說上之。二年冬，白蓮賊餘黨圍萊陽，可大擊破之，焚其六砦，斬僞國公二人，圍遂解。京師被兵，可大入衞，守西直、廣寧諸門。明年，以勤王功，陞都督同知。

劉興治反東江，遂奉詔還鎭。已而四城並復，朝議復設登萊巡撫，以孫元化爲之。元化率關外八千人至，强半皆遼人。可大慮有變，屢言於元化，不聽。

四年七月，錄前守城功，進右都督。十月，僉書南京左府，兼督池河、浦口二軍，登人泣留之。未行而孔有德反吳橋，東陷六城。可大急往剿，元化檄止之，不聽。次萊州，遇元化，復爲所阻，乃還鎭。

歲將晏，有德暮薄城。可大請擊之，元化持撫議，不許。可大陳利害甚切，元化期明歲元日發兵合擊。至期，元化兵不發。明日，合兵戰城東，可大兵屢勝。元化部卒皆遼人，親黨多，無鬭志。其將張燾先走，可大兵亦敗。中軍管維城，遊擊陳良謨，守備盛洛、姚士良皆戰死。燾兵半降有德，遣歸爲內應。元化開門納之，可大諫，不聽。夜半賊至，城遂陷。可大時守水城，撫膺大慟。解所佩印付旗鼓，間道走濟南上之。還家辭母，令弟可度、子鹿徵奉母航海趨天津。而以佩劍付部將，盡斬諸婢妾，遂投繯死。事聞，贈特進榮祿大夫、太子少傅，謚莊節，賜祭葬，予世廕，建祠曰「旌忠」。

可大好學能詩，敦節行，有儒將風。爲南京錦衣時，歐陽暉由刑部主事謫本衞知事，嘗賦詩有「陰霾國事非」句，揚州知府劉鐸書之扇，贈一僧。惡鐸者譖之魏忠賢，暉、鐸俱被逮。可大約束旗尉，捐奉助之，卜室處其妻子。其尚義類如此。

弟可仕，字文峙，以字行。隱居博學，嘗輯明布衣詩一百卷。

魯欽，長清人。萬曆中，歷山西副總兵。天啓元年遷神機營左副將。尋擢署都督僉事，充保定總兵官。奢崇明、安邦彥並反，貴州總兵張彥方在圍中，而總理杜文煥稱病。明年十月用欽代文煥，命總川、貴、湖廣漢土軍刻期解圍。未至，圍已解，欽馳赴貴陽。三年正月，巡撫王三善大敗於陸廣，羣苗宋萬化、何中尉等蠭起。欽佐三善防勦，率諸將擒中尉、萬化，遂進營紅崖。紅崖者，崇明敗走處也。三善謀大舉深入，欽及總兵官馬烱、張彥方，諸道監司尹伸、岳具仰、向日升、楊世賞各以兵從，五戰，斬首萬八千，直抵大方。四年正月，三善敗歿於內莊，欽等以殘卒還。命戴罪辦賊。

都勻凱里土司者，運道咽喉也，邦彥結諸蠻困其城，長官楊世蔚不能守。總督蔡復一遣欽及總兵官劉超救之，拔賊巖頭寨，遂移師克平茶。已而邦彥盡驅羅鬼，結四十營於斑鳩灣後寨，亙二十餘里，分犯普定。復一令欽與總兵官黃鉞分道禦之。欽率部將張雲鵬、劉志敏、鄧玘等大敗賊汪家沖。鉞及參政陸夢龍、副使楊世賞亦大敗賊蔣義寨。合追至河，斬首千五百餘級。搜山，復斬六百餘級。尹伸守普定，亦敗賊兵，與大軍會，共剪水外逆苗。邦彥勢窘，渡河西奔。欽、鉞督諸將窮追，夢龍等分駐三岔河岸爲後勁。前鋒雲鵬、玘等深入織金，先後斬首千餘級。

復一上其功，言：「欽廉勇。雖名總理，權力不當一偏裨。舊撫臣三善及諸監軍，人人爲大帥，內莊失律，欽不當獨任大帥罪。臣至黔，以諸道監軍兵盡屬欽，每戰身先士卒。欽敗可原，勝足錄。當免其戴罪，仍以功論。」從之。明年正月，欽等渡河還，中伏，敗死者數千人。充爲事官，立功自贖。

自平越至興隆、淸平二衞，苗二百餘寨盤踞其間，以長田之天保、阿秧爲魁。邦彥初反，授二酋都督，使通下六衞聲息。是年春，寇石阡、餘慶。監軍按察使來斯行啗阿秧，使圖天保，阿秧反以情告。斯行乃誘斬阿秧，議討天保，會以疾去。復一令貴陽同知周鴻圖代爲監軍，阿秧弟阿買與天保請兵邦彥，復兄讐。復一以兵事屬鴻圖及欽，而遣參將胡從儀、楊明楷等佐之。欽等三道進，大戰米墩山，生擒天保及阿買，先後斬賊魁五十四人，獲首功二千三百五十，破焚百七十四寨。盛夏興師，將士冒暑雨，衝嵐瘴，劇寇盡除，土人謂二百年所未有。復一旣奏功，未報而卒。監軍御史傅宗龍復以爲言，乃命欽總理如故，鴻圖授平越知府。

六年三月，邦彥復大舉入寇。欽禦之河上，連戰數日，殺傷相當。夜半，賊直逼欽壘。將士逃竄，欽遂自刎。諸營盡潰，賊勢復張。

欽勇敢善戰，爲西南大將之冠。莊烈帝嗣位，贈少保、左都督，世廕指揮僉事，賜祭葬，建祠曰「旌忠」。

子宗文承廕。崇禎中，以薊鎭副總兵爲總督吳阿衡中軍。十一年冬，牆子嶺失事，與阿衡並力戰死。

秦良玉，忠州人，嫁石砫宣撫使馬千乘。萬曆二十七年，千乘以三千人從征播州，良玉別統精卒五百裹糧自隨，與副將周國柱扼賊鄧坎。明年正月二日，賊乘官軍宴，夜襲。良玉夫婦首擊敗之，追入賊境，連破金筑等七寨。已，偕酉陽諸軍直取桑木關，大敗賊衆，爲南川路戰功第一。賊平，良玉不言功。其後，千乘爲部民所訟，瘐死雲陽獄，良玉代領其職。良玉爲人饒膽智，善騎射，兼通詞翰，儀度嫻雅。而馭下嚴峻，每行軍發令，戎伍肅然。所部號白桿兵，爲遠近所憚。

泰昌時，徵其兵援遼。良玉遣兄邦屏、弟民屏先以數千人往。朝命賜良玉三品服，授邦屏都司僉書，民屏守備。

天啓元年，邦屏渡渾河戰死，民屏突圍出。良玉自統精卒三千赴之，所過秋毫無犯。詔加二品服，卽予封誥。子祥麟授指揮使。良玉陳邦屏死狀，請優恤。因言：「臣自征播以來，所建之功，不滿讒妬口，貝錦高張，忠誠孰表。」帝優詔報之。兵部尚書張鶴鳴言：「渾河血戰，首功數千，實石砫、酉陽二土司功。邦屏既歿，良玉即遣使入都，製冬衣一千五百，分給殘卒，而身督精兵三千抵榆關。上急公家難，下復私門仇，氣甚壯。宜錄邦屏子，進民屏官。」乃贈邦屏都督僉事，錫世廕，與陳策等合祠；民屏進都司僉書。

部議再徵兵二千。良玉與民屏馳還，抵家甫一日，而奢崇明黨樊龍反重慶，齎金帛結援。良玉斬其使，即發兵率民屏及邦屏子翼明、拱明泝流西上，度渝城，奄至重慶南坪關，扼賊歸路。伏兵襲兩河，焚其舟。分兵守忠州，馳檄夔州，令急防瞿塘上下。賊出戰，即敗歸。良玉上其狀，擢民屏參將，翼明、拱明守備。

已而奢崇明圍成都急，巡撫朱燮元檄良玉討。時諸土司皆貪賊賂，逗遛不進。獨良玉鼓行而西，收新都，長驅抵成都，賊遂解圍去。良玉乃還軍攻二郎關，民屏先登，已，克佛圖關，復重慶。良玉初舉兵，即以疏聞。命封夫人，錫誥命，至是復授都督僉事，充總兵官。命祥麟爲宣慰使，民屏進副總兵，翼明、拱明進參將。良玉益感奮，先後攻克紅崖墩、觀音寺、青山墩諸大巢，蜀賊底定。復以援貴州功，數賚金幣。

三年六月，良玉上言：「臣率翼明、拱明提兵裹糧，累奏紅崖墩諸捷。乃行間諸將，未覩賊面，攘臂誇張，及乎對壘，聞風先遁。敗於賊者，唯恐人之勝；怯於賊者，唯恐人之强。如總兵李維新，渡河一戰，敗衄歸營，反閉門拒臣，不容一見。以六尺軀鬚眉男子，忌一巾幗婦人，靜夜思之，亦當愧死。」帝優詔報之，命文武大吏皆以禮待，不得疑忌。

是年，民屏從巡撫王三善抵陸廣，兵敗先遁。其冬，從戰大方，屢捷。明年正月，退師。賊來襲，戰死。二子佐明、祚明得脫，皆重傷。良玉請卹，贈都督同知，立祠賜祭，官二子。而是時翼明、拱明皆進官至副總兵。

崇禎三年，永平四城失守。良玉與翼明奉詔勤王，出家財濟餉。莊烈帝優詔褒美，召見平臺，賜良玉綵幣羊酒，賦四詩旌其功。會四城復，乃命良玉歸，而翼明駐近畿。明年築大凌河城。翼明以萬人護築，城成，命撤兵還鎮。七年，流賊陷河南，加翼明總兵官，督軍赴討。明年，鄧玘死，以所部皆蜀人，命翼明將之，連破賊於青崖河、吳家堰、袁家坪，扼賊走鄖西路。翼明性恇怯，部將連敗，不以實聞，革都督銜，貶二秩辦賊。已，從盧象昇逐賊穀城。賊走均州，翼明敗之青石鋪。賊入山自保，翼明攻破之。連破賊界山、三道河、花園溝，擒黑煞神、飛山虎。賊出沒鄖、襄間，撫治鄖陽苗胙土遣使招降，翼明贊其事，爲賊所紿，卒不降。翼明、胙土皆被劾。已而賊犯襄陽，翼明連戰得利，屯兵廟灘，以扼漢江之淺。而羅汝才、劉國能自深水以渡，遂大擾蘄、黃間。帝以鄖、襄屬邑盡殘，罷胙土，切責翼明，尋亦被劾解官。而良玉自京師還，不復援剿，專辦蜀賊。

七年二月，賊陷夔州，圍太平，良玉至乃走。十三年扼羅汝才於巫山。汝才犯夔州，良玉師至乃去。已，邀之馬家寨，斬首六百，追敗之留馬埡，斬其魁東山虎。復合他將大敗之譚家坪北山，〔三〕又破之仙寺嶺。良玉奪汝才大纛，擒其渠副塌天，賊勢漸衰。

當是時，督師楊嗣昌盡驅賊入川。川撫邵捷春提弱卒二萬守重慶，所倚惟良玉及張令二軍。綿州知州陸遜之罷官歸，捷春使按營壘。見良玉軍整，心異之。良玉爲置酒，語遜之曰：「邵公不知兵。吾一婦人，受國恩，誼應死，獨恨與邵公同死耳。」遜之問故，良玉曰：「邵公移我自近，去所駐重慶僅三四十里，而遣張令守黃泥窪，殊失地利。賊據歸、巫萬山巔，俯瞰吾營。鐵騎建瓴下，張令必破。令破及我，我敗尚能救重慶急乎？且督師以蜀爲壑，無愚智知之。邵公不以此時爭山奪險，令賊無敢即我，而坐以設防，此敗道也。」遜之深然之。已而捷春移營大昌，監軍萬元吉亦進屯巫山，與相應援。其年十月，張獻忠連破官軍於觀音巖、三黃嶺，遂從上馬渡過軍。良玉偕張令急扼之竹箘坪，挫其鋒。會令爲賊所殪，良玉趨救不克，轉鬬復敗，所部三萬人略盡。乃單騎見捷春請曰：「事急矣，盡發吾溪峒卒，可得二萬。我自廩其半，半餼之官，猶足辦賊。」捷春見嗣昌與己左，而倉無見糧，謝其計不用。良玉乃歎息歸。時搖、黃十三家賊橫蜀中。有秦纘勳者，良玉族人也，爲賊耳目，被擒，殺獄卒遁去。良玉捕執以獻，無脫者。

張獻忠盡陷楚地，將復入蜀。良玉圖全蜀形勢上之巡撫陳士奇，請益兵守十三隘，士奇不能用。復上之巡按劉之勃，之勃許之，而無兵可發。十七年春，獻忠遂長驅犯夔州。良玉馳援，衆寡不敵，潰。及全蜀盡陷，良玉慷慨語其衆曰：「吾兄弟二人皆死王事，吾以一孱婦蒙國恩二十年，今不幸至此，其敢以餘年事逆賊哉！」悉召所部約曰：「有從賊者，族無赦！」乃分兵守四境。賊遍招土司，獨無敢至石砫者。後獻忠死，良玉竟以壽終。

翼明既罷，崇禎十六年冬，起四川總兵官。道梗，命不達。而拱明值普名聲之亂，與賊鬬死，贈卹如制。

龍在田，石屏州土官舍人也。天啓二年，雲南賊安效良、張世臣等爲亂。在田與阿迷普名聲、武定吾必奎等征討，數有功，得爲土守備。新平賊剽石屏，安效良攻霑益，在田俱破走之。巡撫閔洪學上其功，擢坐營都司。

崇禎二年與必奎收復烏撒。八年，流賊犯鳳陽，詔徵雲南土兵。在田率所部應詔，擊賊湖廣、河南，頻有功，擢副總兵。總理盧象昇檄討襄陽賊，至則象昇已奉詔勤王，命屬熊文燦。十年三月擊擒大盜郭三海。十一年九月大破賀一龍、李萬慶於雙溝，進都督同知。明年三月大破賊固始，斬首三千五百有奇。張獻忠之叛也，文燦命在田駐穀城，遏賊東突。

諸將多忌在田，讒言日興。及文燦被逮，在田亦罷歸，還至貴州，擊平叛賊安隴壁。

十五年夏，中原盜益熾。在田上疏曰：「臣以石屏世弁，因流氛震陵，奮激國難，捐貲募精卒九千五百，戰象四，戰馬二千，入楚、豫破賊。賊不敢窺江北陵寢，滇兵有力焉。五載捷二十有八，忌口中阻，逼臣病歸。自臣罷，親藩辱，名城屢陷。臣妄謂討寇必須南兵。蓋諸將所統多烏合，遇寇卽逃，乏餉卽譟。滇兵萬里長驅，家人父子同志，非若他軍易潰也。且一歲中，秋冬氣涼，賊得馳騁。春夏卽入山避暑，養銳而出，故其氣益盛。夫平原戰既不勝，山谿又莫敢攖，師老財殫，蕩平何日。滇兵輕走遠跳，善搜山。臣願整萬衆，力掃秦、楚、豫、皖諸寇，不滅不止。望速給行糧，沿途接濟。臣誓捐軀報國，言而不效，甘伏斧鑕。」帝壯之，下兵部議，寢不行。

踰二載，乙酉八月，吾必奎叛。黔國公沐天波檄在田及寧州土知州祿永命協討，擊擒之。未幾，沙定洲作亂，據雲南府，在田不敢擊。明年，定洲攻在田不下，移攻寧州，尋陷嶍峨，在田走大理。又明年，孫可望等至貴州，在田說令攻定洲，定洲迄破滅。在田歸，卒於家。

贊曰：馬世龍等值邊陲多事，奮其勇略，著績戎行，或捐軀力戰，身膏原野，可謂無忝爪牙之任矣。夫擢鋒陷敵，宿將猶難，而秦良玉一土舍婦人，提兵裹糧，崎嶇轉鬬，其急公赴義有足多者。彼仗鉞臨戎，縮朒觀望者，視此能無愧乎！

校勘記

〔一〕已擊斬慶陽賊渠劉六　按本書卷二三莊烈帝紀、綏寇紀略卷一、明史紀事本末卷七五都繫此於崇禎四年八月。

〔二〕復合他將大敗之譚家坪北山　北山，原作「北平」，據明史紀事本末卷七五、懷陵流寇始終錄卷一三改。

明史卷二百七十一

列傳第一百五十九

賀世賢 尤世功　童仲揆 陳策　周敦吉等　張神武等
羅一貫 劉渠　祁秉忠　滿桂 孫祖壽　趙率教 朱國彥
官惟賢 張奇化　何可綱　黃龍 李惟鸞
金日觀 楚繼功等

賀世賢，榆林衞人。少爲廝養，後從軍，積功至瀋陽遊擊，遷義州參將。

萬曆四十六年七月，清河被圍，副將鄒儲賢固守。城破，率親丁鏖戰城南，與參將張旆俱死。部將二十人、兵民萬餘殲焉。世賢駐靉陽，聞變，疾馳出塞，得首功百五十有四級，進副總兵。

明年，楊鎬四路出師。世賢副李如柏出清河。劉綎深入中伏，勸如柏往救，不從，綎遂覆歿。尋擢都督僉事，充總兵官，駐虎皮驛。鐵嶺被圍，世賢馳援，城已破，邀獲首功百餘級。泰昌元年九月連戰灰山、撫安堡，獲首功二百有奇。

當是時，四方宿將鱗集遼左，率縮朒不敢戰，獨世賢數角鬬有功，同列多忌之。移鎮瀋陽。經略袁應泰下納降令。廣寧總兵李光榮疑世賢所納多，以狀聞。巡撫薛國用亦奏三可慮，兵部尚書崔景榮請拒勿納，而置已納於他所。然世賢所納卒不可散，同列遂謗其有異志。

天啓元年三月，我大淸以重兵薄瀋陽。世賢及總兵尤世功掘塹濬壕，樹大木爲柵，列楯車火器木石，環城設兵，守城法甚具。大淸先以數十騎來偵，世功兵躡之，殺四人。世賢勇而輕，嗜酒。且日飲酒，率親丁千，出城逆擊，期盡敵而反。大淸兵佯敗，世賢乘銳進。倏精騎四合，世賢戰且却，抵西門，身被十四矢。城中聞世賢敗，各鳥獸竄，而降丁復叛，斷城外弔橋。或勸世賢走遼陽，曰：「吾爲大將，不能存城，何面目見袁經略乎！」揮鐵鞭馳突圍中，擊殺數人，中矢墜馬而死。世功引兵援，亦戰死。

世功亦楡林人。萬曆中，舉武鄉試，歷瀋陽遊擊。張承廕之敗也，世功脫歸，坐褫職。經略楊鎬言其身負重傷，才堪策勵，乃補武精營遊擊。鎬四路出師，世功隸李如柏麾下，得全。尋以副總兵守瀋陽。熊廷弼代鎬，愛其才，與副將朱萬良並倚任。廷弼罷，袁應泰代，議三路出師，用爲總兵官。未行，而瀋陽被兵，死於戰。贈少保、左都督，增世廕三級，再廕指揮僉事，世襲，賜祭葬，建祠曰「愍忠」。

世賢既歿，或疑其叛降，恤典故不及。四川副使車樸爲訟冤，格衆議不果。

童仲揆，南京人。舉武會試，歷都指揮，掌四川都司。萬曆末，擢副總兵，督川兵援遼，與同官陳策並充援勦總兵官。熹宗初立，經略袁應泰招蒙古諸部，處之遼、瀋二城。仲揆力諫，不聽。

明年，天啓改元，應泰欲城清河、撫順。議三路出師，用大將十人，各將兵萬餘，仲揆、策當其二。未行，而大清兵已逼瀋陽。兩人馳救，次渾河。遊擊周敦吉曰：「事急矣，請直抵瀋陽，與城中兵夾擊，可以成功。」已，聞瀋陽陷，諸將皆憤曰：「我輩不能救瀋，在此三年何爲！」敦吉固請與石砫都司秦邦屏先渡河，營橋北，仲揆、策及副將戚金、參將張名世統浙兵三千營橋南。邦屏結陣未就，大清兵來攻，却復前者三，諸軍遂敗。敦吉、邦屏及參將吳文傑、守備雷安民等皆死。他將走入浙兵營，被圍數匝。副將朱萬良、姜弼不救，及圍急始前，一戰卽敗走。大淸兵盡銳攻浙營。營中用火器，多殺傷。火藥盡，短兵接，遂大潰。策先戰死，仲揆將奔，金止之，乃還兵鬭。力盡矢竭，揮刀殺十七人。大淸兵萬矢齊發，仲揆與金、名世及都司袁見龍、鄧起龍等並死焉。萬良旣遁，經略將斬之，乞鬭罪自效。及遼陽被攻，果陷陣死。

自遼左用兵，將士率望風奔潰，獨此以萬餘人當數萬衆。雖力絀而覆，時咸壯之。事聞，贈策少保、左都督，增世廕三級，再廕本衞指揮僉事，世襲，賜祭葬，建祠曰「愍忠」。仲揆贈都督同知，增世廕三級，祠祀。金、起龍贈都督僉事，增世廕三級，附祀。名世先有罪繫獄，尚書薛三才薦其善火器，命從征立功。文傑亦先褫職。及死，並得復官，贈三級，增世廕二級。見龍等皆予贈廕，他副將至把總戰死者百二十餘人，贈廕有差。

敦吉，先爲四川永寧參將。永寧宣撫奢效忠卒，子崇明幼，其妻奢世統與妾奢世續爭印，相攻者十餘年。後崇明襲職，世續猶匿印不予。都司張神武與敦吉謀，盡掠其積聚子女，擒世續以歸。其部目閻宗傳怒，以求主母爲名，大掠永寧、赤水、普市、摩尼，數百里成丘墟。事聞，敦吉、神武並論死。遼東告警，命敦吉從軍自效，及是鏖戰死，贈䘏如制。

神武，新建人。萬曆中舉武會試第一。授四川都司僉書。旣論死，遼左兵興，用經略袁應泰薦，詔諭從征立功。神武率親丁二百四十餘，疾馳至廣寧。會遼陽已失，巡撫薛國用固留之，不可，曰：「奉命守遼陽，非守廣寧也。」曰：「遼陽殁矣，若何之？」曰：「將以殲敵。」曰：「二百人能殲敵乎？」曰：「不能，則死之。」前至遼河，遇逃卒十餘萬。神武以忠義激其帥，欲與還戰，帥不從。乃獨率所部渡河，抵首山，去遼陽十七里而軍。將士不食已一日，遇大清兵，疾呼奮擊，孤軍無援，盡殁於陣。監軍御史方震孺繪神武像，率將士羅拜，爲文祭之。詔贈都督僉事，世廕千戶，立祠祀之。

又有楊宗業、梁仲善者，皆援遼總兵官。宗業歷鎮浙江、山西。楊鎬四路敗後，命提兵赴援，至是父子並戰死。仲善亦戰死遼陽城下。宗業贈都督同知，世廕千戶；仲善贈都督僉事，增世廕三級；並從祠附祀。

羅一貫，甘州衞人。以參將守西平堡。遼陽陷，西平地最衝，一貫悉力捍禦。巡撫王化貞言於朝，加副總兵。時化貞駐廣寧，經略熊廷弼駐右屯，總兵劉渠以二萬人守鎮武，祁秉忠以萬人守閭陽，而一貫帥三千人守西平。已，定議，各繕隍壁壘，急則互相援，違者必誅。明年正月，大清兵西渡河，經撫戒勿輕戰。兵漸近，參將黑雲鶴出擊。一貫止之，不從。明日，雲鶴戰敗，奔還城，追兵殲焉。一貫憑城固拒，用礮擊傷者無算。大清樹旗招降，且遣使來說，一貫不從。又明日，騎益衆，環城力攻。一貫流矢中目，不能戰。火藥矢石盡，乃北面再拜，曰：「臣力竭矣。」遂自刭。都司陳尙仁、王崇信亦死之。

化貞知城未下，信游擊孫得功語，盡發廣寧兵。以得功及中軍游擊祖大壽爲前鋒，令會秉忠赴援，廷弼亦遣使督渠進戰，遇大清兵於平陽。得功懷異志，欲引去。乃分兵爲左右翼，稍却，推渠、秉忠前。渠等力戰，頗有殺傷。得功及副將鮑承先走，後軍見之亦奔，遂大潰。渠戰死。秉忠被二刀三矢，家衆扶上馬，奪圍出，創重，卒於途。副將劉徵擊殺十餘人，乃死。大壽走覺華島。得功遂降。越二日，廣寧卽破。事聞，贈一貫都督同知，世廕副千戶；渠、秉忠少保，左都督，增世廕三級，再廕指揮僉事。皆賜祭葬，建祠並祀。

一貫子俊傑承廕，崇禎中仕至宣府總兵官，免歸。李自成犯甘州，城陷，死之。

渠，京城巡捕營副將也，以御史楊鶴薦，擢總兵官，援剿遼東。遼陽被圍，廣寧總兵李光榮不能救，反斷河橋截軍民歸路，總督文球劾罷之，卽以渠代。西平告急，帥鎭武兵往援，遂戰歿。

秉忠，陝西人。萬曆四十四年爲永昌參將。銀定、歹靑以二千餘騎入塞，秉忠提兵三百拒之，轉戰兩晝夜。援軍至，始遁。秉忠追還所掠人畜，邊人頌之。擢涼州副總兵。經略袁應泰薦其智勇，令率私卒守蒲河。至則遼陽已破，命爲援剿總兵官，駐防閭陽，援西平，竟死。

自遼左軍興，總兵官陣亡者凡十有四人：撫順則張承廕，四路出師則杜松、劉綎、王宣、趙夢麟，開原則馬林，瀋陽則賀世賢、尤世功，渾河則童仲揆、陳策，遼陽則楊宗業、梁仲善。是役，渠與秉忠繼之。朝端䘏典，俱極優崇。而僨軍之將，若李如柏、麻承恩輩，竟有未膺顯戮者。

滿桂，蒙古人，幼入中國，家宣府。稍長，便騎射。每從征，多斬馘。軍令，獲敵首一，予一官，否則賚白金五十。桂屢得金，不受職。年及壯，始爲總旗。又十餘年爲百戶。後屢遷潮河川守備。楊鎬四路師敗，薦小將知兵者數人，首及桂。移守黃土嶺。爲總督王象乾所知，進石塘路遊擊、喜峯口參將。

天啓二年，大學士孫承宗行邊，桂入謁。壯其貌，與談兵事，大奇之。及出鎭山海，即擢副總兵，領中軍事。承宗幕下，文武輻輳，獨用桂。桂椎魯甚，然忠勇絕倫，不好聲色，與士卒同甘苦。

明年，承宗議出關修復寧遠，問誰可守者。馬世龍薦孫諫及李承先，承宗皆不許。袁崇煥、茅元儀進曰：「滿桂可。但爲公中軍，不敢請耳。」承宗曰：「既可，安問中軍。」呼桂語之，慨然請行。世龍猶疑其不可，承宗不聽。即日置酒，親爲之餞。桂至寧遠，與崇煥協心城築，屹然成重鎭。語具崇煥傳中。

時蒙古部落駐牧寧遠東鄙，遼民來歸者悉遭劫掠，承宗患之。四年二月，遣桂及總兵尤世祿襲之大凌河。諸部號泣西竄，東鄙以寧。拱兎、炒花、宰賽諸部陽受款而陰懷反側。桂善操縱，諸部咸服，歲省撫賞銀不貲。初，城中郭外，一望丘墟。至是軍民五萬餘家，屯種遠至五十里。承宗上其功。詔擢都督僉事，加銜總兵。承宗乃令典後部，與前部趙率敎相掎角。督餉郎中楊呈秀侵剋軍糧，副將徐漣激之變，圍崇煥署。憚桂家卒勇猛，不敢犯，結隊東走。桂與崇煥追斬首惡，撫餘衆而還。

六年正月，我大淸以數萬騎來攻，遠邇大震，桂與崇煥死守。始攻西南城隅，發西洋紅夷礮，傷攻者甚衆。明日轉攻南城，用火器拒却之，圍解。帝大喜，擢都督同知，實授總兵官。再論功，加右都督，廕副千戶，世襲。桂疏謝，並自敍前後功。優詔褒答，再進左都督。

桂初與率教深相得。是役也，怒其不親救，相責望。帝聞之，下敕戒勉。而崇煥復與桂不和，言其意氣驕矜，謾罵僚屬，恐壞封疆大計，乞移之別鎭，以關外事權歸率教。舉朝皆知桂可用，慮同城或僨事，遂召還。督師王之臣力言桂不可去，而召命已下。又請用之關門。崇煥皆不納。閏六月乃命以故秩僉書中軍府事。未幾，崇煥亦自悔，請仍用之臣言。帝可之，命桂掛印移鎭關門，兼統關外四路及燕河、建昌諸軍，賜尙方劍以重事權。

七年五月，大清兵圍錦州，分兵略寧遠。桂遣兵救，被圍笊籬山。桂與總兵尤世祿赴之，大戰相當。遂入寧遠城，與崇煥爲守禦計。俄大清兵進薄城下，桂率副將尤世威等出城迎，頗有殺傷，桂亦身被重創。捷聞，加太子太師，世廕錦衣僉事。及崇煥休去，之臣再督師，盛推桂才，請仍鎭寧遠。會蒙古炒花諸部離散，桂與之臣多收置之麾下。莊烈帝已嗣位，詔之臣毋蹈袁應泰、王化貞故轍，並責桂阿之臣意。桂遂請病乞休，不允。崇禎元年七月，言官交劾之臣，因及桂。之臣罷，桂亦召還府。適大同總兵渠家楨失事，命桂代之。大同久恃款弛備，插部西侵，順義王遂入境大掠。家楨及巡撫張翼明論死，插部遂挾賞不去。桂至，徧閱八路七十二城堡，邊備大修，軍民恃以無恐。

明年冬十月，大清兵入近畿。十一月詔諭勤王。桂率五千騎入衞，次順義，與宣府總兵侯世祿俱戰敗，遂趨都城。帝遣官慰勞，犒萬金，令與世祿俱屯德勝門。無何，合戰，世祿兵潰，桂獨前鬬。城上發大礮佐之，悞傷桂軍，桂亦負傷，令入休甕城。旋與袁崇煥、祖大壽並召見，桂解衣示創，帝深嘉歎。十二月朔復召見，下崇煥獄，賜桂酒饌，令總理關、寧將卒，營安定門外。

桂驍勇敢戰。所部降丁間擾民，桂不能問。副將申甫所統多市人，桂軍淩之。夜發矢，驚其營，有死者。御史金聲以聞，帝亦不問。及大壽軍東潰，乃拜桂武經略，盡統入衞諸軍，賜尙方劍，趣出師。桂曰：「敵勁援寡，未可輕戰。」中使趣之急，不得已，督黑雲龍、麻登雲、孫祖壽諸大將，以十五日移營永定門外二里許，列柵以待。大清兵自良鄉回，明日昧爽，以精騎四面蹙之。諸將不能支，大敗，桂及祖壽戰死，雲龍、登雲被執。帝聞，震悼，遣禮部侍郎徐光啓致祭，贈少師，世廕錦衣僉事，襲陞三級，賜祭葬，有司建祠。

孫祖壽，字必之，昌平人。萬曆中舉武鄉試，授固關把總。天啓二年歷官署都督僉事爲薊鎭總兵官。

孫承宗行邊，議於薊鎭三協十二路分設三大將。以祖壽領西協，轄石匣、古北、曹家、牆子四路，駐遵化。而江應詔領東協，駐關門，轄山海關、一片石、燕河、建昌四路。馬世龍領中協，駐三屯營，轄馬蘭、松棚、喜峰、太平四路。經略王在晉、總督王象乾僉謂：「永平設鎭，本以衞山海。今移之三屯，則去山海四百里，於應援爲疎。遵化去三屯止六十里，今並列兩鎭，於建牙爲贅。請令世龍仍鎭永平，以東協四路分隸世龍、應詔，而以中、西二協專隸之祖壽，仍鎭三屯。」章下兵部，署事侍郎張經世議如其言，承宗堅執如初。乃命祖壽移鎭遵化。七年，錦州告警，祖壽赴援，不敢戰，被劾罷歸。及是都城被兵，散家財，招回部曲，從滿桂赴闕，竟死，贈卹如制。

祖壽初守固關，遘危疾，妻張氏割臂以療，絕飲食者七日。祖壽生，而張氏旋死，遂終身不近婦人。爲大帥，部將以五百金遺其子於家，却不受。他日來省，賜之巵酒曰：「却金一事，善體吾心，否則法不汝宥也。」其秉義執節如此。

趙率敎，陝西人。萬曆中，歷官延綏參將，屢著戰功。已，劾罷。遼事急，詔廢將蓄家丁者赴軍前立功。率敎受知於經略袁應泰，擢副總兵，典中軍事。

天啓元年，遼陽破，率敎潛逃，罪當死，倖免。明年，王化貞棄廣寧，關外諸城盡空。率敎請於經略王在晉，願收復前屯衞城，率家丁三十八人以往。蒙古據其地，不敢進，抵中前所而止。其年，遊擊魯之甲以樞輔孫承宗令，救難民六千口，至前屯，盡驅蒙古於郊外。率敎乃得入，編次難民爲兵，繕雉堞，謹斥堠，軍府由是粗立。既而承宗令裨將陳練以川、湖土兵來助，〔一〕前屯守始固。而率敎所招流亡至五六萬。擇其壯者從軍，悉加訓練。餘給牛種，大興屯田，身自督課，至手足胼胝。承宗出關閱視，大喜，以己所乘輿贈之。

蒙古虎墩兔素爲總督王象乾所撫。其部下抽扣兒者，善爲盜，率敎捕斬四人。招撫僉事萬有孚與率敎有隙，遂以故敗款事訴之象乾。象乾告兵部尙書董漢儒，將斬之，賴承宗貽書漢儒，得不死。

時承宗分關內外爲五部。以馬世龍、王世欽、尤世祿領中、左、右部，而令率敎與副將孫諫領前、後部，部各萬五千人。率敎仍駐前屯。四年九月，承宗暴其功於朝。擢署都督僉事，加衘總兵。五年冬，承宗去，高第來代，諸將多所更置。率敎善事第，第亦委信之。

六年二月，蒙古以寧遠被圍，乘間入犯平川、三山堡。率敎禦之，斬首百餘級，奪馬二百四，追至高臺堡乃還。捷聞，帝大喜，立擢都督同知，實授總兵官，代楊麒鎭山海關。尋論功，再進右都督，世廕本衞副千戶。時滿桂守寧遠，亦有盛名，與率敎深相得。及寧遠被圍，率敎遣一都司、四守備東援。桂惡其稽緩，拒不納，以袁崇煥言，乃令入。既解圍，率敎欲分功。桂不許，且責其不親援，兩人遂有隙。中朝聞之，下敕戒諭。而桂又與崇煥不和。乃召還桂，令率敎盡統關內外兵，移鎭寧遠。

七年正月，大淸兵南征朝鮮。率教督兵抵三岔河爲牽制，卒無功。三月，崇煥議修築錦州、大凌河、中左所三城，漸圖恢復。率教移鎭錦州護工，再加左都督。五月，大淸兵圍錦州，率教與中官紀用，副將左輔、朱梅等嬰城固守。發大礮，頗多擊傷。相持二十四日，圍始解。時桂亦著功寧遠，因稱「寧、錦大捷」。魏忠賢等蒙重賞。率教加太子少傅，廕錦衣千戶，世襲。

崇禎元年八月移鎭永平，兼轄薊鎭八路。踰月，掛平遼將軍印，再移至關門。明年，大淸兵由大安口南下。率教馳援，三晝夜抵三屯營。總兵朱國彥不令入，遂策馬而西。十一月四日戰於遵化，中流矢陣亡，一軍盡歿。帝聞痛悼，賜卹典，立祠奉祀。

率教爲將廉勇，待士有恩，勤身奉公，勞而不懈，與滿桂並稱良將。二人既歿，益無能辦東事者。

國彥以崇禎二年四月爲薊鎭中協總兵官，駐三屯營。十一月六日，大淸兵臨城，副將朱來同等挈家潛遁。國彥憤，榜諸人姓名於通衢。以所積俸銀五百餘衣服器具盡給部卒。具冠帶西向稽首，偕妻張氏投繯死。

官惟賢，萬曆末，爲甘肅裴家營守備。〔三〕天啓二年以都司僉書署鎭番參將事，歷宣府遊擊、延綏西路參將，仍移鎭番。

五年春，河套、松山諸部入犯，惟賢偕參將丁孟科大敗之，斬首二百四十餘級。明年春，班記剌麻台吉復糾松山銀定、歹成及矮木素、三兒台吉以三千騎來犯。惟賢再敗之，獲首功二百有奇。三兒台吉被創死，進惟賢副總兵。其冬，銀定等以三兒之死挾憤圖報，益糾河套土巴台吉等分道入掠。惟賢及鎭將徐永壽等亦分道拒之，共獲首功百有六十。七年春，銀定、賓兎、矮木素、班記剌麻合土賷火力赤等由黑水河入。惟賢及西路副將陳洪範大破之，斬首百八十餘級。當是時，西部頻寇邊，惟賢屢挫其鋒。其秋，王之臣督師遼東，乞惟賢赴關門。

明年，崇禎改元，惟賢至，用爲山海北路副總兵。二年冬，京師有警。惟賢入衞，總理馬世龍令急援寶坻、灤縣。明年正月九日，大清兵自撫寧向山海。翼日，至鳳凰店，離關三十里列三營。惟賢與參將陳維翰等設兩營以待，合戰，互有殺傷。已，大清兵返撫寧，世龍令惟賢率維翰及遊擊張奇化、李居正、王世選、王成等往襲遵化。至城西波羅灣，城中兵出擊，前鋒殊死戰。大清兵收入城，後隊乘勢進攻，城上矢石如雨。尋復遣兵出戰，惟賢陷陣，中箭死，士卒殺傷者三百餘人。奇化亦戰歿。

何可綱，遼東人。天啓中，以守備典袁崇煥寧遠道中軍，廉勇善撫士卒。六年，寧遠被圍，佐崇煥捍禦有功，進都司僉書。明年再被兵，復堅守。遷參將，署寧遠副將事。

崇禎元年，巡撫畢自肅令典中軍。及崇煥再出鎮，復以副將領中軍事，靖十三營之變。崇煥欲更置大將，上言：「臣昔爲巡撫，定議關外止設一總兵。其時魏忠賢竊柄，崔呈秀欲用其私黨，增設三四人，以致權勢相衡，臂指不運。乃止留寧遠及前鋒二人，而臂指之不運猶故也。臣以爲寧遠一路，斷宜併歸前鋒。總兵駐關內者，掛平遼將軍印，轄山、石二路，而以前屯隸之。駐關外者，掛征遼前鋒將軍印，轄寧遠一衞，而以錦州隸之。薊遼總兵趙率教久習遼事，宜與山海麻登雲相易，掛平遼將軍印。關外總兵舊有朱梅、祖大壽。梅已解任，宜併歸大壽，駐錦州，而以臣中軍何可綱專防寧遠。可綱仁而有勇，廉而能勤，事至善謀，其才不在臣下。臣向所建豎，實可綱力，請加都督僉事，仍典臣中軍。則一鎭之費雖裁，一鎭之用仍在。臣妄謂五年奏凱者，仗此三人之力，用而不效，請治臣罪。」帝悉從之。可綱佐崇煥更定軍制，歲省餉百二十萬有奇。以春秋二防功，進職右都督。

二年冬，京師被兵，與大壽從崇煥入衞，數有功。崇煥下吏，乃隨大壽東潰，復與歸朝。明年正月，永平、灤州失守，可綱戰古冶鄉及雙望，頗有斬獲。四月，樞輔孫承宗令可綱督諸將營雙望諸山，以綴永平之師。令大壽諸軍直趨灤州。灤州旣復，大清兵棄永平去，可綱遂入其城。論功，加太子太保、左都督。已而錦州被圍，可綱督諸將赴救，立功鄆馬山，復進秩。

四年築城大凌河，命可綱偕大壽護版築。八月甫竣工，大清以十萬衆來攻，可綱等堅守不下。久之，糧盡援絕。大壽及諸將皆欲降，獨可綱不從，令二人掖出城外殺之，可綱顏色不變，亦不發一言，含笑而死。

黃龍，遼東人。初以小校從復錦州，積功至參將。崇禎三年從大軍復灤州，功第一，遷副總兵。尋論功進秩三等，爲都督僉事，世廕副千戶。登萊巡撫孫元化以劉興治亂東江，請龍往鎭。兵部尙書梁廷棟亦薦龍爲總兵官，與元化恢復四衞，從之。

先是，毛文龍死，袁崇煥分其兵二萬八千爲四協，命副將陳繼盛，參將劉興治、毛承祚、徐敷奏主之。後改爲兩協，繼盛領東協，興治攝西協。語詳崇煥傳。興治兇狡好亂，與繼盛不相能。其兄參將興祚陣亡，繼盛誤聽諜報，謂未死。興治憤，擇日爲興祚治喪，諸將咸弔。繼盛至，伏兵執之，並執理餉經歷劉應鶴等十一人。〔三〕袖出一書，宣於衆，詭言此繼盛誣興祚詐死，及以謀叛誣陷己者，遂殺繼盛及應鶴等。又僞爲島中商民奏一通，請優卹興祚，而令興治鎮東江。舉朝大駭，以海外未遑詰也。興治與諸弟兄放舟長山島，大肆殺掠。島去登州四十里。時登萊總兵官張可大赴援永平，帝用廷棟言，趣可大還登州，授副將周文郁大將印，令撫定興治。會永平已復，興治稍戢，返東江。龍莅皮島受事，興治猶桀驁如故。四年三月復作亂，杖其弟興基，殺參將沈世魁家衆。〔四〕世魁率其黨夜襲殺興治，亂乃定。

遊擊耿仲明之黨李梅者，通洋事覺，龍繫之獄。仲明弟都司仲裕在龍軍，謀作亂。十月率部卒假索餉名圍龍署，擁至演武場，折股去耳鼻，將殺之。諸將爲救免。未幾，龍捕斬仲裕，疏請正仲明罪。會元化劾龍剋餉致兵譁，帝命充爲事官，而覈仲明主使狀。仲明遂偕孔有德反，以五年正月陷登州，招島中諸將。旅順副將陳有時、廣鹿島副將毛承祿皆往從之。龍急遣尙可喜、金聲桓等撫定諸島，而躬巡其地，慰商民，誅叛黨，縱火焚其舟。賊黨高成友者據旅順，斷關寧、天津援師。龍令遊擊李維鸞偕可喜等擊走之，卽移駐其地，援始通。其冬，有德等欲棄登州走入海，龍遣副將龔正祥率舟師四千邀之廟島。颶風破舟，正祥陷賊中。後居登州，謀爲內應，事露被殺。初，龍駐旅順大治兵。賊拘龍母妻及子以脅之，龍不顧。

六年二月，有德、仲明屢爲巡撫朱大典所敗，航海遁去。龍度有德等必遁，遁必經旅順，邀擊之。有德幾獲而逸。斬賊魁李九成子應元，生擒毛承祿、蘇有功、陳光福及其黨高志祥等十六人，獲首級一千有奇，奪還婦女無算，獻俘於朝。帝大喜，磔承祿等，傳首九邊，復龍官。承祿，文龍族家子也。

有德等大憤，欲報龍。會賊舟泊鴨綠江，龍盡發水師剿之。七月，有德等偵知旅順空虛，遂引大清兵來襲。龍數戰皆敗，火藥矢石俱盡，語部將譚應華曰：「敵衆我寡，今夕城必破。若速持吾印送登州，不能赴，卽投諸海可也。」應華出，龍率惟鸞等力戰。圍急，知不能脫，自剄死。惟鸞及諸將項祚臨、樊化龍、張大祿、尙可義俱死之。事聞，贈龍左都督，賜祭葬，予世廕，建祠曰「顯忠」，惟鸞等附祀。以副總兵沈世魁代龍爲總兵官。

世魁本市儈，其女有殊色，爲毛文龍小妻。世魁倚勢橫行島中，至是爲大帥。七年二月，廣鹿島副將尙可喜降於我大淸，〔五〕島中勢益孤。十年，朝鮮告急，世魁移師皮島爲聲援。有德等來襲，世魁戰敗，率舟師走石城，副將金日觀陣歿。登萊總兵陳洪範來援，不戰而走。世魁亦陣亡，士卒死傷者萬餘。從子副將志科集潰卒至長城島，欲得世魁敕印。

監軍副使黃孫茂不予，志科怒殺之，並殺理餉通判邵啓。副將白登庸遂率所部降大清。諸島雖有殘卒，不能成軍，朝廷亦不置大帥，以登萊總兵遙領之而已。明年夏，楊嗣昌決策盡徙其兵民寧、錦，而諸島一空。

金日觀，不知何許人。天啓五年以將才授守備，効力關門。擢鎭標中軍遊擊，加參將行薊鎭東路遊擊事，專領南兵。

崇禎初，加副總兵，守馬蘭峪。三年正月，大清兵破京東列城。兵部侍郎劉之綸遣部將吳應龍等結營毛山，規取羅文谷關。師敗，日觀遣二將馳援，亦敗歿。大清兵乘勝據府君、玉皇二山，進攻馬蘭城甚急。日觀堅守，親然大礮。礮炸，焚頭目手足，意氣不衰。乞援於總理馬世龍。令參將王世選等赴救，兵乃退。尋復以二千餘騎來攻，日觀偕世選等死守不下。朝廷奬其功，驟加都督同知。四月，與副將謝尙政、曹文詔等攻復大安城，遂偕諸軍復遵化。錄功，進左都督。時總兵鄧玘轄馬蘭、松棚二路，日觀應受節制。以玘銜都督同知，不屑爲之下。總督曹文衡劾日觀器小易盈，恃功驕縱，帝特戒飭而已。久之，移萊州副總兵。

十年春，大清兵攻朝鮮，命從登萊總兵陳洪範往救，駐師皮島。大清遣孔有德、耿仲明、尚可喜等先攻鐵山。四月分兵攻皮島，水陸夾攻。副將白登庸先遁，洪範亦避走石城。登庸尋帥所部降。日觀偕諸將楚繼功等相持七晝夜，力不支，陣歿，島城隨破。贈特進光祿大夫、太子太師，世廕錦衣副千戶，建祠。繼功等贈卹有差。

贊曰：古人有言，彼且爲我死，故我得與之俱生。故死封疆之臣，君子重之。觀遼左諸帥，委身許國，見危不避，可謂得死所者與！於時優卹之典非不甚渥，然而無救於危亡者，廟算不定，僨事者不誅，文墨議論之徒從而撓之，徒激勸忠義無益也。

校勘記

〔一〕既而承宗令裨將陳練以川湖土兵來助　陳練，本書卷二五〇孫承宗傳、明史稿傳一二九趙率教傳都作「陳諫」。

〔二〕爲甘肅裴家營守備　裴家營，原作「斐家營」，據明史稿傳一二九官惟賢傳改。

〔三〕並執理餉經歷劉應鶴等十一人　劉應鶴，原作「楊應鶴」，據明史稿傳一二九黃龍傳、懷宗實錄崇禎三年四月乙卯、國榷卷九一頁五五二八改。

〔四〕殺參將沈世魁家衆　沈世魁，懷宗實錄卷六崇禎六年九月壬寅條、國榷卷九二頁五六一六、清太宗實錄卷三四崇德二年四月條都作「沈世奎」，本書卷二三莊烈帝紀、懷宗實錄卷十崇禎十年四月辛亥條都作「沈冬魁」。

〔五〕七年二月廣鹿島副將尚可喜降於我大清　二月，本書卷二三莊烈帝紀、清太宗實錄卷一七天聰八年（崇禎七年）正月甲寅條都作「正月」。

明史卷二百七十二

列傳第一百六十

金國鳳 楊振 楊國柱 曹變蛟 朱文德 李輔明

劉肇基 乙邦才 馬應魁 莊子固

金國鳳，宣府人。崇禎中，以副總兵守松山。十二年二月，大清以重兵來攻，環城發礮，臺堞俱摧。城中人負扉以行。國鳳間出兵突擊，輒敗還，乃以木石甃補城壞處。大清兵屢登屢卻，遂分兵攻塔山、連山，令銳卒分道穴城。國鳳多方拒守，終不下，閱四旬圍解。帝大喜，立擢署都督僉事，爲寧遠團練總兵官。再論功，署都督同知，廕錦衣衛千戶。

是年十月，大清兵復攻寧遠。國鳳憤將士恇怯，率親丁數十人出據北山岡鏖戰。移時矢盡力竭，與二子俱死。帝聞痛悼，贈特進榮祿大夫，左都督，賜祭葬，有司建祠，增世職三級。

總督洪承疇上言：「國鳳素懷忠勇。前守松山，兵不滿三千，乃能力抗强敵，卒保孤城。非其才力優也，以事權專，號令一，而人心肅也。迨擢任大將，兵近萬人，反致隕命。非其才力短也，由營伍紛紜，號令難施，而人心不一也。乞自今設連營節制之法，凡遇警守城，及統兵出戰，惟總兵官令是聽。庶軍心齊肅，戰守有資，所係於封疆甚大。」帝卽允行之。及國鳳父子柩歸，帝念其忠，命所過有司給以舟車，且加二祭。其妻張氏援劉綎例，乞加宮保。部議格不行，而請於世職增級外，再廕本衞試百戶世襲，以勸忠臣。帝可之。

當松山被圍，巡撫方一藻議遣兵救援，諸將莫敢應。獨副將楊振請行，至呂洪山遇伏，一軍盡覆。振被執，令往松山說降。未至里許，踞地南向坐，語從官李祿曰：「爲我告城中人堅守，援軍卽日至矣。」祿詣城下致振語，城中守益堅。振、祿皆被殺。事聞，命優恤。振，義州衞人。世爲本衞指揮使。天啓二年，河東失守，歸路梗，其母自縊。振隨父及弟夜行晝伏，渡鴨綠江入皮島。毛文龍知其父子才，並署軍職。文龍死，振歸袁崇煥，爲寧遠千總。崇禎二年從入衞。救開平有功，進都司僉書。郵馬山之戰，以遊擊進參將。久之，擢副總兵。監視中官高起潛招致之，不往。中以他事，落職。用一藻薦，復官，及是死難。

振從父國柱，崇禎九年爲宣府總兵官。十一年冬，入衞畿輔，從總督盧象昇戰賈莊，象昇敗歿，國柱當坐罪。大學士劉宇亮、侍郎孫傳庭皆言其身入重圍，非臨敵退却者比。乃充爲事官，戴罪圖功。十四年，祖大壽被困錦州，總督洪承疇率八大將往救。國柱先至松山，陷伏中。大清兵四面呼降，國柱太息，語其下曰：「此吾兄子昔年殉難處也，吾獨爲降將軍乎！」突圍，中矢墮馬卒。事聞，贈卹如制。國柱二子俱歿。妻何氏以所遺甲冑弓矢及戰馬五十三匹獻諸朝。帝深嘉歎，命授一品夫人，有司月給米石，餼之終身。

曹變蛟，文詔從子也，幼從文詔積軍功至遊擊。崇禎四年從復河曲。明年連破賊紅軍友等於張麻村、隴安、水落城、唐毛山，又破劉道江等於銅川橋，勇冠諸軍。以御史吳甡薦，進參將。文詔移山西，變蛟從戰輒勝。及文詔改鎭大同，山西巡撫許鼎臣言：「晉賊紫金梁雖死，老回回、過天星、大天王、蝎子塊、闖塌天諸渠未滅。變蛟驍勇絕人，麾下健兒千百，才乃文詔亞，乞留之晉中。」從之。

七年，羣賊入湖廣，命變蛟南征。文詔困於大同，又命北援。七月遇大清兵廣武，有戰功。其冬，文詔失事論戍，變蛟亦以疾歸。

明年，文詔起討陝西賊，變蛟以故官從。大捷金嶺川，鏖眞寧之湫頭鎭，皆爲軍鋒。文詔旣戰歿，變蛟收潰卒，復成一軍。總督洪承疇薦爲副總兵，置麾下，與高傑破賊關山鎭，逐北三十餘里。又與副將尤翟文、遊擊孫守法追闖王高迎祥，與戰鳳翔官亭，斬首七百餘級。又與總兵左光先敗迎祥乾州。迎祥中箭走，斬首三百五十餘級。已而迎祥自華陰南原絕大嶺，夜出朱陽關。光先戰不利，賴變蛟陷陣，乃獲全。九年破闖將澄城。偕光先等追至靖虜衞，轉戰安定、會寧，抵靜寧、固寧，賊屢挫。其秋追混天星等，敗之蒲城。賊西走平涼、鞏昌，復擊破之。

十年二月，巡撫孫傳庭部卒許忠叛，勾賊混十萬謀犯西安。變蛟方西追過天星，聞亂急還，賊遂遁。傳庭已誅迎祥，其黨闖將混天星、過天星踞洮、岷、階、文深谷間。承疇遣變蛟、光先及祖大弼、孫顯祖合擊。四月望，入山，遇賊郭家壩，大雨。諸將力戰，賊死傷無算，食盡引還。九月，階州陷，與光先並停俸。俄擢都督僉事，爲臨洮總兵官。當是時，承疇、傳庭共矢滅賊。傳庭戰於東，承疇戰於西，東賊幾盡。賊在西者，復由階、成出西和、禮縣。光先、顯祖皆無功，獨變蛟降小紅狼。餘賊竄走徽州、兩當、成、鳳間，不敢大逞。

十月，賊瞷蜀中虛，陷寧羌州，分三道，連陷三十餘州縣。承疇率變蛟等由沔縣歷寧羌，過七盤、朝天二關。山高道狹，士馬饑疲，歲暮抵廣元，賊已走還秦。變蛟等回軍邀擊，斬首五百餘級。

時兵部尚書楊嗣昌創「四正六隅」之說，限三月平賊。十一年四月以滅賊踰期，普議降罰，變蛟、光先並鐫五級，〔一〕戴罪辦賊。

賊之再入秦也，其渠魁號六隊者，與大天王、混天王、爭管王四部連營東犯，混天星、過天星二部仍伏階、文，獨闖將李自成以三月自洮州出番地。承疇令變蛟偕賀人龍追之，連戰斬首六千七百有奇。番地乏食，賊多死亡。變蛟轉戰千里，身不解甲者二十七晝夜。餘賊潰入塞。大弼駐洮州，扼戰不力。乃走入岷州及西和、禮縣山中。變蛟還剿，賊伏匿不敢出，惟六隊勢猶張。六月，光先自固原進兵，賊已奔隴州、清水。光先追至秦州，六隊及爭管王復走成縣、階州，為變蛟所扼。其別部號三隊及仁義王、混天王降於光先，而自成、六隊及其黨祁總管避秦兵，復謀犯蜀，副將馬科、賀人龍拒之。將還走階、文及西鄉，憚變蛟，乃走漢中，又為光先所扼。六隊、祁總管皆降，惟自成東遁。承疇令變蛟窮追，而設三覆於潼關之南原。變蛟追及，大呼斫賊。伏盡起，賊屍相枕藉。村民用大棒擊逃者。自成妻女俱失，從七騎遁去。餘皆降。是時，曹兵最强，各鎮依之以為固，錄關中平賊功，進變蛟左都督。

十一月，京師戒嚴，召承疇入衞，變蛟及光先從之。明年二月，抵近畿，帝遣使迎勞，將士各有賜。未幾，戰渾河，無功；再戰太平砦北，小有斬獲。及解嚴，留屯遵化。麾下皆秦卒，思歸，多逃亡者，追斬之乃定。時張獻忠、羅汝才既降復叛，陝西再用兵。總督鄭崇儉乞令變蛟兵西還，帝不許，尋用爲東協總兵官。

十三年五月，錦州告急。從總督承疇出關，駐寧遠。七月與援剿總兵左光先、山海總兵馬科、寧遠總兵吳三桂、遼東總兵劉肇基，遇大清兵於黃土臺及松山、杏山，互有殺傷。大清兵退屯義州。承疇議遣變蛟、光先、科之兵入關養銳，留三桂、肇基於松、杏間，佯示進兵狀。又請解肇基任，代以王廷臣，遣光先西歸，代以白廣恩。部議咸從之，而請調旁近邊軍，合關內外見卒十五萬人備戰守。用承疇言，師行糧從，必芻糧足支一歲，然後可議益兵。帝然之，敕所司速措給。

徵宣府總兵楊國柱、大同總兵王樸、密雲總兵唐通各揀精兵赴援。以十四年三月偕變蛟、科、廣恩先後出關，合三桂、廷臣凡八大將，兵十三萬，馬四萬，並駐寧遠。承疇主持重，而朝議以兵多餉艱，職方郎張若麒趣戰。承疇念祖大壽被圍久，乃議急救錦州。七月二十八日，諸軍次松山，營西北岡。數戰，圍不解。八月，國柱戰歿，以山西總兵李輔明代之。承疇命變蛟營松山之北，乳峰山之西，兩山間列七營，環以長壕。俄聞我太宗文皇帝親臨督陣，諸將大懼。及出戰，連敗，餉道又絕。樸先夜遁，通、科、三桂、廣恩、輔明相繼走。自杏山迤南沿海，東至塔山，爲大清兵邀擊，溺海死者無算。變蛟、廷臣聞敗，馳至松山，與承疇固守。三桂、樸奔據杏山。越數日，欲走還寧遠。至高橋遇伏，大敗，僅以身免。先後喪士卒凡五萬三千七百餘人。自是錦州圍益急，而松山亦被圍，應援俱絕矣。九月，承疇、變蛟等盡出城中馬步兵，欲突圍出，敗還。守半年，至明年二月，副將夏成德爲內應，松山遂破。承疇、變蛟、廷臣及巡撫丘民仰，故總兵祖大樂，兵備道張斗、姚恭、王之楨，副將江翥、饒勳、朱文德，參將以下百餘人皆被執見殺，獨承疇與大樂獲免。

文德，義州衞人，後家錦州。崇禎時，積功至松山副將。忤監視中官高起潛，爲所中，斥罷。十一年起故官。及城被圍，領前鋒拒守甚力，城破竟死。

三月，大壽遂以錦州降。杏山、塔山連失，京師大震。詔賜諸臣祭葬，有司建祠。變蛟妻高氏以贈廕請，乃贈榮祿大夫、太子少保，世廕錦衣指揮僉事。

法司會鞫王樸罪。御史郝晉言：「六鎭罪同，皆宜死。三桂實遼左主將，不戰而逃，奈何反加提督？」兵部尚書陳新甲覆議，請獨斬樸，勒科軍令狀，再失機卽斬決。三桂失地應斬，念守寧遠功，與輔明、廣恩、通皆貶秩，充爲事官。

輔明，遼東人，累官副總兵。崇禎八年從祖寬擊賊，連蹙之嵩縣、汝州、確山。明年追破賊於滁州。敍功，加都督僉事。十二年擢山西總兵官，被劾罷。明年從承疇出關，使代國柱，竟敗。十六年爲援剿總兵。是冬，大清兵薄寧遠，輔明馳援，軍敗猶力戰，歿於陣。事聞，贈特進榮祿大夫、左都督，世廕錦衣副千戶，賜祭葬，列壇前屯祀之。

樸，榆林衞人。父威，官左都督，九佩將印，爲提鎭者五十年。兄世欽，里居殉難，見尤世威傳中。樸由父廕屢遷京營副將。崇禎六年，賊躪畿南，命樸與倪寵爲總兵官，將京軍六千，監以中官楊應朝、盧九德，屢有斬獲功，進右都督。明年代曹文詔鎭大同，進左都督。九年秋，都城被兵，詔樸入衞，賚蟒衣彩幣，竟無功。十一年加太子太保。是冬，從總督盧象昇入衞，方戰欒城、束鹿間。或言大同有警，卽引兵歸。及是救錦州，以首逃下詔獄。十五年五月伏誅。

科，起偏裨至大帥，戰功亞變蛟，與三桂同守寧遠有功。十六年春，督兵入衞，賜宴武英殿，命從大學士吳甡南征，不果行。明年三月從李建泰西征。李自成兵至，科遂降，封懷仁伯。

廣恩，初從混天猴爲盜。既降，屢立戰功。松山敗還，代馬科鎭山海關。是年十一月，京師戒嚴，廣恩入衞，賚銀幣羊酒。俄戰龍王口，稍有斬獲，以捷聞。帝始惡廣恩觀望，降旨譙責，而冀其後效，特命敍功。明年四月合八鎭兵戰螺山，悉潰敗。總督趙光抃請帝召之入，用爲武經略。廣恩以帝頻戮大將，已又多過，懼不敢至，假索餉名，頓眞定。大學士吳甡將南征，密請帝嚴旨逮治，而己力救，率之剿寇。廣恩感甚。無何，帝遣中官齎二萬金犒其軍，且諭以溫旨。廣恩遂驕，不爲甡用，大掠臨洺關，徑歸陝西。帝不得已，命隸督師孫傳庭辦賊。十月，郟縣師覆，加廣恩蕩寇將軍，俾緣道收潰卒以保潼關。未幾，潼關亦破，廣恩西奔固原。賊將追躡及之，卽開門降。自成大喜，握手共飲，封桃源伯。

通，口辯無勇略。既敗歸，仍鎭密雲。其年冬，奉詔入衞，命守禦三河、平谷。大清兵下山東，通尾之而南，抵青州，迄不敢一戰。明年復尾而北，戰螺山，敗績。已，命從甡南征。甡未行而斥，乃令通轄薊鎭西協。五月汰密雲總兵官，命兼轄中協四路。尋用孔希貴於西協，而命通專轄中協。十月，關外有警，命率師赴援，以銀牌二百爲賞功用。事定，復移鎭西協。帝顧通厚，有蟒衣玉帶之賜，召見稱卿而不名，錫之宴，獎勞備至。明年，賊逼宣府，命移守居庸，封定西伯。無何，賊犯關，卽偕中官杜之秩迎降，京師遂陷。

光先，梟將也，與賊角陝西，功最多。自遼左遺還，廢不用。後聞廣恩從賊，亦詣賊降。又有陳永福者，守開封，射李自成中目。及自成陷山西，令廣恩諭之降。永福懼誅，意猶豫。自成折箭以示信，乃降，封爲文水伯。後自成敗還山西，永福爲守太原，殺晉府宗室殆盡。

劉肇基，字鼎維，遼東人。嗣世職指揮僉事，遷都司僉書，隸山海總兵官尤世威麾下。崇禎七年從世威援宣府，又從剿中原賊。進遊擊，戍雒南蘭草川。明年遇賊，戰敗傷臂。未幾，世威罷，肇基及遊擊羅岱分將其兵，與祖寬大破賊汝州，斬首千六百有奇。後從寬數有功，而其部下皆邊軍，久戍思歸，與寬軍譟而走。總理盧象昇乃遣之入秦。其秋，畿輔有警，始還山海，竟坐前罪解職，令從征自效。俄以固守永平功復職，屢遷遼東副總兵。

十二年冬，薊遼總督洪承疇請用爲署總兵官，分練寧遠諸營卒。兵部尚書傅宗龍稍持之，帝怒，下宗龍獄，擢肇基都督僉事任之。明年三月，錦州有警。承疇命吳三桂偕肇基赴松山爲聲援。三桂困松、杏間，肇基救出之，喪士卒千人。七月與曹變蛟等戰黃土臺及松山、杏山。九月，復戰杏山，肇基軍稍却。承疇甄別諸將，解肇基職，代以王廷臣。

十七年春，加都督同知，提督南京大教場。及福王立，史可法督師淮、揚，肇基請從征自效。屢加左都督、太子太保。可法議分布諸將，奏薦李成棟、賀大成、王之綱、李本身、胡茂楨爲總兵官。成棟鎮徐州，大成揚州，之綱開封。本身、茂楨隸高傑麾下，爲前鋒。而令肇基駐高家集，李棲鳳駐睢寧，以防河。棲鳳本甘肅總兵，以地失留淮、揚間也。閣標前鋒，則用張天祿駐瓜洲。十一月，肇基、棲鳳以可法命謀取宿遷。初八日渡河，復其城。越數日，大清兵圍邳州，軍城北，肇基軍城南，相持半月，大清兵引去。

順治二年三月，大清兵抵揚州，可法邀諸將赴援。獨肇基自白洋河趨赴，過高郵不見妻子。既入城，請乘大清兵未集，背城一戰。可法持重，肇基乃分守北門，發礮傷圍者。已而城破，率所部四百人巷戰，格殺數百人。後騎來益衆，力不支，一軍皆沒。副將乙邦才、馬應魁、莊子固等皆同死。

乙邦才，青州人。崇禎中，以隊長擊賊於河南、江北間。大將黃得功與賊戰霍山，單騎逐賊，陷淖中。賊圍而射之，馬斃，得功徒步鬭。天將暮，僅餘二矢。邦才大呼衝賊走，得功乃得出。邦才授以己馬，分矢與之，且走且射，殪追騎十餘人，始得及其軍。得功自是知邦才。

時有張衡者，亦以驍敢名。賊圍六安急，總督馬士英救之。甫至，斥其左右副將，而號於軍中曰：「孰爲乙邦才、張衡者？」兩人入謁，即牒補副將，以其兵授之，曰：「爲我入六安，取知州狀來報。」兩人出，卽簡精騎二百，夜衝賊陣而入，遶城大呼，曰：「大軍至矣，固守勿懈！」城中人喜，守益堅。兩人促知州署狀，復奪圍出，不損一騎。

時潁、壽、六安、霍山諸州縣數被寇，邦才大小十餘戰，咸有功。及可法鎭揚州，攜之行。至是戰敗，自刎死。

馬應魁，字守卿，貴池人。初爲小將，率家丁五十人巡村落間。猝遇賊，衆懼欲奔。應魁大聲曰：「勿怖死！死，命也。」連發二矢殪二賊，賊卽退。可法因拔爲副總兵，俾領旗鼓。每戰披白甲，大書「盡忠報國」四字於背，至是巷戰死。

莊子固，字憲伯，遼東人。年十三，殺人亡命。後從軍有功，積官至參將。嘗從山西總兵許定國救開封，軍半道譟歸，定國獲罪。子固輯餘衆，得免議。後可法出鎭，用爲副總兵，俾興屯於徐州、歸德間。子固募壯士七百人，以赤心報國爲號。聞揚州被圍，率衆馳救，三日而至。城將破，欲擁可法出城，遇大清兵，格鬬死。

他若副將樓挺、江雲龍、李豫，參將陶國祚、許謹、馮國用、陳光玉、李隆、徐純仁，遊擊李大忠、孫開忠，都司姚懷龍、解學曾等十餘人，皆以巷戰死。

贊曰：金國鳳之善守，曹變蛟之力戰，均無愧良將材。然而運移事易，難於建功，而易於挫敗，遂至謀勇兼絀，以身殉之。蓋天命有歸，莫之爲而爲者矣。

校勘記

〔一〕變蛟光先並鐫五級　五級，原作「五官」，據懷宗實錄卷一一崇禎十一年四月丙申條、國榷卷九六頁五八〇六改。

明史卷二百七十三

列傳第一百六十一

左良玉 鄧玘 賀人龍 高傑 劉澤清 祖寬

左良玉，字崑山，臨清人。官遼東車右營都司。崇禎元年，寧遠兵變，巡撫畢自肅自經死，良玉坐削職回衞。已，復官。總理馬世龍令從遊擊曹文詔援玉田、豐潤，連戰洪橋、大塹山，直抵遵化。論恢復四城功，與文詔等俱進秩，隸昌平督治侍郎侯恂麾下。大凌河圍急，詔昌平軍赴援，總兵尤世威護陵不得行，薦良玉可代率兵往。已，恂薦爲副將，戰松山、杏山下，〔一〕錄功第一。

良玉少孤，育於叔父。其貴也，不知其母姓。長身頳面，驍勇，善左右射。目不知書，多智謀，撫士卒得其歡心，以故戰輒有功。時陝西賊入河南，圖懷慶。廷議令良玉將昌平兵往勦，大指專辦河南。會賊寇修武、淸化者竄入平陽，因檄良玉入山西禦之，頗有斬獲。

河南巡撫樊尚璟以良玉駐澤州，扼豫、晉咽喉，可四面爲援兵。詔從之。時曹文詔將陝西兵，帝令良玉受尚璟節制，與文詔同心討賊，有急則秦兵東，豫兵西，良玉兵從中橫擊。

六年正月，賊犯隰州，陷陽城。良玉敗之於涉縣之西陂。二月，良玉兵與賊戰武安，大敗。尚璟罷，以太常少卿玄默代之。三月，賊再入河內，良玉自輝縣逐之。賊奔修武，殺遊擊越效忠，追參將陶希謙，希謙墜馬死。良玉擊之萬善驛，至柳樹口大敗之，〔三〕擒賊首數人，賊遂西奔。河南額兵僅七千，數被賊，折亡殆盡。良玉將昌平兵二千餘，數戰，雖有功，勢孤甚。總兵鄧玘方立功萊州，乃命將川兵益以石砫土司馬鳳儀兵馳赴良玉，與共角賊。已而鳳儀以孤軍戰沒於侯家莊。

當是時，賊勢已大熾，縱橫三晉、畿輔、河北間。諸將曹文詔、李卑、艾萬年、湯九州、鄧玘、良玉等先後與賊戰，勝負略相當。良玉、玘辦河南，屢破之於官村，於沁河，於清化，於萬善。良玉又扼之武安八德，斬獲尤多。會帝命倪寵、王樸爲總兵，將京營兵六千赴河南，以中官楊進朝、盧九德監其軍，〔三〕而別遣中官監良玉等軍。職方郎中李繼貞曰：「良玉、李卑身經百戰，位反在寵、樸下，恐聞而解體。」乃令良玉、卑署都督僉事，爲援勦總兵官，與寵、樸體相敵。京營兵至，共擊賊，數有功。良玉敗賊濟源、河內，又敗之永寧青山嶺銀洞溝，又自葉縣追至小武當山，皆斬賊魁甚衆。然諸將以中官監軍，意弗善也。

其冬，賊西奔者復折而東。良玉、九州扼其前，京營兵尾其後，賊大困，官軍連破之柳泉、猛虎村。賊張妙手、賀雙全等三十六家詭詞乞撫於分巡布政司常道立，因監軍進朝以請。諸將俟朝命，不出戰。會天寒河冰合，賊遂從澠池徑渡，巡撫默率良玉、九州、卑、玘兵待之境上。賊乃竄盧氏山中，由此自鄖、襄入川中，折而掠秦隴，復出沒川中、湖北，以犯河南，中原益大殘破，而三晉、畿輔獨不受賊禍者十年。

賊既渡河去，良玉與諸將分地守。陳奇瑜、盧象昇方角賊秦、楚，七年春夏間，中州幸無事。既而奇瑜失李自成於車箱，廷議合晉、豫、楚、蜀兵四面剿之。賊乃分軍三：一向慶陽，一趨鄖陽，而一出關趨河南。趨河南者又分爲三，郡邑所在告急。良玉扼新安、澠池，他將陳治邦駐汝州，陳永福扼南陽，皆坐甲自保而已，不能大創賊也。賊每營數萬，兵番進，皆因糧宿飽；我兵寡備多，饋餉不繼。賊介馬馳，一日夜數百里；我步兵多，騎少，行數十里輒疲乏，以故多畏賊。而良玉在懷慶時，與督撫議不合，因是生心，緩追養寇，多收降者以自重。督撫檄調，不時應命，稍稍露跋扈端矣。十二月遇賊於磁山，大戰數十，追奔百餘里。

八年正月，河南賊破潁州，毀鳳陽皇陵。其陷鹿邑、柘城、寧陵、通許者，良玉在許州不能救。四月，督師洪承疇在汝州，令諸將分地遮賊。尤世威守雒南，陳永福控盧氏、永寧，鄧玘、尤翟文、張應昌、許成名過湖廣。以吳村、瓦屋乃內鄉、淅川要地，令良玉與湯九州以五千人扼之。未幾，鄧玘以兵譁死，而曹文詔討陝賊，敗沒於眞寧。賊益張，遂超盧氏，奔永寧。巡撫默被逮未去，檄良玉自內鄉與陳治邦、馬良文等援盧氏。八月敗賊於鄢陵，九月躡賊於郟之神垕山。賊連營數十里，番休更戰，以疲我兵，良玉收其軍而止。賊再攻密，良玉自郟援之，乃去。十月，良玉抵靈寶，合遼東總兵祖寬兵剪賊於澗口、焦村。焦村，朱陽關地也。十一月，李自成出朱陽關，張獻忠久據靈寶，闖王高迎祥亦與合。良玉、寬禦之靈寶，不能支，陝州陷。賊東下攻洛陽，良玉、寬從巡撫陳必謙救洛陽，賊乃去。迎祥、自成走偃師、鞏，獻忠走嵩、汝。良玉出雒追迎祥、自成，寬分擊獻忠救汝。會總理盧象昇至自湖廣，與寬大敗賊汝西，令裨將破賊於宜陽黃澗口。

九年二月，賊敗於登封郜城鎭，走石陽關，與伊、嵩之賊合。故總兵九州由嵩縣深入，與良玉夾剿。良玉中道遁歸，九州乘勝窮追四十里，無援敗歿，良玉反以捷聞。五月，象昇遣祖寬、李重鎭隨陝西總督洪承疇西行。良玉軍最强，又率中州人，故獨久留之。而以其驕亢難用，用孔道興代其偏將趙柱駐靈寶，防雒西；良玉與羅岱駐宜、永，防雒東。七月，良玉兵抵開封，〔四〕由登封之唐莊深入擊賊，自辰鏖至申，賊不支西走。陳永福方敗賊於唐河，賊至田家營，良玉渡河擊之，斬獲頗衆。九月，巡撫楊繩武劾良玉避賊，責令戴罪自贖。

十年正月，賊老回回合曹操、闖塌天諸部沿流東下，安慶告警，詔良玉從中州救之。良玉道剿殺南陽土寇楊四、侯馭民、郭三海，急抵六安，與賊遇。部將岱、道興乘勝連戰，大破賊。賊走霍、潛山。會馬爌、劉良佐亦屢敗賊於桐城、廬州、六安，賊在滁、和者亦西遁，江北警少息。應天巡撫張國維三檄良玉入山搜剿，不應，放兵掠婦女。屯舒城月餘，河南監軍太監力促之，始北去，賊已飽掠入山矣。已，淅川陷，良玉擁兵不救。以六安破賊功，詔落職戴罪，尋復之。賊東下襲六合，攻天長，分掠瓜洲、儀眞，破盱眙。良玉堅不肯救，令中州士大夫合疏留己。帝知出良玉意，不能奪也。十月，總理熊文燦至安慶，部檄以良玉軍隸焉，良玉輕文燦不爲用。

十一年正月，良玉與總兵陳洪範大破賊於鄖西。張獻忠假官旗號襲南陽，屯於南關。良玉適至，疑而急召之，獻忠逸去。追及，發兩矢，中其肩，復揮刀擊之，面流血。其部下救以免，遂逃之穀城。未幾，請降，良玉知其僞，力請擊之，文燦不許。九月，文燦剿鄖、襄諸賊，良玉與洪範及副將龍在田擊破之雙溝營，斬首二千餘級。十二月，河南巡撫常道立調良玉於陝州。賊乘盧氏虛，遁入內、淅。是月，許州兵變，良玉家在許，殲焉。

十二年二月，良玉率降將劉國能入援京師，詔還討河南賊。兵過灞頭、吳橋，大掠，太監盧九德疏聞，詔令戴罪。已而破賊馬進忠於鎭平關，進忠降。又與國能再破賊李萬慶於張家林、七里河，萬慶亦降。七月，獻忠叛去，良玉與羅岱追之，使岱爲前鋒，己隨其後。逾房縣八十里，至羅猴山，〔五〕軍乏食。伏起，岱馬掛於藤，抽刀斷之，蹶而復進，棄馬登山，賊圍急，矢盡被獲。良玉大敗奔還，軍符印信盡失，棄軍資千萬餘，士卒死者萬人。事聞，以輕進貶三秩。

十三年春，督師楊嗣昌薦良玉雖敗，有大將才，兵亦可用，遂拜平賊將軍。〔六〕當是時，賊分爲三：西則張獻忠，踞楚、蜀郊；東則革裏眼、左金王等四營，豕突隨、應、麻、黃；南則曹操、過天星等十營，伏漳、房、興、遠間。閏正月，良玉合諸軍擊賊於枸坪關，獻忠敗走，良玉乃請從漢陽、西鄉入蜀追之。嗣昌謀以陝西總督鄭崇儉率賀人龍、李國奇從西鄉入蜀，〔七〕而令良玉駐兵興平，別遣偏將追剿，良玉不從。嗣昌檄良玉曰：「賊勢似不能入川，仍當走死秦界耳。將軍從漢陽、西鄉入川，萬一賊從舊路疾趨平利，仍入竹、房，將何以禦？不則走寧昌，入歸、巫，與曹操合，我以大將尾追，促賊反楚，非算也。」良玉報曰：「蜀地肥衍，賊渡險任其奔軼，後難制。且賊入川則有糧可因，回鄖則無地可掠，其不復竄楚境明矣。夫兵合則强，分則弱。今已留劉國能、李萬慶守鄖，若再分三千人入蜀，卽駐興平，兵力已薄，賊來能遏之耶？今當出其不意疾攻之，一大創自然瓦解，縱折回房、竹間，人跡斷絕，彼從何得食？況鄖兵扼之於前，秦撫在紫、興扼之於右，勢必不得逞。若寧昌、歸、巫險且遠，曹操、獻忠不相下。倘窮而歸曹，必內相呑，其亡立見。」良玉已於二月朔涉蜀界之漁溪渡矣，嗣昌度力不能制，而其計良是，遂從之。

時獻忠營太平縣大竹河，良玉駐漁溪渡。未幾，總督崇儉引其兵來會。賊移軍九滾坪，見瑪瑙山巉險，將據之。良玉始抵山下，賊已踞山顚，乘高鼓譟。良玉下馬周覽者久之，曰：「吾知所以破賊矣。」分所進道爲三，己當其二，秦兵當其一。令曰：「聞鼓聲而上。」兩軍夾擊，賊陣堅不可動。鏖戰久之，賊大潰，墜崖澗者無算，追奔四十里。良玉兵斬掃地王曹威、白馬鄧天王等渠魁十六人。獻忠妻妾亦被擒，遁入興山、歸州之山中，尋自鹽井竄興、歸界上。是役也，良玉功第一。事聞，加太子少保。四月，良玉進屯興安、平利諸山，連營百里。諸軍憚山險，圍而不攻。久之，獻忠自興、房走白羊山而西，與羅汝才合。七月，良玉乘勝擊過天星，降之。過天星者，名惠登相，既降，遂始終爲良玉部將。

初，良玉受平賊將軍印，寖驕，不肯受督師約束。而賀人龍屢破賊有功，嗣昌私許以人龍代良玉。及良玉奏瑪瑙山捷，嗣昌語人龍須後命。人龍大恨，具以前語告良玉，良玉亦內恨。當獻忠之敗走也，追且及，遣其黨馬元利操重寶啗良玉曰：「獻忠在，故公見重。公所部多殺掠，而閣部猜且專。無獻忠，卽公滅不久矣。」良玉心動，縱之去。監軍萬元吉知良玉跋扈不可使，勸嗣昌令前軍躡賊，後軍繼之，而身從間道出梓潼扼歸以俟濟師，嗣昌不用。賊既入蜀之巴州，人龍兵譟而西歸。召良玉兵合擊，九檄皆不至。

十四年正月，諸軍追賊開縣之黃陵城。參將劉士杰深入，所當披靡。獻忠登高望，見無秦人旗幟，而良玉兵前部無鬬志，獨士杰孤軍。迺密選壯士潛行箐谷中，乘高大呼馳下，良玉兵先潰，總兵猛如虎潰圍出。嗣昌方悔不用元吉言，而獻忠已席卷出川，西絕新開驛置，楚、蜀消息中斷，遂以計紿入襄陽城。襄王被執，嗣昌不食卒。賊瀕死復縱，迄以亡國者，以良玉素驕蹇不用命故也。二月，詔良玉削職戴罪，平賊自贖。五月，獻忠陷南陽，即攻泌陽破之。良玉至南陽，賊遁去。良玉不戢士，泌人脫於賊者，遇官軍無噍類。既而獻忠陷鄖西，掠地至信陽，屢勝而驕。良玉乃從南陽進兵，復大破之，降其衆數萬。獻忠中股，負重傷夜遁。而是時，李自成方殘襄城，圍良玉於郾城，〔八〕幾陷。會陝西總督汪喬年出關，自成乃輟圍，與喬年戰襄陽城外。喬年軍盡覆，良玉不能救。帝既斬賀人龍以肅軍政，專倚良玉辦賊。

十五年四月，自成復圍開封，〔九〕乃釋故尚書初薦良玉者侯恂於獄，起為督師，發帑金十五萬犒良玉營將士，激勸之。良玉及虎大威、楊德政會師朱仙鎮，賊營西，官軍營北。良玉見賊勢盛，一夕拔營遁，衆軍望見皆潰。自成戒士卒待良玉兵過，從後擊之。官軍幸追者緩，疾馳八十里。賊已於其前穿塹深廣各二尋，環繞百里，自成親率衆遮於後。良玉兵大亂，下馬渡溝，僵仆溪谷中，趾其顛而過。賊從而蹂之，軍大敗，棄馬騾萬匹，器械無算，良玉走襄陽。帝聞良玉敗，詔恂拒河圖賊，而令良玉以兵來會。良玉畏自成，遷延不至。九月，開封以河決而亡，帝怒恂，罷其官，不能罪良玉也。開封既亡，自成無所得，遽引兵西，謀拔襄陽爲根本。

時良玉壁樊城，大造戰艦，驅襄陽一郡人以實軍，諸降賊附之，有衆二十萬。然親軍愛將大半死，而降人不奉約束，良玉亦漸衰多病，不復能與自成角矣。自成乘勝攻良玉，良玉退兵南岸，結水寨相持，以萬人扼淺洲。賊兵十萬爭渡，不能遏。良玉乃宵遁，引其舟師，左步右騎而下。至武昌，從楚王乞二十萬人餉，曰：「我爲王保境。」王不應，良玉縱兵大掠，火光照江中。宗室士民奔竄山谷，多爲土寇所害。驛傳道王揚基奪門出，良玉兵掠其貲，幷及其子女。自十二月二十四日抵武昌，至十六年正月中，兵始去。居人登蛇山以望，叫呼更生，曰：「左兵過矣！」良玉旣東，自成遂陷承天，傍掠諸州縣。

當是時，降兵叛卒率假左軍號恣剽掠，蘄州守將王允成爲亂首，破建德，劫池陽，去蕪湖四十里，泊舟三山、荻港，漕艘鹽舶盡奪以載兵。聲言諸將寄帑南京，請以親信三千人與俱。南京諸文武官及操江都御史至陳師江上爲守禦，士民一夕數徙，商旅不行。都御史李邦華被召，道湖口，草檄告良玉，以危詞動之。而令安慶巡撫發九江庫銀十五萬兩，補六月糧，軍心乃定。邦華入見帝，論良玉潰兵之罪，請歸罪於王允成。帝乃令良玉誅允成，而獎其能定變。良玉卒留允成於軍中，不誅也。良玉留安慶久之，徐溯九江上。聞獻忠破湖廣，沉楚王於江，坐視不救。

八月乃入武昌，立軍府招徠，下流粗定，分命副將吳學禮援袁州。江西巡撫郭都賢惡其淫掠，檄歸之，而自募士人爲戍守。會賊陷長沙、吉州，復陷袁州、岳州，〔一〇〕良玉遣馬進忠援袁州，馬士秀援岳州。士秀率水師敗賊岳州城下，二城遂並復。時帝命兵部侍郎呂大器代侯恂爲總督，恂解任，中道逮下獄。良玉知其爲己故，心鞅鞅，與大器齟齬。賊連陷建昌諸府，大器無兵不能救，良玉亦不援。進忠與賊戰嘉魚，再失利，良玉軍遂不振。會獻忠從荊河入蜀，良玉遣兵追之，距荊州七十里。荊、襄諸賊因自成入關，盡懈。良玉偵知，乃遣副將盧光祖上隨、棗、承德，而惠登相自均、房，劉洪起自南陽，掎賊後，收其空虛地以自爲功。

十七年三月，詔封良玉爲寧南伯，〔一一〕畀其子夢庚平賊將軍印，功成世守武昌。命給事中左懋第便道督戰，良玉乃條日月進兵狀以聞。疏入，未奉旨，聞京師被陷，諸將洶洶，以江南自立君，請引兵東下。良玉慟哭，誓不許。副將士秀奮曰：「有不奉公令復言東下者，吾擊之！」以巨艦置礮斷江，衆乃定。

福王立，晉良玉爲侯，廕一子錦衣衞正千戶，且並封黃得功、高傑、劉澤淸、劉良佐爲諸鎭，俱廕子世襲，而以上流之事專委良玉，尋加太子太傅。時李自成敗於關門，良玉得以其間稍復楚西境之荆州、德安、承天。而湖廣巡撫何騰蛟及總督袁繼咸居江西，皆與良玉善，南都倚爲屏蔽。

良玉兵八十萬，號百萬，前五營爲親軍，後五營爲降軍。每春秋肄兵武昌諸山，一山幟一色，山谷爲滿。軍法用兩人夾馬馳，曰「過對」。馬足動地殷如雷，聲聞數里。諸鎭兵惟高傑最强，不及良玉遠甚。然良玉自朱仙鎭之敗，精鋭略盡，其後歸者多烏合，軍容雖壯，法令不復相懾。良玉家殲於許州，其在武昌，諸營優娼歌舞達旦，良玉塊然獨處，無姬侍。嘗夜宴僚佐，召營妓十餘人行酒，履舄交錯，少焉左顧而欬，以次引出。賓客肅然，左右莫敢仰視。其統馭有體，爲下所服多此類。而是時，良玉已老且病，無中原意矣。

良玉之起由侯恂。恂，故東林也。馬士英、阮大鋮用事，慮東林倚良玉爲難，謾語修好，而陰忌之，築板磯城爲西防。良玉歎曰：「今西何所防，殆防我耳。」會朝事日非，監軍御史黃澍挾良玉勢，面觸馬、阮。旣返，遣緹騎逮澍，良玉留澍不遣。澍與諸將日以淸君側爲請，良玉躊躇弗應。亡何，有北來太子事，澍借此激衆以報己怨，召三十六營大將與之盟。良玉反意乃決，傳檄討馬士英，自漢口達蘄州，列舟二百餘里。良玉疾已劇，至九江，邀總督袁繼咸入舟中，袖中出密諭，云自皇太子，劫諸將盟，繼咸正辭拒之。部將郝效忠陰入城，縱火殘其城而去。良玉望城中火光，曰：「予負袁公。」嘔血數升，是夜死。時順治二年四月也。諸將秘不發喪，共推其子夢庚爲留後。七日，軍東下，朝命黃得功渡江防剿。

初，夢庚自立，佯語繼咸至池州候旨。抵池，繼咸密以疏聞，道梗不得達。惠登相者，初爲賊，旣降，爲良玉副將。諸軍自彭澤下，連陷建德、東流，殘安慶城，獨池州不破，貽書登相曰：「留此以待後軍。」登相大詬曰：「若此，則我反不如前爲流賊時矣，如先帥末命何！」檄其軍返。夢庚見黑旗船西上，索輕舸追及之，登相與相見大慟。以夢庚不足事，引兵絕江而去，諸將乃議旋師。時大清兵已下泗州，逼儀眞矣。夢庚遂偕澍以衆降於九江。

鄧玘，四川人。天啓初，從軍，積功得守備。安邦彥反，玘追賊織金，勇冠諸將。已，敗績河濱。魯欽敗歿，賊犯威清。玘夜斫營走賊，進都司僉書。討敗苗酋李阿二。自貴州用兵，裨將楊明楷、劉志敏、張雲鵬並驍勇，不得爲大將，惟玘以功名聞。

崇禎初，屢遷四川副總兵，與侯良柱共斬安邦彥。京師有警，率六千人勤王，共復遵、永四城。加署都督僉事，世廕千戶。尋擢總兵官，鎭守遵化。戰喜峯口及洪山，並有功，進秩爲眞。五年春，叛將亂登、萊，王洪等無功。玘自請行，命爲援剿總兵官，與洪及劉國柱禦賊沙河，戰相當。已而遁走，賊乘之，大敗。尋與諸將金國奇等復登、萊二城，錄功進署都督同知。

玘戍遵化久，思歸。及登、萊事竣，復以爲言。會賊入河北，言者請令玘剿，玘怏怏而行。給事中范淑泰劾玘虐民，帝不問，旋遣近侍監其軍。玘至濟源，射殺王自用於善陽山，〔一二〕即賊紫金梁也。頃之，賊逼磁州，〔一三〕拒却之彭城鎮。與左良玉擊賊清池、柳莊，賊走林縣。玘部將楊遇春邀賊，中伏死。賊用其旗，幷誘殺他將，自是輕玘。俄與良玉逐賊沙河，賊圍湯陰，玘被困土樵窩，〔一四〕良玉救乃免。已，共破賊官村、沁河、清化、萬善，〔一五〕移師畿南，敗賊白草關。賊犯平山，敗之紅子店、馬種川。賊遁青石嶺，敗之紅澗村、醉漢口。賊犯臨城，敗之魚桂嶺。

當是時，賊蔓河朔及畿南，天子特遣倪寵、王樸將京軍，而保定梁甫、河南左良玉、湯九州合玘軍足殄賊。羣帥勢相軋，彼此觀望，託山深道岐以自解，莫利先入，賊遂由澠池南渡。而諸帥各有近侍爲中軍，事易掩飾，所報功多不以實也。十一月，賊南遁，玘追敗之澠池扣子山，至宜陽、盧氏而還。是月以玘爲保定總兵官，代梁甫。

七年正月以賊盡入鄖、襄，命玘援剿，解南漳圍。尋敗賊胡地沖，斬闖天王、九條龍、草上飛、抓山虎、雙翼虎。剿房縣、竹山、南漳賊，戰獅子崖、石漳山，斬一隻虎、滿天飛。已，擊賊洵陽也家溝，連戰皆捷，獲首功一千有奇。八月敍五峯山破賊功，進右都督。玘不善馭軍，軍心亦不附，譟於鄖西，玘渡河以避之，總督陳奇瑜犒慰乃定。奇瑜集諸將討竹山、竹溪諸賊，玘頻有功。十一月，賊大入河南，命玘援勦。

八年春，賊陷新蔡，知縣王信罵賊死，玘追敗賊羅山。是時，賊陷鳳陽，命玘自黃州速援安慶。及桐城被圍，玘竟不至。御史錢守廉劾玘勦賊羅山，殺良冒功，命總督洪承疇核之。四月，承疇至汝州，令玘戍樊城，防漢江。是月，部將王允成以剋餉鼓譟，殺其一僕。玘懼，登樓越牆墮地死。

玘由小校，大小數百戰，所向克捷。以久戍觖望，恣其下淫掠。大學士王應熊以鄉里庇之，玘益無所憚。其死也，人以爲逸罰云。

賀人龍，米脂人。初以守備隸延綏巡撫洪承疇麾下。崇禎四年，承疇受賊降，命人龍勞以酒，伏兵擊斬三百二十人。其冬，張福臻代承疇，遣人龍勦賊党雄，斬獲二百有奇。明年夏，從福臻擒賊孫守法。其秋，以所部援勦山西。六年春，與總兵尤世祿復遼州。已，敗賊垣曲、絳縣。進都司僉書。又連破賊水頭鎮、花池塞、湯湖村。會山西賊幾盡，乃還陝西。從巡撫陳奇瑜討平延川賊，俘斬一千有奇。奇瑜擢總督，以人龍自隨。

七年四月，擊賊隰州，擒剋天虎，進參將。奇瑜追賊鄖、襄、興、漢，人龍並有功。賊軼車箱峽，陷隴州西去，奇瑜遣人龍救之。甫入隴州，李自成復至，環攻。以人龍同里閈，遣其將高傑移書令反，人龍不報。固守兩月，左光先救至，圍始解。十二月敗賊中莊。明年正月，鳳陽陷，總督洪承疇遣人龍馳救，敗賊睢州。進副總兵。承疇以陝西急，率人龍入關。商、洛賊馬光玉等薄西安，距大軍五十里。承疇命人龍入子午谷，邀賊之南；別將劉成功、王永祥邀賊之北；張全昌從咸陽繞興平東。賊以此不敢南遁，盡走武功、扶風，又渡渭走郿縣。承疇追至王渠鎮，賊方掠南山。人龍、成功等與戰，追奔三十里，至大泥峪，賊棄馬登山走。七月，高迎祥、張獻忠掠秦安、清水，人龍偕全昌破之張家川。已而失利，都司田應龍等死。八月，高傑降，承疇令人龍及遊擊孫守法挾之趨富平，乘夜擊敗賊。人龍尋移守延綏。

九年七月從巡撫孫傳庭大破賊盩厔，擒迎祥。九月，惠登相等屯寶雞，承疇遣人龍等往擊，戰於賈家村。追奔，爲賊所截，川將曾榮耀等來援，敗去，人龍坐褫官立功。十年，小紅狼圍漢中，瑞王告急。承疇率人龍兵由兩當趨救，賊解去，詔復人龍官。徽、秦逸賊東趨平、鳳，人龍躡至柳林，不利。賊窺西安，人龍禦之，斬獲多。其冬，自成、登相入四川，承疇率人龍等往援。歲暮至廣元，賊已逼成都，自成別由松潘還陝右。

十一年，承疇督人龍等自階、文窮追，自成走入西羌界，人龍與曹變蛟等大戰二十七日。自成引殘卒入塞，竄山中，謀入四川，爲人龍及馬科所追。突漢中，扼於左光先。其黨祁總管降，自成幾滅。詳變蛟傳。其冬，京師戒嚴，擢人龍總兵官，帥師入衞。人龍所部多降賊，至山西而譟，尋撫定。抵京，與變蛟等奏捷於太平。明年事定，還陝西。其秋，張獻忠、羅汝才叛，謀入陝。人龍及副將李國奇等扼之興安，乃入川東。楊嗣昌檄陝西總督鄭崇儉率人龍、國奇軍會剿。十二月，人龍擊賊，大敗之。

十三年二月與左良玉大破賊瑪瑙山，人龍得一千三百餘級，降賊將二十五人。六月，汝才、登相犯開縣，總兵鄭嘉棟擊之仙寺嶺，人龍擊之馬弱溪，共斬首一千二百。汝才、登相東西走，追之不能及。時賊盡集於川，監軍萬元吉令川將守巴、巫諸隘，人龍、國奇及楚將張應元、汪雲龍、張奏凱專主追擊。及應元軍入夔，營土地嶺，人龍逗留不至，諸軍遂大敗，人龍竟還陝。已而獻忠、汝才陷劍州，趨廣元，將從閒道入漢中。人龍拒之陽平、百丈二關，賊乃退。十二月，嗣昌至重慶，三檄人龍會師，不至。

初，嗣昌惡左良玉，許人龍代爲平賊將軍。及戰瑪瑙山，良玉功第一，嗣昌語人龍姑待之。人龍大觖望，效良玉所爲，不奉約束，嗣昌亦不能制。賊陷瀘州而北，人龍屯小市廂，隔一水不擊。賊遂越成都走漢州德陽，人龍軍大譟而歸。

十四年三月，嗣昌卒，丁啓睿代，令人龍、國奇出當陽，擊敗自成於靈寶山中。人龍子大明戰歿。九月，總督傅宗龍統人龍、國奇軍出關，次新蔡，遇賊孟家莊。將戰，人龍先走，國奇戰不勝，亦走，宗龍遂歿。十五年正月，總督汪喬年出關擊賊，人龍及鄭嘉棟、牛成虎從。至襄城遇賊，復不戰走，喬年亦歿。帝大怒，欲誅之，慮其爲變，姑奪職，戴罪視事。及孫傳庭督師陝西，帝授以意。人龍駐咸陽虞禍，曉夜爲備。傳庭以人龍家米脂，其宗族多在賊中，未可輕發，在道佯上疏曰：「人龍臣舊將，願貰其罪，俾從臣自效。」帝亦佯許之。人龍稍自安。傳庭至陝，密與巡撫張爾忠謀，以五月朔召人龍計事，數其罪斬之。其部將周國卿將精卒二百人與同黨魏大亨、賀國賢、高進庫等將逃還涇陽取其孥，與賊爲亂。爾忠遣參將孫守法先入涇陽，質其妻子。國卿窮，謀斬大亨等以降。爾忠密聞之大亨，遂斬國卿，函送其首。他部將高傑、高汝利、賀勇、董學禮等十四人俱仍故官，一軍乃定。

高傑，米脂人。與李自成同邑，同起爲盜。崇禎七年閏八月，總督陳奇瑜遣參將賀人龍救隴州，被圍大困。自成令傑遺書約人龍反，不報。使者歸，先見傑，後見自成。比圍城兩月不拔，自成心疑傑，遣別部將往代，傑歸守營。自成妻邢氏趫武多智，掌軍資，每日支糧仗。傑過氏營，分合符驗。氏偉傑貌，與之通，恐自成覺，謀歸降。次年八月遂竊邢氏來歸。洪承疇以付人龍，使其遊擊孫守法挾以破賊，取立效爲信，自是傑常隸人龍麾下。十三年，張獻忠敗於瑪瑙山，竄興、歸界上，傑隨人龍及副將李國奇大敗之鹽井。

十五年，人龍以罪誅，命傑爲實授遊擊。十月，陝西總督孫傳庭至南陽，自成與羅汝才西行逆之。傳庭以傑與魯某爲先鋒，遇於塚頭，大戰敗賊，追奔六十里。汝才見自成敗來救，遶出官軍後。後軍左勷望見賊，怖而先奔，衆軍皆奔，遂大潰，傑所亡失獨少。

十六年進副總兵，與總兵白廣恩爲軍鋒，兩人皆降將也。廣恩鷙驁，素不奉約束，而傑尤凶暴。朝廷以傑爲自成所切齒，故命隸傳庭辦賊。九月從傳庭克寶豐，復郟縣。時官軍乘勝深入，乏食。降將李際遇通賊，自成帥精騎大至。傳庭問計於諸將，傑請戰，廣恩不可。傳庭以廣恩爲怯，廣恩不懌，引所部遁去。官軍接戰，陷伏中。傑登嶺上望之曰：「不可支矣。」亦麾衆退。軍遂大奔，死者數萬。廣恩走汝州不救，傑乃隨傳庭走河北。已而自山西渡河，轉入潼關，廣恩已先至。十一月，自成攻關，廣恩力戰。而傑怨廣恩以寶豐之敗不救己，亦擁衆不肯救。廣恩戰敗，關遂破，傳庭被殺。自成破西安，據之。傑北走延安，賊將李過追傑。傑東走宜川，河冰適合，遂渡，入蒲津以守。賊至，冰解不得渡，乃免。廣恩旣敗，走固原，爲賊將追及，遂以城降。十七年進傑總兵。帝令總督李化熙率傑兵馳救山西，而蒲州、平陽已陷久，傑退至澤州，沿途大掠，賊遂薄太原。

京師陷，傑南走，福王封傑興平伯，列於四鎮，領揚州，駐城外。傑固欲入城，揚州民畏傑不納。傑攻城急，日掠廂村婦女，民益惡之。知府馬鳴騄、推官湯來賀堅守月餘。傑知不可攻，意稍怠。閣部史可法議以瓜州予傑，乃止。九月命傑移駐徐州，以左中允衞胤文兼兵科給事中監其軍西討。徐州土賊程繼孔被擒至京師，乘李自成亂逃歸，十二月，傑擒斬之。加太子少傅，廕一子，世襲錦衣僉事。

初，傑伏兵要擊黃得功於土橋，得功幾不免，兩鎮遂相仇怨，事見得功傳。傑爭揚州時，可法頗爲所窘。至是，傑感可法忠，與謀恢復。議調得功與劉澤清二鎮赴邳、宿防河，傑自提兵直趨歸、開，且瞰宛、洛、荆、襄，以爲根本。遂具疏上之，語激切。且云：「得功與臣猶介介前事。臣知報君雪恥而已，安能與同列較短長哉！」然得功終不欲爲傑後勁，而澤清尤狡橫難任。可法不得已，調劉良佐赴徐與傑爲聲援。

順治二年正月，傑抵歸德。總兵許定國方駐睢州，有言其遣子渡河者。傑招定國來會，不應。復邀巡撫越其杰、巡按陳潛夫同往睢州，定國始郊逆。其杰諷傑勿入城，傑心輕定國，不聽，遂入城。十一日，定國置酒享傑。傑飲酣，爲定國刻行期，且微及遣子事。定國益疑，無離睢意。傑固促之行，定國怒，夜伏兵傳礮大呼。其杰等急遁走，傑醉臥帳中未起，衆擁至定國所殺之。先是，傑以定國將去睢，盡發兵戍開封，所留親卒數十人而已。定國僞恭順，多選妓侍傑，而以二妓偶一卒寢。卒盡醉，及聞礮欲起，爲二妓所掣不得脫，皆死。明日，傑部下至，攻城，老弱無孑遺。定國走降大清軍。

傑爲人淫毒，揚民聞其死，皆相賀。然是行也，進取意甚銳，故時有惜之者。始朝廷許諸鎭與聞國是，故傑屢條奏救降賊者，及請釋武愫於獄，不允。復疏薦吳甡、鄭三俊、金光辰、姜埰、熊開元、金聲、沈正宗等。大抵其時武臣風尙多類此。傑死，贈太子太保，以其子元爵襲興平伯。

劉澤淸，曹縣人。以將材授遼東寧、前衞守備，遷山東都司僉書，加參將。崇禎三年，大淸兵攻鐵廠，欲據以絕豐潤糧道。援守三屯總兵楊肇基遣澤淸來援，未至鐵廠一十五里，遇大兵，力戰，自辰至午不決。得濟師，轉戰至遵化，夾擊，遂得入城。敍功，加二級至副總兵。五年以侵剋軍糧被劾，詔立功衞要地。六年遷總兵。其冬加左都督，恢復登州有功。八年詔統山東兵防漕。九年，京師戒嚴，統兵入衞，令駐新城爲南北控扼，復命留守通州。加左都督、太子太師。

十三年五月，山東大饑，民相聚爲寇，曹、濮尤甚。帝命澤淸會總兵楊御蕃兵剿捕之。

八月降右都督，鎭守山東防海。澤清以生長山東，久鎭東省非宜，請辭任。帝令整旅渡河，合諸鎭星馳援剿。

十六年二月，賊圍開封久，澤清赴援。以朱家寨去汴八里，提五千人南渡，倚河爲寨，疏水環之，欲以次結八寨達大堤，築甬道，饋餉城中。壁壘未成，賊來爭。相持三日，互有殺傷。澤清卽命拔營去，惶擾奔迸，士爭舟，多溺死者。

澤清爲人性恇怯，懷私觀望。嘗妄報大捷邀賞賜，又詭稱墮馬被傷，詔賚藥資四十兩。命赴保定剿賊，不從，日大掠臨清。率兵南下，所至焚劫一空。寇氛日急，給事中韓如愈、馬嘉植皆謀奉使南歸。如愈常劾澤清，過東昌，澤清遣人殺之於道，無敢上聞者。

京師陷，澤清走南都，福王以爲諸鎭之一，封東平伯，駐廬州。時武臣各占分地，賦入不以上供，恣其所用，置封疆兵事一切不問。與廷臣互分黨援，干預朝政，排擠異己，奏牘紛如，紀綱盡裂，而澤清所言尤狂悖。王初立，卽援靖康故事，請以今歲五月改元，又請宥故輔周延儒助餉贓銀。都御史劉宗周劾諸將跋扈狀，澤清遂兩疏劾宗周，且曰：「上若誅宗周，臣卽卸職。」朝廷不得已，温詔解之。又請禁巡按不得拏訪追贓，請法司嚴緝故總督侯恂及其子方域，朝廷皆曲意從之。

順治二年四月，揚州告急，命澤清等往援，而澤清已潛謀輸款矣。大清惡其反覆，磔誅之。

澤清頗涉文藝，好吟咏。嘗召客飲酒唱和。幕中蓄兩猿，以名呼之卽至。一日，宴其故人子，酌酒金甌中，甌可容三升許，呼猿捧酒跪送客。猿猙獰甚，客戰掉，逡巡不敢取。澤清笑曰：「君怖耶？」命取囚撲死堦下，剜其腦及心肝，置甌中，和酒，付猿捧之前。飲釂，顏色自若。其兇忍多此類。

祖寬，遼東人。少有勇力。給侍祖大壽家，從軍有功，累官寧遠參將。部卒多塞外降人，所向克捷。

崇禎五年七月，叛將李九成等圍萊州急，詔發關外兵討之。寬與靳國臣、祖大弼、張韜率兵抵昌邑。巡撫朱大典獲賊書，約寬等爲內應，以示寬等，皆誓滅賊以自明，乃用寬、國臣爲前鋒。寬至沙河與賊遇，衆寡不敵，稍却。會國臣至，拔刀大呼直前，寬、大弼、韜咸殊死戰，大敗賊兵，逐北抵城下，立解萊州圍。是月晦，進兵黃縣。賊傾巢出戰，寬等復大敗之，遂與劉澤清等築長圍以困登州。明年二月，賊始平。語詳大典傳。寬以解圍功，進都督僉事。再敍功，世廕外衞副千戶，進副總兵。

八年秋，命爲援剿總兵官，督關外兵三千討流賊。十月至河南，巡撫陳必謙、監紀推官湯開遠令與左良玉抵靈寶，至則挫張獻忠於焦村。無何，高迎祥、李自成至，與獻忠合攻閿鄉。寬赴救，賊解而趨靈寶，斷良玉、寬軍不相應，遂東陷陝州，攻洛陽。良玉、寬至，迎祥、自成、獻忠皆走。良玉追迎祥，而寬分擊獻忠，夜督副將祖克勇等趨葛家莊，黎明遇賊，大破之。賊奔嵩縣九皐山，寬伏二軍於山溝誘之。賊趨下，伏發，斬馘九百有奇。尋與副將劉肇基、羅岱遇賊汝州圪料鎭，復大敗賊，伏屍二十餘里，斬馘千六百有奇。獻忠憤，合迎祥、自成兵，與寬戰龍門、白沙，截官軍爲二。寬自斷後，士卒殊死鬬，自晨至夜分，復大捷，斬馘一千有奇。迎祥、自成乃走窺光州，寬督副將李輔明躡其後。賊走攻確山，寬等馳救，大破之，斬馘五百八十有奇。自成等遂東走廬州，攻圍七晝夜。明年正月，寬等至，賊奔全椒，遂圍滁州。南京太僕卿李覺斯、知州劉大鞏力禦之。而寬等軍至，奮擊大呼，諸軍無不一當百，自晨至晡，賊大敗。從城東五里追至關山之朱龍橋，橫屍枕藉，水爲不流。二月，又從總理盧象昇破賊七頂山，殲自成精卒殆盡。象昇移軍南陽，命寬備鄧州。會賊渡漢江，入鄖、襄，餘衆三萬匿內鄉、淅川山中。象昇命寬與祖大樂等入山搜討。

邊軍强憨，性異他卒，不可以法繩。往時官軍多關中人，與賊鄉里，臨陣相勞苦，拋生口，棄輜重，即縱之去，謂之「打活仗」。邊軍不通言語，逢賊即殺，故多勝。然所過焚廬舍，淫婦女，恃功不戰；又利野戰，憚搜山；且見賊遠竄，非旬朔可定，自以爲客將，無持久心。寬卒方過河，譟而逸。象昇激勸再三，始聽命。至黨子口，仍按甲不行。而總兵李重鎭素恇怯，冀卸責，衆益思歸。象昇乃力陳入山搜剿之難，請令寬、重鎭赴關中討賊。會總督洪承疇亦請之，寬等遂移軍陝西，隸承疇麾下。八月，京師被兵，召入衞。錄滁州功，進右都督，賚銀幣。事定，命赴寧遠協守。

十一年冬，詔寬率師援畿輔。及山東告急，寬逗遛。明年正月，濟南失守，褫職被逮，坐失陷藩封，竟棄市。

寬敢戰有功，稱驍將。性剛使氣，不爲文吏所喜，卒致大辟，莫爲論救。

贊曰：左良玉以驍勇之材，頻殲劇寇，遂擁强兵，驕亢自恣，緩則養寇以貽憂，急則棄甲以致潰。當時以不用命罪諸將者屢矣，而良玉偃蹇僨事，未正刑章，姑息釀患，是以卒至稱兵犯闕而不顧也。高傑、祖寬皆剛悍難馴，恃功不戢，而傑尤爲兇鷙。然傑被戕於銳意進取之時，寬受誅於力戰赴援之後，死非其罪，不能無遺憾焉。

校勘記

〔一〕戰松山杏山下　松山，原作「香山」，據清太宗實錄卷四五崇德四年三月丁卯條改。松山與杏山均在遼東廣寧中屯衞，見本書卷四一地理志。

〔二〕至柳樹口大敗之　柳樹口，原作「柳善口」，「善」字沿上文「萬善驛」之「善」字誤，據綏寇紀略卷一、懷陵流寇始終錄卷五改。

〔三〕以中官楊進朝盧九德監其軍　楊進朝，原作「楊應朝」，據本書卷三〇九李自成傳、懷陵流寇始終錄卷六、綏寇紀略卷一改。下同。

〔四〕七月良玉兵抵開封　七月，懷陵流寇始終錄卷九作「八月」。

〔五〕至羅猴山　羅猴山，參見本書卷二五二楊嗣昌傳校記〔五〕。

〔六〕十三年春督師楊嗣昌薦良玉至遂拜平賊將軍　十三年春，疑當作「十二年十月」。按左良玉拜平賊將軍，本書卷二四莊烈帝紀、國榷卷九七頁五八五一、懷陵流寇始終錄卷一二、明史紀事本末卷七五都繫於十二年十月。

〔七〕嗣昌謀以陝西總督鄭崇儉率賀人龍李國奇從西鄉入蜀　李國奇，原作「李國安」，據本書卷二五二楊嗣昌傳、卷二六〇鄭崇儉傳、又卷三〇九張獻忠傳，懷陵流寇始終錄卷一三，明史紀事本末卷七五改。

〔八〕圍良玉於郾城　郾城，原作「偃城」，據本書卷四二地理志改。

〔九〕十五年四月自成復圍開封　四月，原作「三月」，據本書卷二四莊烈帝紀、又卷二六〇丁啓睿傳，懷宗實錄卷一五崇禎十五年四月丙午條改。

〔一〇〕分命副將吳學禮援袁州至會賊陷長沙吉州復陷袁州岳州　按國榷卷九九頁五九八六至五九九五，明史紀事本末卷七七，農民義軍攻陷長沙、岳州在八月，吳學禮援袁州在十月袁州被攻陷以後，與傳文所敍時間先後不同。

〔一一〕十七年三月詔封良玉爲寧南伯　三月，原作「正月」。按良玉封寧南伯，本書卷二四莊烈帝紀、又卷一〇七功臣世表，懷宗實錄卷一七崇禎十七年三月壬辰條，國榷卷一〇〇頁六〇三四都繫於十七年三月，據改。

〔一二〕射殺王自用於善陽山　善陽山，原脫「山」字，據明史稿傳一五一鄧玘傳、國榷卷九二頁五六一一、綏寇紀略卷一補。

〔一三〕賊逼磁州　原作「走賊磁川」。磁川，磁州，形近而誤。綏寇紀略卷一，崇禎六年五月，「賊十餘萬逼磁州」。懷陵流寇始終錄卷六「一字王、黑蝎子、闖塌天等九營十餘萬賊，是日逼磁州」。據改。

〔一四〕玘被困土樵窩　土樵窩，原作「上樵窩」，據綏寇紀略卷一改。懷陵流寇始終錄卷六的六月戊寅、庚辰條改。

〔一五〕已共破賊官村沁河清化萬善　清化，原作「清池」，據本卷上文、綏寇紀略卷一、懷陵流寇始終錄卷六改。

明史卷二百七十四

列傳第一百六十二

史可法 任民育等 何剛等 高弘圖 姜曰廣 周鑣 雷縯祚

史可法，字憲之，大興籍，祥符人。世錦衣百戶。祖應元舉於鄉，官黃平知州，有惠政。語其子從質曰：「我家必昌。」從質妻尹氏有身，夢文天祥入其舍，生可法。以孝聞。舉崇禎元年進士，授西安府推官，稍遷戶部主事，歷員外郎、郎中。

八年遷右參議，分守池州、太平。其秋，總理侍郎盧象昇大舉討賊。改可法副使，分巡安慶、池州，監江北諸軍。黃梅賊掠宿松、潛山、太湖，將犯安慶，可法追擊之潛山天堂寨。明年，祖寬破賊滁州，賊走河南。十二月，賊馬守應合羅汝才、李萬慶自鄖陽東下。可法馳駐太湖，扼其衝。

十年正月，賊從間道突安慶石牌，〔一〕尋移桐城。參將潘可大擊走賊，賊復爲廬、鳳軍所扼，回桐城，掠四境。知縣陳爾銘嬰城守，可法與可大剿捕。賊走廬江，犯潛山，可法與左良玉敗之楓香驛，賊乃竄潛山、太湖山中。三月，可大及副將程龍敗歿於宿松。賊分其黨掻天動別爲一營，而合八營二十餘萬衆，分屯桐城之練潭、石井、陶沖。總兵官牟文綬、劉良佐擊敗之挂車河。

當是時，陝寇聚漳、寧，分犯岷、洮、秦、楚、應、皖，羣盜遍野。總理盧象昇旣改督宣、大，代以王家禎，祖寬關外兵亦北歸。未幾，上復以熊文燦代家禎，專撫賊。賊益狂逞，盤牙江北，南都震驚。七月擢可法右僉都御史，巡撫安慶、廬州、太平、池州四府，及河南之光州、光山、固始、羅田，湖廣之蘄州、廣濟、黃梅，江西之德化、湖口諸縣，提督軍務，設額兵萬人。賊已東陷和州、含山、定遠、六合，犯天長、盱眙，趨河南。可法奏免被災田租。冬，部將汪雲鳳敗賊潛山，京軍復連破老回回舒城、廬江，賊遁入山。時監軍僉事湯開遠善擊賊，可法東西馳禦，賊稍稍避其鋒。十一年夏，以平賊踰期，戴罪立功。

可法短小精悍，面黑，目爍爍有光。廉信，與下均勞苦。軍行，士不飽不先食，未授衣不先禦，以故得士死力。連敗賊英山、六合，順天王乞降。十二年夏，丁外艱去。服闋，起戶部右侍郎兼右僉都御史。代朱大典總督漕運，巡撫鳳陽、淮安、揚州，劾罷督糧道三人，增設漕儲道一人，大濬南河，漕政大釐。拜南京兵部尚書，參贊機務。因武備久弛，奏行更新八事。

十七年四月朔，聞賊犯闕，誓師勤王。渡江抵浦口，聞北都旣陷，縞衣發喪。會南都議立君，張慎言、呂大器、姜曰廣等曰：「福王由崧，神宗孫也，倫序當立，而有七不可：貪、淫、酗酒、不孝、虐下、不讀書、干預有司也。潞王常淓，神宗姪也，賢明當立。」移牒可法，可法亦以爲然。鳳陽總督馬士英潛與阮大鋮計議，主立福王，咨可法，可法以七不可告之。而士英已與黃得功、劉良佐、劉澤淸、高傑發兵送福王至儀眞，於是可法等迎王。五月朔，王謁孝陵、奉先殿，出居內守備府。羣臣入朝，王色赧欲避。可法曰：「王毋避，宜正受。」旣朝，議戰守。可法曰：「王宜素服郊次，發師北征，示天下以必報讎之義。」王唯唯。明日再朝，出議監國事。張慎言曰：「國虛無人，可遂卽大位。」可法曰：「太子存亡未卜，倘南來若何？」誠意伯劉孔昭曰：「今日旣定，誰敢復更？」可法曰：「徐之。」乃退。又明日，王監國，廷推閣臣，衆舉可法、高弘圖、姜曰廣。孔昭攘臂欲並列，衆以本朝無勛臣入閣例，遏之。孔昭勃然曰：「卽我不可，馬士英何不可？」乃幷推士英。又議起廢，推鄭三俊、劉宗周、徐石麒。孔昭舉大鋮，可法曰：「先帝欽定逆案，毋復言。」越二日，拜可法禮部尙書兼東閣大學士，與士英、弘圖並命。可法仍掌兵部事，士英仍督師鳳陽。乃定京營制，如北都故事，侍衞及錦衣衞諸軍，悉入伍操練。錦衣東西兩司房，及南北兩鎭撫司官，不備設，以杜告密，安人心。

當是時，士英旦夕冀入相。及命下，大怒，以可法七不可書奏之王。而擁兵入覲，拜表卽行。可法遂請督師，出鎭淮、揚。十五日，王卽位。明日，可法陛辭，加太子太保，改兵部尚書、武英殿大學士。士英卽以是日入直，議分江北爲四鎭。東平伯劉澤清轄淮、海，駐淮北，經理山東一路。總兵官高傑轄徐、泗，駐泗水，經理開、歸一路。總兵官劉良佐轄鳳、壽，駐臨淮，經理陳、杞一路。靖南伯黃得功轄滁、和，駐廬州，經理光、固一路。可法啓行，卽遣使訪大行帝后梓宮及太子二王所在，奉命祭告鳳、泗二陵。

可法去，士英、孔昭輩益無所憚。孔昭以愼言舉吳甡，譁殿上，拔刀逐愼言。可法馳疏解，孔昭卒扼甡不用。可法祭二陵畢，上疏曰：「陛下踐阼初，祗謁孝陵，哭泣盡哀，道路感動。若躬謁二陵，親見泗、鳳蒿萊滿目，雞犬無聲，當益悲憤。願愼終如始，處深宮廣廈，則思東北諸陵魂魄之未安；享玉食大庖，則思東北諸陵麥飯之無展；膺圖受籙，則念先帝之集木馭朽，何以忽遘危亡；早朝晏罷，則念先帝之克儉克勤，何以卒隳大業。戰兢惕厲，無時怠荒，二祖列宗將默佑中興。若晏處東南，不思遠略，賢奸無辨，威斷不靈，老成投簪，豪傑裹足，祖宗怨恫，天命潛移，東南一隅未可保也。」王嘉答之。

得功、澤清、傑爭欲駐揚州。傑先至，大殺掠，屍橫野。城中恟懼，登陴守，傑攻之浹月。澤清亦大掠淮上。臨淮不納良佐軍，亦被攻。朝命可法往解，得功、良佐、澤清皆聽命。乃詣傑。傑素憚可法，可法來，傑夜掘坎十百，埋暴骸。旦日朝可法帳中，辭色俱變，汗浹背。可法坦懷待之，接偏裨以溫語，傑大喜過望。然傑亦自是易可法，用己甲士防衞，文檄必取視而後行。可法夷然爲具疏，屯其衆於瓜洲，傑又大喜。傑去，揚州以安，可法乃開府揚州。

六月，大清兵擊敗賊李自成，自成棄京師西走。青州諸郡縣爭殺僞官，據城自保。可法請頒監國、登極二詔，慰山東、河北軍民心。開禮賢館，招四方才智，以監紀推官應廷吉領其事。八月出巡淮安，閱澤清士馬。返揚州，請餉爲進取資。士英靳不發，可法疏趣之。因言：「邇者人才日耗，仕途日淆，由名心勝而實意不修，議論多而成功少。今事勢更非昔比，必專主討賊復讎。舍籌兵籌餉無議論，舍治兵治餉無人才。有摭拾浮談、巧營華要者，罰無赦！」王優詔答之。

初，可法虞傑跋扈，駐得功儀眞防之。九月朔，得功、傑搆兵，曲在傑。賴可法調劑，事得解。北都降賊諸臣南還，可法言：「諸臣原籍北土者，宜令赴吏、兵二部錄用，否則恐絕其南歸之心。」又言：「北都之變，凡屬臣子皆有罪。在北者應從死，豈在南者非人臣？即臣可法謬典南樞，臣士英叨任鳳督，未能悉東南甲疾趨北援，鎭臣澤清、傑以兵力不支，折而南走。是首應重論者，臣等罪也。乃因聖明繼統，鈇鉞未加，恩榮疊被。而獨於在北諸臣毛舉而概繩之，豈散秩閒曹，責反重於南樞、鳳督哉。宜摘罪狀顯著者，重懲示儆。若僞命未污，身被刑辱，可置勿問。其逃避北方、徘徊而後至者，許戴罪討賊，赴臣軍前酌用。」廷議並從之。

傑居揚州，桀驁甚。可法開誠布公，導以君臣大義。傑大感悟，奉約束。十月，傑帥師北征。可法赴淸江浦，遣官屯田開封，爲經略中原計。諸鎭分汛地，自王家營而北至宿遷，最衝要，可法自任之，築壘緣河南岸。十一月四日，舟次鶴鎭，諜報我大淸兵入宿遷。可法進至白洋河，令總兵官劉肇基往援。大淸兵還攻邳州，肇基復援之，相持半月而解。

時自成旣走陝西，猶未滅，可法請頒討賊詔書，言：

自三月以來，大讐在目，一矢未加。昔晉之東也，其君臣日圖中原，而僅保江左；宋之南也，其君臣盡力楚、蜀，而僅保臨安。蓋偏安者，恢復之退步，未有志在偏安，而遽能自立者也。大變之初，黔黎洒泣，紳士悲哀，猶有朝氣。今則兵驕餉絀，文恬武嬉，頓成暮氣矣。河上之防，百未經理，人心不肅，威令不行。復讐之師不聞及關、陝，討賊之詔不聞達燕、齊。君父之讐，置諸膜外。夫我卽卑宮菲食，嘗膽臥薪，聚才智精神，枕戈待旦，合方州物力，破釜沉舟，尙虞無救。以臣觀廟堂謀畫，百執事經營，殊未盡然。夫將所以能克敵者，氣也；君所以能禦將者，志也。廟堂志不奮，則行間氣不鼓。夏少康不忘出竇之辱，漢光武不忘爇薪之時。臣願陛下爲少康、光武，不願左右在位，僅以晉元、宋高之說進也。

先皇帝死於賊，恭皇帝亦死於賊，此千古未有之痛也。在北諸臣，死節者無多；在南諸臣，討賊者復少。此千古未有之恥也。庶民之家，父兄被殺，尚思穴胸斷脰，〔三〕得而甘心，況在朝廷，顧可漠置。臣願陛下速發討賊之詔，責臣與諸鎮悉簡精銳，直指秦關，懸上爵以待有功，假便宜而責成效，絲綸之布，痛切淋漓，庶海內忠臣義士，聞而感憤也。

國家遘此大變，陛下嗣登大寶，與先朝不同。諸臣但有罪之當誅，曾無功之足錄。今恩外加恩未已，武臣腰玉，名器濫觴。自後宜愼重，務以爵祿待有功，庶猛將武夫有所激厲。兵行最苦無糧，搜括既不可行，勸輸亦難爲繼。請將不急之工程，可已之繁費，朝夕之燕衎，左右之進獻，一切報罷。卽事關典禮，亦宜概從節省。蓋賊一日未滅，卽有深宮曲房，錦衣玉食，豈能安享！必刻刻在復讐雪恥，振舉朝之精神，萃萬方之物力，盡幷於選將練兵一事，庶人心可鼓，天意可回。

可法每繕疏，循環諷誦，聲淚俱下，聞者無不感泣。

比大清兵已下邳、宿，可法飛章報。士英謂人曰：「渠欲敍防河將士功耳。」慢弗省。而諸鎭逡巡無進師意，且數相攻。明年，是爲大清順治之二年，正月，餉缺，諸軍皆饑。頃之，河上告警。詔良佐、得功率師扼潁、壽，傑進兵歸、徐。傑至睢州，爲許定國所殺。部下兵大亂，屠睢旁近二百里殆盡。變聞，可法流涕頓足歎曰：「中原不可爲矣。」遂如徐州，以總兵李本身爲提督，統傑兵。本身者，傑甥也。以胡茂順爲督師中軍，李成棟爲徐州總兵，諸將各分地，又立傑子元爵爲世子，請恤於朝。軍乃定。傑軍旣還，於是大梁以南皆不守。士英忌可法威名，加故中允衞胤文兵部右侍郎，總督興平軍，以奪可法權。胤文，傑同鄉也，陷賊南還，傑請爲己監軍。傑死，胤文承士英旨，疏誚可法。士英喜，故有是命，駐揚州。二月，可法還揚州。未至，得功來襲興平軍，城中大懼。可法遣官講解，乃引去。

時大兵已取山東、河南北，逼淮南。四月朔，可法移軍駐泗州，護祖陵。將行，左良玉稱兵犯闕，召可法入援。渡江抵燕子磯，得功已敗良玉軍。可法乃趨天長，檄諸將救盱眙。俄報盱眙已降大清，泗州援將侯方巖全軍沒。可法一日夜奔還揚州。訛傳定國兵將至，殲高氏部曲。城中人悉斬關出，舟楫一空。可法檄各鎭兵，無一至者。二十日，大清兵大至，屯班竹園。明日，總兵李棲鳳、監軍副使高岐鳳拔營出降，城中勢益單。諸文武分陴拒守。舊城西門險要，可法自守之。作書寄母妻，且曰：「死葬我高皇帝陵側。」越二日，大清兵薄城下，礮擊城西北隅，城遂破。可法自刎不殊，一參將擁可法出小東門，遂被執。可法大呼曰：「我史督師也。」遂殺之。揚州知府任民育，同知曲從直、王纘爵，江都知縣周志畏、羅伏龍，兩淮鹽運使楊振熙，監餉知縣吳道正，江都縣丞王志端，賞功副將汪思誠，幕客盧渭等皆死。

可法初以定策功加少保兼太子太保，以太后至加少傅兼太子太傅，敍江北戰功加少師兼太子太師，擒劇盜程繼孔功加太傅，皆力辭，不允。後以宮殿成，加太師，力辭，乃允。可法爲督師，行不張蓋，食不重味，夏不箑，冬不裘，寢不解衣。年四十餘，無子，其妻欲置妾。太息曰：「王事方殷，敢爲兒女計乎！」歲除遣文牒，至夜半，倦索酒。庖人報殺肉已分給將士，無可佐者，乃取鹽豉下之。可法素善飲，數斗不亂，在軍中絕飲。是夕，進數十觥，思先帝，泫然淚下，凭几臥。比明，將士集轅門外，門不啓，左右遙語其故。知府民育曰：「相公此夕臥，不易得也。」命鼓人仍擊四鼓，戒左右毋驚相公。須臾，可法寤，聞鼓聲，大怒曰：「誰犯吾令！」將士述民育意，乃獲免。嘗孑處鈴閣或舟中，有言宜警備者，曰：「命在天。」可法死，覓其遺骸。天暑，衆屍蒸變，不可辨識。踰年，家人舉袍笏招魂，葬於揚州郭外之梅花嶺。其後四方弄兵者，多假其名號以行，故時謂可法不死云。

可法無子，遺命以副將史德威爲之後。有弟可程，崇禎十六年進士。擢庶吉士。京師陷，降賊。賊敗，南歸，可法請置之理。王以可法故，令養母。可程遂居南京，後流寓宜興，閱四十年而卒。

任民育，字時澤，濟寧人。天啓中鄉舉，善騎射。眞定巡撫徐標請於朝，用爲贊畫，理屯事。眞定失，南還。福王時，授亳州知州。以才擢揚州知府，可法倚之。城破，緋衣端坐堂上，遂見殺，闔家男婦盡赴井死。

從直，遼東人，與其子死東門。纘爵，鄞人，工部尙書佐孫。志畏，亦鄞人，進士，年少好氣，數遭傑將士窘辱，求解職。會伏龍至，可法命代之。伏龍，新喩人。故梓潼知縣，受代甫三日。振熙，臨海人。道正，餘姚人。志端，孝豐人。思誠，字純一，貴池人。

渭，字渭生，長洲諸生。可法出鎭淮、揚，渭等伏闕上書，言：「秦檜在內，李綱居外，宋終北轅。」不納。居禮賢館久，可法才渭。渭方歲貢，當得官，不受職，而擬授崑山歸昭等二十餘人爲通判、推官、知縣。甫二旬，城陷，渭監守鈔關，投於河。昭死西門，從死者十七人。

時同守城死者，又有遵義知府何剛、庶吉士吳爾壎。而揚州諸生殉義者，有高孝纘、王士琇、王纘、王績、王續等。又有武生戴之藩、醫者陳天拔、畫士陸愉、義兵張有德、市民馮應昌、舟子徐某，並自盡。他婦女死節者，不可勝紀。

何剛，字愨人，上海人。崇禎三年舉於鄉。見海內大亂，慨然有濟世之志。交天下豪俊，與東陽許都善，語之曰：「子所居天下精兵處，盍練一旅以待用。」都諾而去。

十七年正月入都上書，言：「國家設制科，立資格，以約束天下豪傑。此所以弭亂，非所以戡亂也。今日救生民，匡君國，莫急於治兵。陛下誠簡强壯英敏之士，命知兵大臣教習之，講韜鈐，練筋骨，拓膽智，時召而試之。學成優其秩，寄以兵柄，必能建奇功。臣讀戚繼光書，繼光數言義烏、東陽兵可用。誠得召募數千，加之訓練，準繼光遺法，分布河南郡縣，大寇可平。」因薦都及錢塘進士姚奇胤、桐城諸生周岐、陝西諸生劉湘客、絳州舉人韓霖。帝壯其言，卽擢剛職方主事，募兵金華。而都作亂已前死，霖亦爲賊用，剛不知，故並薦之。

剛出都，都城陷，馳還南京。先是，賊逼京師，剛友陳子龍、夏允彝將聯海舟達天津，備緩急，募卒二千人，至是令剛統之。子龍入爲兵科，言防江莫如水師，更乞廣行召募，委剛訓練，從之。剛乃上疏言：「臣請陛下三年之內，宮室不必修，百官禮樂不必備。惟日求天下才，智者決策，廉者理財，勇者禦敵。爵賞無出此三者，則國富兵强，大敵可服。若以驕悍之將馭無制之兵，空言恢復，是却行而求前也。優游歲月，潤色偏安，錮豪傑於草間，迫梟雄爲盜賊，是株守以待盡也。惟廟堂不以浮文取士，而以實績課人，則眞才皆爲國用，而議論亦省矣。分遣使者羅草澤英豪，得才多者受上賞，則梟傑皆畢命封疆，而盜魁亦少矣。東南人滿，徙之江北，或賜爵，或贖罪，則豪右皆盡力南畝，而軍餉亦充矣。」時不能用。

尋進本司員外郎，以其兵隸史可法。可法大喜得剛，剛亦自喜遇可法知己。士英惡之，出剛遵義知府。可法垂涕曰：「子去，吾誰仗？」剛亦泣，願死生無相背。踰月，揚州被圍，佐可法拒守。城破，投井死。

吳爾壎，崇德人。崇禎十六年進士，授庶吉士。賊敗南還，謁可法，請從軍贖罪，可法遂留參軍事。其父之屏方督學福建，爾壎斷一指畀故人祝淵曰：「君歸語我父母，悉出私財畀我餉軍。我他日不歸，以指葬可也。」從高傑北征至睢州，傑被難，爾壎流寓祥符。遇一婦人，自言福王妃。爾壎因守臣附疏以進，詔斥其妄言，逮之，可法爲救免。後守揚州新城，投井死。

高弘圖，字研文，膠州人。萬曆三十八年進士。授中書舍人，擢御史。柧棱自持，不依麗人。

天啓初，陳時政八患，請用鄒元標、趙南星。巡按陝西，題薦屬吏，趙南星糾之，弘圖不能無望，代還，移疾去。魏忠賢亟攻東林，其黨以弘圖嘗與南星有隙，召起弘圖故官。入都，則楊漣、左光斗、魏大中等已下詔獄，鍛鍊嚴酷。弘圖果疏論南星，然言「國是已明，雷霆不宜頻擊」，「詔獄諸臣，生殺宜聽司敗法」，則頗謂忠賢過當者。疏中又引漢元帝乘船事，忠賢方導帝遊幸，不悅，矯旨切責之。後諫帝毋出蹕東郊，又極論前陝西巡撫喬應甲罪，又嘗語刺崔呈秀。呈秀、應甲皆忠賢黨，由是忠賢大怒，擬順天巡按不用。弘圖乞歸，遂令閒住。

莊烈帝卽位，起故官。劾罪田詔、劉志選、梁夢環。擢太僕少卿，復移疾去。三年春，召拜左僉都御史，進左副都御史。五年遷工部右侍郎。方入署，總理戶、工二部中官張彝憲來會，弘圖恥之，不與共坐，七疏乞休。帝怒，遂削籍歸，家居十年不起。

十六年召拜南京兵部右侍郎，就遷戶部尚書。明年三月，京師陷，福王立，改弘圖禮部尚書兼東閣大學士。疏陳新政八事。一，宣義問。請聲逆賊之罪，鼓發忠義。一，勤聖學。請不俟釋服，日御講筵。一，設記注。請召詞臣入侍，日記言動。一，睦親藩。請如先朝踐極故事，遣官齎璽書慰問。一，議廟祀。請權附列聖神主於奉先殿，仍於孝陵側望祀列聖山陵。一，嚴章奏。請禁奸宄小人借端妄言，脫罪僥倖。一，收人心。請蠲江北、河南、山東田租，毋使賊徒藉口。一，擇詔使。請遣官招諭朝鮮，示牽制之勢。並褒納焉。

當是時，朝廷大議多出弘圖手。馬士英疏薦阮大鋮，弘圖不可。士英曰：「我自任之。」乃命大鋮假冠帶陛見。大鋮入見，歷陳冤狀，以弘圖不附東林引爲證。弘圖則力言逆案不可翻，大鋮、士英並怒。一日，閣中語及故庶吉士張溥，士英曰：「我故人也，死，酹而哭之。」姜曰廣笑曰：「公哭東林者，亦東林耶？」士英曰：「我非畔東林者，東林拒我耳。」弘圖因縱臾之，士英意解。而劉宗周劾疏自外至，大鋮宣言曰廣實使之，於是士英怒不可止。而薦張捷、謝陞之疏出，朝端益水火矣。內札用戶部侍郎張有譽爲尙書，弘圖封還，具奏力諫，卒以廷推簡用。中官議設東廠，弘圖爭不得。遂乞休，不許，加太子少師，改戶部尙書，文淵閣。尋以太后至，進太子太保。

其年十月，弘圖四疏乞休，乃許之。弘圖既謝政，無家可歸，流寓會稽。國破，逃野寺中，絕粒而卒。

姜曰廣，字居之，新建人。萬曆末，舉進士，授庶吉士，進編修。天啓六年奉使朝鮮，不攜中國一物往，不取朝鮮一錢歸，朝鮮人爲立懷潔之碑。明年夏，魏忠賢黨以曰廣東林，削其籍。

崇禎初，起右中允。九年積官至吏部右侍郎。坐事左遷南京太常卿，遂引疾去。十五年起詹事，掌南京翰林院。莊烈帝嘗言：「曰廣在講筵，言詞激切，朕知其人。」每優容之。

北都變聞，諸大臣議所立。曰廣、呂大器用周鑣、雷縯祚言，主立潞王，而諸帥奉福藩至江上。於是文武官並集內官宅，韓贊周令各署名籍。曰廣曰：「無遽，請祭告奉先殿而後行。」明日至奉先殿，諸勳臣語侵史可法，曰廣呵之，於是羣小咸目攝曰廣。廷推閣臣，以曰廣異議不用，用史可法、高弘圖、馬士英。及再推詞臣，以王鐸、陳子壯、黃道周名上，而首曰廣。乃改曰廣禮部尚書兼東閣大學士，與鐸並命。鐸未至，可法督師揚州，曰廣與弘圖協心輔政。而士英挾擁戴功，內結勳臣朱國弼、劉孔昭、趙之龍，外連諸鎮劉澤清、劉良佐等，謀擅朝權，深忌曰廣。

未幾，士英特薦起阮大鋮。曰廣力爭不得，遂乞休，言：

前見文武交競，既慙無術調和；近睹逆案忽翻，又愧不能寢弭。遂棄先帝十七年之定力，反陛下數日前之明詔。臣請以前事言之。臣觀先帝之善政雖多，而以堅持逆案爲尤美；先帝之害政間有，而以頻出口宣爲亂階。用閹臣內傳矣，用部臣勳臣內傳矣，用大將用言官內傳矣。而所得閹臣，則淫貪巧猾之周延儒也，逢君朘民奸險刻毒之溫體仁、楊嗣昌也，偷生從賊之魏藻德也；所得部臣，則陰邪貪狡之王永光、陳新甲；所得勳臣，則力阻南遷盡撤守禦狂稡之李國禎；所得大將，則紈絝支離之王樸、倪寵；所得言官，則貪橫無賴之史𡎴、陳啓新也。凡此皆力排衆議，簡自中旨，後效可睹。

今又不然。不必僉同，但求面對，立談取官。陰奪會推之柄，陽避中旨之名，決廉恥之大防，長便佞之惡習。此豈可訓哉！

臣待罪綸扉，苟好盡言，終蹈不測之禍。聊取充位，又來鮮恥之譏。願乞骸骨還鄉里。

得旨慰留，士英、大鋮等滋不悅。國弼、孔昭遂以誹謗先帝，誣衊忠臣李國禎爲言，〔三〕交章攻之。

劉澤清故附東林，擁立議起，亦主潞王。至是入朝，則力詆東林以自解免。且曰：「中興所恃在政府。今用輔臣，宜令大帥僉議。」曰廣愕然。越數日，澤清疏劾呂大器、雷縯祚，而薦張捷、鄒之麟、張孫振、劉光斗等。已，又請免故輔周延儒贓。曰廣曰：「是欲漸干朝政也。」乃下部議，竟不許。

曰廣嘗與士英交詆王前。宗室朱統𨨗者，素無行，士英啖以官，使擊曰廣。澤淸又假諸鎭疏攻劉宗周及曰廣，以三案舊事及迎立異議爲言，請執下法司，正謀危君父之罪。頃之，統𨨗復劾曰廣五大罪，請幷劉士楨、王重、楊廷麟、劉宗周、陳必謙、周鑣、雷縯祚置之理，必謙、鑣以是逮。曰廣旣連遭誣衊，屢疏乞休，其年九月始得請。入辭，諸大臣在列。曰廣曰：「微臣觸忤權奸，自分萬死，上恩寬大，猶許歸田。臣歸後，願陛下以國事爲重。」士英熟視曰廣，詈曰：「我權奸，汝且老而賊也。」旣出，復於朝堂相訐詈而罷。

曰廣骨鯁，扼於憸邪，不竟其用，遂歸。其後左良玉部將金聲桓者，已降於我大淸，旣而反江西，迎曰廣以資號召。聲桓敗，曰廣投僇家池死。

周鑣，字仲馭，金壇人。父泰峙，雲南布政使。鑣舉鄉試第一，崇禎元年成進士，授南京戶部主事，榷稅蕪湖。憂歸，服闋，授南京禮部主事。極論內臣言官二事，言：「張彝憲用而高弘圖、金鉉罷，王坤用而魏呈潤、趙東曦斥，鄧希詔用而曹文衡罷閒，王弘祖、李曰輔、熊開元罹罪。每讀邸報，半屬內侍溫綸。自今鍛鍊臣子，委褻天言，祇徇中貴之心，臣不知何所極也。言官言出禍隨，黃道周諸臣薦賢不效，而惠世揚、劉宗周勿獲進；華允誠諸臣驅奸無濟，而陳于廷、姚希孟、鄭三俊皆蒙譴。每奉嚴諭，率皆直臣封章。自今播棄忠良，獎戍宵小，祇快奸人之計，臣益不知何所極矣。」帝怒斥爲民，鑣由是名聞天下。

初，鑣世父尚書應秋、叔父御史維持，以附魏忠賢並麗逆案，鑣恥之。通籍後，卽交東林，矯矯樹名節。及被放，與宣城沈壽民讀書茅山，廷臣多論薦之。十五年起禮部主事，進郎中，爲吏部尙書鄭三俊所倚。然爲人好名，頗飾僞，給事中韓如愈疏論之，罷歸。

福王立於南京。馬士英旣逐呂大器，以鑣及雷縯祚嘗主立潞王議，令朱統鑕劾曰廣，因言鑣、縯祚等皆曰廣私黨，請悉置於理，遂令逮治。而士英劾鑣從弟鍾從逆，幷及鑣，鍾亦逮治。阮大鋮居金陵時，諸生顧杲等出留都防亂公揭討之，主之者鑣也，大鋮以故恨鑣。鑣獄急，屬御史陳丹衷求解於士英，爲緝事者所獲，丹衷出爲長沙知州。於是察處御史羅萬爵希大鋮指，上疏痛詆鑣。而光祿卿祁逢吉，鑣同邑人，見人輒詈鑣，遂得爲戶部侍郎。亡何，左良玉稱兵檄討士英罪，言引用大鋮，搆陷鑣、縯祚，鍛鍊周內。士英、大鋮益怒。大鋮謂鑣實召良玉兵，王乃賜鑣、縯祚自盡，鍾棄市。

雷縯祚，太湖人。崇禎三年舉於鄉。十三年夏，帝思破格用人，而考選止及進士，特命舉人貢生就試敎職者，悉用爲部寺司屬推官知縣，凡二百六十三人，號爲庚辰特用。而縯祚得刑部主事。明年三月劾楊嗣昌六大罪可斬，鳳陽總督朱大典、安慶巡撫鄭二陽、河南巡撫高名衡、山東巡撫王公弼宜急易，帝不悅。

十五年擢武德道兵備僉事。山東被兵，縝祚守德州，有詔獎勵。乃疏劾督師范志完縱兵淫掠，折除軍餉，搆結大黨。帝心善其言，以淫掠事責兵部，而令縝祚再陳。志完者，首輔周延儒門生也，縝祚意有所忌，久不奏。

明年五月，延儒下廷議，縝祚乃奏言：「志完兩載僉事，驟陟督師，非有大黨，何以至是。大僚則尚書范景文等，詞林則諭德方拱乾等，言路則給事中朱徽、沈胤培、袁彭年等，皆其黨也。方德州被攻，不克去，掠臨清，又五日，志完始至。聞後部破景州，則大懼，欲避入德州城。漏三下，邀臣議。臣不聽，志完乃偕流寓詞臣拱乾見臣南城古廟。臣告以督師非入城官，薊州失事，由降丁內潰，志完不懌而去。若夫座主當朝，罔利曲庇，隻手有燎原之勢，片語操生死之權，稱功頌德，徧於班聯。臣不忍見陛下以周、召待大臣，而大臣以嚴嵩、薛國觀自待也。臣外藩小吏，乙榜孤蹤，不言不敢，盡言不敢，感陛下虛懷俯納，故不避首輔延儒與舉國媚附時局，略進一言。至中樞主計請餉必餽常例，天下共知，他乾沒更無算。」

疏入，帝益心動。命議舊計臣李待問、傅淑訓，樞臣張國維及戶科荆永祚，兵科沈迅、張嘉言罪，而召縝祚陛見。越數日，抵京。又數日入對，召志完、拱乾質前疏中語，拱乾爲志完辨，帝頷之。問緽祚稱功頌德者誰，對曰：「延儒招權納賄，如起廢、清獄、蠲租，皆自居爲功。考選臺諫，盡收門下。凡求總兵巡撫者，必先賄幕客董廷獻。」帝怒，逮廷獻，誅志完，而令緽祚還任。緽祚尋以憂去。

福王時，統鏻劾曰廣，因及之，遂逮治。明年四月與鏕同賜自盡。故事，小臣無賜自盡者。因良玉兵東下，故大鋮輩急殺之。

贊曰：史可法憫國步多艱，忠義奮發，提兵江滸，以當南北之衝，四鎭棊布，聯絡聲援，力圖興復。然而天方降割，權臣掣肘於內，悍將跋扈於外，遂致兵頓餉竭，疆圉日蹙，孤城不保，志決身殲，亦可悲矣！高弘圖、姜曰廣皆蘊忠謀，協心戮力，而扼於權奸，不安其位。蓋明祚傾移，固非區區一二人之所能挽也。

校勘記

〔一〕賊從間道突安慶石牌　石牌，原作「石碑」，據懷陵流寇始終錄卷九、讀史方輿紀要卷二六改。安慶府懷寧縣有石牌市。

〔二〕尚思穴胸斷脰　斷脰，原作「斷脛」，據史忠正集卷一請出師討賊疏改。

〔三〕誣鱴忠臣李國禎爲言　李國禎，原作「李國楨」，國榷卷一〇〇頁六〇五四同。今據本傳上文及本書卷一四六李濬傳、明史稿傳一四九姜曰廣傳改。

明史卷二百七十五

列傳第一百六十三

張愼言子履旋　徐石麒　解學龍　高倬黃端伯等　左懋第　祁彪佳

張愼言，字金銘，陽城人。祖昇，河南參政。愼言舉萬曆三十八年進士。除壽張知縣，有能聲。調繁曹縣，出庫銀糴粟備振，連値荒歲，民賴以濟。

泰昌時，擢御史。踰月，熹宗卽位。時方會議三案，愼言言：「皇祖召諭百工，不究張差黨與，所以全父子之情；然必摘發奸謀，所以明君臣之義。至先皇踐阼，蠱惑之計方行，藥餌之奸旋發。崔文昇投涼劑於積憊之餘，李可灼進紅丸於大漸之際，法當駢首，恩反賜金。誰秉國成，一至此極！若夫鼎湖再泣，宗廟之鼎鬯爲重，則先帝之簪履爲輕。雖神廟鄭妃且先徙以爲望，選侍不卽移宮，計將安待。」無何，賈繼春以請安選侍被譴，愼言抗疏救之。

帝怒，奪俸二年。

天啓初，出督畿輔屯田，言：「天津、靜海、興濟間，沃野萬頃，可墾爲田。近同知盧觀象墾田三千餘畝，其溝洫廬舍之制，種植疏濬之方，犁然具備，可倣而行。」因列上官種、佃種、民種、軍種、屯種五法。又言：「廣寧失守，遼人轉徙入關者不下百萬。宜招集津門，以無家之衆，墾不耕之田便。」詔從之。嘗疏薦趙南星，劾馮銓，銓大恨。五年三月，愼言假歸，銓屬曹欽程論劾，誣盜曹縣庫銀三千，遂下撫按徵贓，編戍肅州。

莊烈帝卽位，赦免。崇禎元年起故官。會當京察，請先治媚璫者附逆之罪，其他始付考功，報可。旋擢太僕少卿，歷太常卿、刑部右侍郎。讞耿如杞獄，不稱旨，幷尙書韓繼思下吏，尋落職歸。久之，召爲工部右侍郎。國用不支，廷議開採、鼓鑄、屯田、鹽法諸事。愼言屢疏陳奏，悉根本計。大學士楊嗣昌議改府州縣佐爲練備、練總，愼言以更制事大，歷陳八議，其後卒不能行。由左侍郎遷南京戶部尙書，七疏引疾，不允。就改吏部尙書，掌右都御史事。

十七年三月，京師陷。五月，福王卽位南京，命愼言理部事。上中興十議：曰節鎭，曰親藩，曰開屯，曰叛逆，曰僞命，曰褒卹，曰功賞，曰起廢，曰懲貪，曰漕稅。皆嘉納。時大起廢籍，愼言薦吳甡、鄭三俊。命甡陛見，三俊不許，大學士高弘圖所擬也。勳臣劉孔昭、趙之龍等一日朝罷，羣詬於廷，指愼言及甡爲奸邪，叱咤徹殿陛。給事中羅萬象言：「愼言平生具在，甡素有清望，安得指爲奸邪？」孔昭等伏地痛哭，謂愼言舉用文臣，不及武臣，囂爭不已。又疏劾愼言，極詆三俊。且謂：「愼言當迎立時，阻難懷二心。乞寢甡陛見命，且議愼言欺蔽罪。」愼言疏辨，因乞休。萬象又言：「首膺封爵者，四鎭也。新改京營，又加二鎭銜，何嘗不用武。年來封疆之法，先帝多寬武臣，武臣報先帝者安在？祖制以票擬歸閣臣，參駁歸言官，不聞委勳臣以糾劾也。使勳臣得兼糾劾，文臣可勝逐哉！」史可法奏：「愼言疏薦無不當。諸臣痛哭喧呼，滅絕法紀，恐驕弁悍卒益輕朝廷。」御史王孫蕃言：「用人，吏部職掌。奈何廷辱冢宰。」弘圖等亦以不能戢和文武，各疏乞休，不允。

甡既不出，愼言乞休得請，加太子太保，廕一子。山西盡陷於賊，愼言無家可歸，流寓蕪湖、宣城間。國亡後，疽發於背，戒勿藥，卒，年六十九。

愼言少喪二親，鞠於祖母。及爲御史，訃聞，引義乞歸，執喪三年以報。

子履旋，舉崇禎十五年鄉試。賊陷陽城，投崖死。事聞，贈御史。

徐石麒，字寶摩，嘉興人。天啓二年進士。授工部營繕主事，筦節愼庫。魏忠賢兼領

惜薪司，所需悉從庫發，石麒輒持故事格之。其黨譟於庭，不爲動。御史黃尊素坐忤忠賢

下詔獄，石麒爲盡力。忠賢怒，執新城侯王昇子下獄，令誣賄石麒，捕繫其家人，勒完贓而削其籍。

崇禎三年起南京禮部主事，就遷考功郎中。八年佐尚書鄭三俊京察，澄汰至公。歷尚寶卿、應天府丞。十一年春入賀。三俊時爲刑部尚書，議侯恂獄不中，得罪。石麒疏救，釋之。石麒官南京十餘年，至是始入爲左通政，累遷光祿卿、通政使。十五年擢刑部右侍郎，讞吏部尚書李日宣等獄。帝曰：「枚卜大典，日宣稱詡徇私。」石麒予輕比，貶二秩。先是，會推閣臣，日宣一再推，因及副都御史房可壯、工部右侍郎宋玫、大理寺卿張三謨，石麒與焉。召對便殿，石麒獨不赴。及是帝怒，戍日宣及吏科都給事中章正宸、河南道御史張煊，〔一〕奪可壯、玫、三謨及讞獄左侍郎惠世揚官。石麒代世揚掌部事，旋進左。

當是時，帝以威刑馭下，法官引律，大抵深文附會，予重比。石麒奉命清獄，推明律意，校正今斷獄之不合於律者十餘章，先以白同官。以次審理十三司囚，多寬減。然廉公，一時大法赫然，無敢倖免者。兵部尚書陳新甲下獄，朝士多營救。石麒持之曰：「人臣無境外交。未有身在朝廷，不告君父而專擅便宜者。新甲私款辱國，當失陷城寨律，斬。」帝曰：「未中，可覆擬。」乃論新甲陷邊城四，陷腹城七十二，陷親藩七，從來未有之奇禍。當臨敵

缺乏，不依期進兵策應，因而失誤軍機者斬。奏上，新甲棄市，新甲黨皆大恨。

石麒尋擢本部尚書。中官王裕民坐劉元斌黨，元斌縱軍淫掠，伏誅，裕民以欺隱不舉下獄。帝欲殺之，初令三法司同鞫，後專付刑部，石麒議戍烟瘴。奏成，署院寺名以進。帝怒其失出，召詰都御史劉宗周，對曰：「此獄非臣讞。」徐曰：「臣雖不與聞，然閱讞詞，已曲盡情事。刑官所執者法耳，法如是止，石麒非私裕民也。」帝曰：「此奴欺罔實甚，卿等焉知？」令石麒改讞詞，棄之市。無何，宗周以救姜埰、熊開元獲嚴譴，僉都御史金光辰救之，奪職。石麒再疏留，不納。埰、開元既下詔獄，移刑部定罪。石麒據原詞擬開元贖徒，埰謫戍，不復鞫訊。帝責對狀，石麒援故事對。帝大怒，除司官三人名，石麒落職閒住。

福王監國，召拜右都御史，未任，改吏部尚書。奏陳省庶官、愼破格、行久任、重名器、嚴起廢、明保舉、交堂廉七事。時方考選，與都御史劉宗周矢公甄別，以年例出御史黃耳鼎、給事中陸朗於外。朗賄奄人得留用，石麒發其罪。朗恚，詆石麒，石麒稱疾乞休。耳鼎亦兩疏劾石麒，幷言其枉殺陳新甲。石麒疏辯，求去益力。馬士英擬嚴旨，福王不許，命馳驛歸。

石麒剛方淸介，扼於權奸，悒悒不得志。士英挾定策功，將圖封，石麒議格之。中官田成輩納賄請囑，石麒悉拒不應。由是中外皆怨，搆之去。去後以登極恩，加太子太保。

明年，南都亡。石麒時居郡城外，城將破，石麒曰：「吾大臣也，城亡與亡！」復入居城中，以閏月二十六日朝服自縊死，年六十有八。

解學龍，字石帆，揚州興化人。萬曆四十一年進士。歷金華、東昌二府推官。天啓二年擢刑科給事中。遼東難民多渡海聚登州，招練副使劉國縉請帑金十萬振之，多所乾沒。學龍三疏發其弊，國縉遂獲譴。王紀忤魏忠賢削籍，學龍言：「紀亮節弘猷，召置廊廟，必能表正百僚，裁決大務。」失忠賢意，不報。已，劾川貴舊總督張我續貪淫漏網，新總督楊述中縮朒卸責，帝不罪。學龍通曉政務，上言：

遼左額兵舊九萬四千有奇，歲餉四十餘萬。今關上兵止十餘萬，月餉乃二十二萬。遼兵盡潰，關門宜募新兵。薊鎮舊有額兵，乃亦給厚糈召募。舊兵以其餉厚，悉竄入新營，而舊額又如故，漏巵可勝言。國初，文職五千四百有奇，武職二萬八千有奇。神祖時，文增至一萬六千餘，武增至八萬二千餘矣。今不知又增幾倍。誠度冗者汰之，歲可得餉數十萬。裁冗吏，核曠卒，俾衞所應襲子弟襲職而不給俸，又可得數十萬。

京邊米一石，民輸則非一石也。以民之費與國之收衷之，國之一，民之三。關餉一斛銀四錢，以易錢則好米值錢百，惡米止三四十錢，又其下腐臭不可食。以國之費與兵之食衷之，兵之一，國之三。總計之，民費其六，而兵食其一。況小民作奸欺漕卒，漕卒欺官司，官司欺天子，展轉相欺，米已化爲糠粃沙土；兼濕熱蒸變，食不可咽，是又化有用之六，爲無用之一矣。臣以爲莫如修屯政，屯政修則地闢而民有樂土，粟積而人有固志。昔吳璘守天水，縱横鑿渠，綿亙不絕，名曰「地網」，敵騎不能逞。今倣其制，溝涂之界，各樹土所宜木，小可獲薪果之饒，大可得抗扼之利，敵雖强，何施乎。帝亟下所司，而議竟中格。稍進右給事中。五年九月，御史智鋌劾學龍及編修侯恪爲東林鷹犬，遂削籍。

崇禎元年起歷戶科都給事中。以民貧盜起，請大清吏治。尋劾薊撫王應豸剋餉激變，又上足餉十六事。帝皆採納。遷太常少卿、太僕卿。五年改右僉都御史，巡撫江西。疏言：「臣所部州縣七十八，而坐逋賦降罰者至九十人。由數歲之逋責於一歲，數人之逋責於一人，故終無及額之日也。請別新舊，酌多寡，立帶徵之法。」可之。四方盜賊蠭起，江西獨無重兵，學龍以爲言，詔增置千人。討平都昌、萍鄉諸盜，合閩兵擊破封山妖賊張普薇等，賊遂殄滅。

十二年冬，擢南京兵部右侍郎。明年春，將解任，遵例薦舉屬吏，并及遷謫官黃道周。帝怒，徵下獄，責其黨庇行私，廷杖八十，削其籍，移入詔獄，竟坐遣戍。十五年秋，道周召還，半道請釋學龍，不聽。

十七年五月，福王立於南京，召拜兵部左侍郎。十月擢刑部尚書。時方治從賊之獄，倣唐制六等定罪。學龍議定，以十二月上之。

其一等應磔者：吏部員外郎宋企郊，舉人牛金星，平陽知府張嶙然，太僕少卿曹欽程，御史李振聲、喻上猷，山西提學參議黎志陞，陝西左布政使陸之祺，兵科給事中高翔漢，潼關道僉事楊王休，翰林院檢討劉世芳十一人也。

二等應斬秋決者：刑科給事中光時亨，河南提學僉事鞏焴，庶吉士周鍾，兵部主事方允昌四人也。

三等應絞擬贖者：翰林修撰兼戶、兵二科都給事中陳名夏，戶科給事中楊枝起、廖國遴，襄陽知府王承曾，天津兵備副使原毓宗，庶吉士何胤光，少詹事項煜七人也。

四等應戍擬贖者：禮部主事王孫蕙，翰林院檢討梁兆陽，大理寺正錢位坤，總督侍郎侯恂，山西副使王秉鑑，御史陳羽白、裴希度、張懋爵，禮部郎中劉大鞏，吏部員外郎郭萬象，給事中申芝芳、金汝礪，舉人吳達，修撰楊廷鑑及黃繼祖十五人也。

五等應徒擬贖者：通政司參議宋學顯，諭德方拱乾，工部主事繆沅，給事中呂兆龍、傅振鐸，進士吳剛思，檢討方以智、傅鼎銓，庶吉士張家玉及沈元龍十人也。

六等應杖擬贖者：工部員外郎潘同春，禮部員外郎吳泰來，主事張琦，行人王于曜，行取知縣周壽明，進士徐家麟及向列星、李棡八人也。

其留北俟後定奪者：少詹事何瑞徵、楊觀光，太僕少卿張若麒，副使方大猷，戶部侍郎黨崇雅，吏部侍郎熊文舉，太僕卿葉初春，給事中龔鼎孳、戴明說、孫承澤、劉昌，御史涂必泓、張鳴駿，司業薛所蘊，通政參議趙京仕，編修高爾儼，戶部郎中衞周祚及黃紀、孫襄十九人也。

其另存再議者：給事中翁元益、郭充，庶吉士魯㮚、吳爾壎、史可程、王自超、白胤謙、梁清標、楊棲鶚、張元琳、呂崇烈、李化麟、朱積、趙熲、劉廷琮，吏部郎中侯佐，員外郎左懋泰，禮部郎中吳之琦，兵部員外郎鄒明魁，行人許作梅，進士胡顯，太常博士龔懋熙及王之牧、王皐、梅鶚、姬琨、朱國壽、吳嵩胤二十八人也。

其已奉旨錄用者：兵部尚書張縉彥，給事中時敏，諭德衞胤文、韓四維，御史蘇京，行取知縣黃國琦、施鳳儀，兵部郎中張正聲，內閣中書舍人顧大成及姜荃林等十人也。

得旨：「周鍾等不當緩決，陳名夏等未蔽厥辜，侯恂、宋學顯、吳剛思、方以智、潘同春等擬罪未合。新榜進士盡污僞命，不當復玷班聯。」令再議。惟方拱乾結納馬、阮，特旨免其罪。

明年正月，學龍奉詔擬周鍾、光時亨等各加一等，潘同春諸臣皆俟補小臣，受僞無據，仍執前律。當是時，馬、阮必欲殺周鍾。學龍欲緩其死，謀之次輔王鐸，乘士英注籍上之，且請停刑。鐸即擬俞旨，褒以詳愼平允。士英聞之大怒，然事已無及。大鋮暨其黨張捷、楊維垣聲言欲劾學龍，學龍引疾。命未下，保國公朱國弼、御史張孫振等詆其曲庇行私，遂削籍。

大鋮既殺鍾、時亨，卽傳旨二等罪斬者謫充雲南金齒軍，三等罪絞者充廣西邊衞軍，四等以下俱爲民，永不敍用。然學龍所定案亦多漏網，而所擬一等諸犯，皆隨賊西行，實未嘗正刑辟也。黃繼祖、沈元龍、向列星、李㭎、黃紀、孫襄、王之牧、王皐、梅鶚、姬琨、朱國壽、吳嵩胤、姜荃林，皆未詳其官。

學龍歸，南都旋失。久之卒於家。

高倬，字枝樓，忠州人。天啓五年進士。除德淸知縣，調金華。崇禎四年，徵授御史。薊遼總督曹文衡與總監鄧希詔相訐奏。詔殫力幹濟，以副委任。倬乃上疏言：「文衡骫髒成性，必不能仰鼻息於中官；希詔睚眦未忘，何能化戈矛爲同氣。封疆事重，宜撤希詔安文衡心。若文衡不足用，宜更置，勿使中官參之。諸邊鎮臣如希詔不少，使人效希詔，督撫之展布益難。即諸邊督撫如文衡亦不少，使人效文衡，將邊事之廢壞愈甚。」疏入，貶一秩視事。巡視草場，坐失火下吏。廷臣申救，不納。逾年熱審，給事中吳甘來以爲言，始釋歸。起上林署丞，稍遷大理右寺副。

十一年五月，火星逆行，詔修省。倬以近者刑獄滋繁，法官務停閣，請敕諸司剋期奏報，大者旬，小者五日。其奉旨覆讞者，或五日三日，務俾積案盡疏，囹圄衰減。帝爲採納。屢遷南京太僕卿。太僕故駐滁州，滁爲南都西北門戶。請募州人爲兵，保障鄉土，從之。十六年二月擢右僉都御史，提督操江。其秋，操江改任武臣劉孔昭，召倬別用，未赴而京師陷。

福王立南京，拜倬工部右侍郎。御用監內官請給工料銀，置龍鳳几榻諸器物及宮殿陳設金玉諸寶，計貲數十萬，倬請裁省。光祿寺辦御用器至萬五千七百有奇，倬又以爲言。皆不納。明年二月，由左侍郎拜刑部尚書。國破，倬投繯死。

是時，大臣殉難者：倬與張捷、楊維垣，庶僚則有黃端伯、劉成治、吳嘉胤、龔廷祥。

端伯，字元公，建昌新城人。崇禎元年進士。歷寧波、杭州二府推官。行取赴都，母憂歸。服闋入都，疏陳益王居建昌不法狀。王亦劾端伯離間親藩，及出妻酗酒諸事。有詔候勘，避居廬山。福王立，大學士姜曰廣薦起之。明年三月授儀制主事。五月，南都破，百官皆迎降。端伯不出，捕繫之。閱四月，諭之降，不從，卒就戮。

成治，字廣如，漢陽人。崇禎七年進士。福王時，歷官戶部郎中。國破，忻城伯趙之龍將出降，入戶部封府庫。成治憤，手搏之，之龍跳而免。成治自經。

嘉胤，字繩如，松江華亭人。由鄉舉歷官戶部主事。奉使出都，聞變，還謁方孝孺祠，投繯死。

廷祥，字伯興，無錫人。馬世奇門人也。崇禎十六年進士。爲中書舍人。城破，衣冠步至武定橋投水死。

時又有欽天監博士陳于階、國子生吳可箕、武舉黃金璽、布衣陳士達，並死焉。

左懋第，字蘿石，萊陽人。崇禎四年進士。授韓城知縣，有異政。遭父喪，三年不入內寢，事母盡孝。

十二年擢戶科給事中。疏陳四弊，謂民困、兵弱、臣工委頓、國計虛耗也。又陳貴粟之策，令天下贖罪者盡輸粟，鹽筴復開中之舊，令輸粟邊塞充軍食。彗星見，詔停刑，懋第請馬上速傳。又請嚴禁將士剽掠，有司朘削。請散米錢，振輦下饑民，收養嬰孩。明年正月，剿餉罷徵，亦請馬上速行，恐遠方吏不知，先已徵，民不沾實惠。帝並採納。

三月，大風霾。帝布袍齋居，禱之不止。懋第言：「去秋星變，朝停刑而夕卽滅。今者不然，豈陛下有其文未修其實乎？臣敢以實進。練餉之加，原非得已。乃明旨減兵以省餉，天下共知之，而餉猶未省，何也？請自今因兵徵餉，預使天下知應加之數，官吏無所逞其奸，以信陛下之明詔。而刑獄則以睿慮之疑信，定諸囚之死生，諸疑於心與疑信半者，悉從輕典。豈停刑可止彗，解網不可以返風乎？且陛下屢沛大恩，四方死者猶枕藉，盜賊未見衰止，何也？由蠲停者止一二。存留之賦，有司迫考成，催徵未敢緩，是以莫救於凶荒。請於極荒州縣，下詔速停，有司息訟，專以救荒爲務。」帝曰：「然。」於是上災七十五州縣新、舊、練三餉並停，中災六十八州縣止徵練餉，下災二十八州縣秋成督徵。

十四年督催漕運，道中馳疏言：「臣自靜海抵臨清，見人民饑死者三，疫死者三，爲盜者四。米石銀二十四兩，人死取以食，惟聖明垂念。」又言：「臣自魚臺至南陽，流寇殺戮，村市爲墟。其他饑疫死者，屍積水涯，河爲不流，振捄安可不速。」已又陳安民息盜之策，請核荒田，察逋户，予以有生之樂，鼓其耕種之心。又言：「臣有事河干一載，每進父老問疾苦，皆言練餉之害。三年來，農怨於野，商嘆於途。如此重派，所練何兵？兵在何所？剿賊禦邊，效安在？奈何使衆心瓦解，一至此極乎！」又言：「臣去冬抵宿遷，見督漕臣史可法，言山東米石二十兩，而河南乃至百五十兩，漕儲多逋。朝議不收折色，需本色。今淮、鳳間麥大熟，如收兩地折色，易麥轉輸，豈不大利。昔劉晏有轉易之法。今歲河北大稔，山東東、兗二郡亦有收。誠出内帑二三十萬，分發所司，及時收糴，於國計便。」帝即命議行。屢遷刑科左給事中。

十六年秋，出察江防。明年五月，福王立，進兵科都給事中，旋擢右僉都御史，巡撫應天、徽州諸府。時大清兵連破李自成，朝議遣使通好，而難其人。懋第母陳歿於燕，懋第欲因是返匱葬，請行。乃拜懋第兵部右侍郎兼右僉都御史，與左都督陳弘範、〔三〕太僕少卿馬紹愉偕，而令懋第經理河北，聯絡關東諸軍。馬紹愉者，故兵部郎官也，嘗爲陳新甲通款事至義州而還。新甲既誅，紹愉以督戰致衄，爲懋第劾罷。及是紹愉已起官郎中，乃進爲少卿，副懋第。懋第言：「臣此行致祭先帝后梓宫，訪東宫二王蹤跡。臣既充使臣，勢不能兼理封疆。且紹愉臣所劾罷，不當復與臣共事。必用臣經理，則乞命弘範同紹愉出使，而假臣一旅，偕山東撫臣收拾山東以待，不敢復言北行。如用臣與弘範北行，則去臣經理，但銜命而往，而罷紹愉勿遣。」閣部議止紹愉，改命原任薊督王永吉。王令仍遵前諭。

懋第瀕行言：「臣此行，生死未卜。請以辭闕之身，效一言。願陛下以先帝仇恥爲心，瞻高皇之弓劍，則思成祖列聖之陵寢何存；撫江上之殘黎，則念河北、山東之赤子誰卹。更望時時整頓士馬，必能渡河而戰，始能扼河而守；必能扼河而守，始能畫江而安。」衆韙其言。王令齎白金十萬兩、幣帛數萬匹，以兵三千人護行。八月，舟渡淮。十月朔，次張家灣，本朝傳令止許百人從行。

懋第衰絰入都門，至則館之鴻臚寺。請祭告諸陵及改葬先帝，不可，則陳太牢於旅所，哭而奠之。卽以是月二十有八日遣還出都。弘範乃請身赴江南招諸將劉澤清等降附，而留懋第等勿遣。於是自滄州追還懋第，改館太醫院。順治二年六月，聞南京失守，慟哭。其從弟懋泰先爲吏部員外郎，降賊，後歸本朝授官矣，來謁懋第。懋第曰：「此非吾弟也。」叱出之。至閏月十二日，與從行兵部司務陳用極，游擊王一斌，都司張良佐、劉統、王廷佐俱以不降誅，而紹愉獲免。

祁彪佳，字弘吉，浙江山陰人。祖父世淸白吏。彪佳生而英特，丰姿絕人。弱冠，第天啓二年進士，授興化府推官。始至，吏民易其年少。及治事，剖決精明，皆大畏服。外艱歸。

崇禎四年起御史。疏陳賞罰之要，言：「黔功因一級疑，稽三年之敍，且恩及督撫總帥帷幄大臣，而陷敵衝鋒之士不預，何以勵行間。山東之變，六城連陷，未嘗議及一官，欺蒙之習不可不破。」帝卽命議行。又言：「九列之長，詰責時聞，四朝遺老或蒙重譴。諸臣怵嚴威，競迎合以保名位。臣所慮於大臣者此也。方伯或一二考，臺員或十餘載，竟不得遷除，監司守令多貶秩停俸。臣子精神才具無餘地，展布曷由。急功赴名之心不勝其掩罪匿瑕。臣所慮於小臣者此也。國家鬪鼙鼓思將帥，苟得其人，推轂築壇，禮亦宜之。若必依序循資，冒濫之竇雖可淸，獎拔之術或未盡。臣所慮於武臣者此也。撫按則使中官監視會同，隙開水火，其患顯；潛通交結，其患深。臣所慮於內臣者此也。」忤旨譙責。

尋上合籌天下全局疏，以策關、寧，制登海爲二大要。分析中州、秦、晉之流賊，江右、楚、粤之山賊，浙、閩、東粤之海賊，滇、黔、楚、蜀之土賊爲四大勢。極控制駕馭之宜，而歸其要於戢行伍以節餉，實衞所以銷兵。復陳民間十四大苦：曰里甲，曰虛糧，曰行戶，曰搜贓，曰欽提，曰隔提，曰訐訟，曰窩訪，曰私稅，曰私鑄，曰解運，曰馬戶，曰鹽丁，曰難民。帝善其言，下之所司。出按蘇、松諸府，廉積猾四人杖殺之。宜興民發首輔周延儒祖墓，又焚翰林陳于鼎、于泰廬，亦發其祖墓。彪佳捕治如法，而於延儒無所徇，延儒憾之。回道考覈，降俸，尋以侍養歸。家居九年，母服終，召掌河南道事。十六年佐大計，門遺莫敢及門。刷卷南畿，乞休，不允，便道還家。

北都變聞，謁福王於南京。王監國，或請登極。彪佳請發喪，服滿議其儀，從之。高傑兵擾揚州，民奔避江南，奸民乘機剽敓，命彪佳往宣諭，斬倡亂者數人，一方遂安。遷大理寺丞，旋擢右僉都御史，巡撫江南。蘇州諸生檄討其鄉官從賊者，奸民和之。少詹事項煜及大理寺正錢位坤、通政司參議宋學顯、禮部員外郎湯有慶之家皆被焚劫。常熟又焚給事中時敏家，燬其三代四棺。彪佳請議從逆諸臣罪，而治焚掠之徒以加等，從之。

詔設廠衞緝事官。彪佳上言：「洪武初，官民有犯，或收繫錦衣衞，高皇帝見非法凌虐，焚其刑具，送囚刑部。是祖制原無詔獄也。後乃以羅織爲事，雖曰朝廷爪牙，實爲權奸鷹狗。舉朝盡知其枉，而法司無敢雪。慘酷等來、周，平反無徐、杜。此詔獄之弊也。洪武十五年改儀鑾司爲錦衣衞，耑掌直駕侍衞等事，未嘗令緝事也。永樂間設立東廠，始開告密門。兇人投爲廝役，赤手鉅萬。飛誣及於善良，招承出於私拷，怨憤滿乎京畿。欲絕苞苴，而苞苴彌盛；欲清奸宄，而奸宄益多。此緝事之弊也。古者刑不上大夫。逆瑾用事，始去衣受杖。本無可殺之罪，乃蒙必死之刑。朝廷受愎諫之名，天下反歸忠直之譽。此廷杖之弊也。」疏奏，乃命五城御史體訪，而緝事官不設。

督輔部將劉肇基、陳可立、張應夢、于永綬駐京口，浙江入衞都司黃之奎亦部水陸兵三四千戍其地。之奎御軍嚴。四將兵恣橫，刃傷民，浙兵縛而投之江，遂有隙。已而守備李大開統浙兵斫鎭兵馬，鎭兵與相擊，射殺大開。亂兵大焚掠，死者四百人。彪佳至，永綬等遁去。彪佳劾治四將罪，賙䘏被難家，民大悅。

高傑駐瓜洲，跋扈甚，彪佳剋期往會。至期，風大作，傑意彪佳必無來。彪佳攜數卒衝風渡，傑大駭異，盡撤兵衞，會彪佳於大觀樓。彪佳披肝膈，勉以忠義，共獎王室。傑感歎曰：「傑閱人多矣，如公，傑甘爲死！公一日在吳，傑一日遵公約矣。」共飯而別。

羣小疾彪佳，競詆諆，以沮登極、立潞王爲言，彪佳竟移疾去。明年五月，南都失守。六月，杭州繼失，彪佳即絕粒。至閏月四日，紿家人先寢，端坐池中而死，年四十有四。唐王贈少保、兵部尙書，謚忠敏。

贊曰：張愼言、徐石麒等皆北都舊臣，剛方練達，所建白悉有裨時政。令其受事熙朝，從容展布，庶幾乎列卿之良也。而遭時不造，內外交訌，動輒齟齬，雖老成何能設施幹濟哉！左懋第仗節全貞，蹈死不悔，於奉使之義，亦無愧焉。

校勘記

〔一〕河南道御史張煊　張煊，原作「張瑄」，據本書卷二五四李日宣傳、國榷卷九八頁五九三一、明進士題名碑録崇禎戊辰科改。

〔二〕與左都督陳弘範　陳弘範，國榷卷一〇二頁六一二七——六一三一、石匱書後集卷一九、明通鑑附編卷一下附記一下、南疆逸史卷九、小腆紀年附考卷七都作「陳洪範」。本書卷二七六朱大典傳有名陳洪範者，崇禎五年爲昌平總兵官，疑卽此人，「弘」字當作「洪」。

明史卷二百七十六

列傳第一百六十四

朱大典 王道焜等 張國維 張肯堂 李向中 吳鍾巒 朱永佑等

曾櫻 朱繼祚 湯芬等 余煌 陳函輝 王瑞栴 路振飛

何楷 林蘭友 熊汝霖 錢肅樂 劉中藻 鄭遵謙

沈宸荃 邑子履祥

朱大典，字延之，金華人。家世貧賤。大典始讀書，爲人豪邁。登萬曆四十四年進士，除章丘知縣。天啓二年擢兵科給事中。中官王體乾、魏忠賢等十二人及乳媼客氏，假保護功，廕錦衣世襲，大典抗疏力諫。五年出爲福建副使，進右參政，以憂歸。

崇禎三年起故官，蒞山東，尋調天津。五年四月，李九成、孔有德圍萊州。山東巡撫徐從治中礮死，擢大典右僉都御史代之，詔駐青州，調度兵食。七月，登萊巡撫謝璉復陷於賊，總督劉宇烈被逮。乃罷總督及登萊巡撫不設，專任大典，督主、客兵數萬及關外勁旅四千八百餘人合剿之。以總兵金國奇將，率副將靳國臣、劉邦域，參將祖大弼、祖寬、張韜，遊擊柏永福及故總兵吳襄、襄子三桂等，以中官高起潛監護軍餉，抵德州。賊復犯平度，副將牟文綬、何維忠等救之，殺賊魁陳有時，維忠亦被殺。八月，巡按監軍御史謝三賓至昌邑，請斬王洪、劉國柱，詔逮治之。兵部尚書熊明遇亦坐主撫誤國，罷去。三賓復抗疏請絕口勿言撫事。

國奇等至昌邑，分三路。國奇等關外兵爲前鋒，鄧玘步兵繼之，從中路灰埠進。昌平總兵陳洪範，副將劉澤清、方登化，從南路平度進。參將王之富、王文緯等從北路海廟進。撫遊擊徐元亨等率萊陽師來會，以牟文綬守新河。諸軍皆攜三日糧，盡抵新河東岸，亂流以濟。祖寬至沙河，有德迎戰。寬先進，國臣繼之，賊大敗，諸軍乘勝追至城下。賊夜半東遁，圍始解。守者疑賊誘，礮拒之。起潛遣中使入諭，闔城相慶。明日，南路兵始至。國奇等遂擊賊黃縣，斬首萬三千，俘八百，逃散及墜海死者數萬。

賊竄歸登州，國臣等築長圍守之。城三面距山，一面距海，牆三十里而遙，東西俱抵海。分番戍，賊不能出，發大礮，官軍多死傷。李九成出戰相當。十一月，九成搏戰，降者洩其謀。官軍合擊之，馘於陣，賊乃曉夜哭。賊渠魁五，九成、有德、有時、耿仲明、毛承祿也，及是殺其二。帝嘉解圍功，進大典右副都御史，將吏陞賞有差。是月，國奇卒，以襄代。攻圍既久，賊糧絕，恃水城可走，不降。及王之富、祖寬奪其水門外護牆，賊大懼。

六年二月中旬，有德先遁，載子女財帛出海。仲明以水城委副將王秉忠，已亦以單舸遁，官軍遂入大城。攻水城，未下。遊擊劉良佐獻轟城策，匿人永福寺中，穴城置火藥，發之，城崩，官軍入。賊退保蓬萊閣，大典招降，始釋甲，俘千餘人，獲秉忠及僞將七十五人，自縊及投海死者不可勝計，賊盡平。有德等走旅順，島帥黃龍邀擊，生擒其黨毛承祿、陳光福、蘇有功，斬李應元。惟有德、仲明逸去。乃獻承祿等於朝。磔之先一日，有功脫械走。帝震怒，斬監守官，刑部郎多獲罪。未幾被執，伏誅。敍功，進大典兵部右侍郎，世廕錦衣百戶，巡撫如故。

八年二月，流賊陷鳳陽，毀皇陵，總督楊一鵬被逮。詔大典總督漕運兼巡撫廬、鳳、淮、揚四郡，移鎮鳳陽。時江北州縣多陷。明年正月，賊圍滁州，連營百餘里，總兵祖寬大破之。大典會總理盧象昇追襲，復破之。急還兵遏賊衆於鳳陽，賊始退。十一年，賊復入江北，謀竄茶山。大典與安慶巡撫史可法提兵遏之，賊乃西遁。大典先坐失州縣，貶秩視事。是年四月以平賊踰期，再貶三秩。尋敍援剿及轉漕功，盡復其秩。

十三年，河南賊大入湖廣。大典遣將救援，屢有功，進左侍郎。明年六月命大典總督江北及河南、湖廣軍務，仍鎮鳳陽，專辦流賊，而以可法代督漕運。賊帥袁時中衆數萬，橫潁、亳間。大典率總兵劉良佐等擊破之，敍賚有差。大典有保障功，然不能持廉，屢爲給事中方士亮、御史鄭崑貞等所劾，詔削籍候勘。事未竟，而東陽許都事發。

許都者，諸生，負氣，憤縣令苛斂，作亂，圍金華。大典子萬化募健兒禦之，賊平而所募者不散。大典聞，急馳歸。知縣徐調元閱都兵籍有萬化名，遂言大典縱子交賊。巡按御史左光先聞於朝，得旨逮治，籍其家充餉，且令督賦給事中韓如愈趣之。

已而京師陷，福王立。有白其誣者，而大典亦自結於馬士英、阮大鋮，乃召爲兵部左侍郎。踰月，進尚書，總督上江軍務。左良玉舉兵，命監黃得功軍禦之。福王奔太平，大典與大鋮入見舟中，誓力戰。得功死，王被擒，兩人遂走杭州。會潞王亦降，大典乃還鄉郡，據城固守。唐王聞，就加東閣大學士，督師浙東。踰年，城破，闔門死之。

其時浙東西郡縣前後失守死事者，杭州則有同知王道焜、錢塘知縣顧咸建、臨安知縣唐自綵，紹興則有兵部主事高岱、葉汝蒀，衢州則有巡按王景亮、知府伍經正、推官鄧巖忠、江山知縣方召。若夫諸生及布衣殉義者，會稽潘集、周卜年，山陰朱瑋，諸暨傅日炯，鄞縣趙景麟，浦江張君正，瑞安鄒欽堯，永嘉鄒之琦，其尤著云。

王道焜，字昭平，錢塘人。以天啓元年舉於鄉。崇禎時，爲南平知縣，遷南雄同知。會光澤寇發，其父老言非道焜不能平。撫按爲請，詔改邵武同知，知光澤縣事。撫勦兼施，境內底定。莊烈帝破格求賢，盡徵天下賢能吏，撫按以道焜名聞。方待命而都城陷，微服南還。及杭州失守，遂投繯死。

顧咸建，字漢石，崑山人，大學士鼎臣曾孫也。崇禎十六年進士。授錢塘知縣。甫之官，聞京師陷，人情恟恟。咸建戢奸宄，嚴警備。巡按御史彭遇颽以貪殘激變，賴咸建調護，事寧而民免株連。及南都失守，鎭江守將鄭彩等率衆還閩，緣道刦掠。咸建出私財迎犒，乃歛威去。亡何，馬士英擁兵至。頃之，大將方國安兵亦至。咸建謀於上官，先期遣使行賂，兵乃不入城。四鄉多被淫掠，城中得無擾。時監司及郡縣長吏悉逋竄，咸建散遣妻子，獨守官不去。潞王旣降，咸建不至。尋被執，死之。

唐自綵，達州人。爲臨安知縣。杭州失守，自綵與從子階豫逃山中。有言其受魯王敕，陰部署爲變，遂被捕獲。自綵麾階豫走，不從，竟同死。

高岱，字魯瞻，會稽人。崇禎中，以武學生舉順天鄉試，魯王授爲職方主事。及紹興失守，卽絕粒祈死。子朗知父意不可回，先躍入海中死。岱聞之曰：「兒果能先我乎！」自是不復言，數日亦卒。

葉汝蒞，字衡生，岱同邑人，由舉人爲兵部主事。聞變，與妻王氏出居桐塢墓所，並赴水死。

王景亮，字武侯，吳江人。崇禎末登進士。仕福王爲中書舍人。唐王立，擢御史，巡撫金、衢二府，兼視學政。伍經正，安福人。由貢生爲西安知縣，唐王超擢知府事。鄧巖忠，江陵人。由鄉舉爲推官。衢州破，經正赴井死，景亮、巖忠皆自縊死。魯王所遣鎮將張鵬翼亦死之。

方召，宣城人。署江山縣事。金華被屠，集父老告之曰：「兵且至，吾義不當去。然不可以一人故，致闔城被殃。」遂封其印，冠帶向北拜，赴井死。士民爲收葬，立祠祀焉。

張國維，字玉笥，東陽人。天啓二年進士。授番禺知縣。

崇禎元年擢刑科給事中，劾罷副都御史楊所修、御史田景新，皆魏忠賢黨也。已，陳時政五事，言：「陛下求治太銳，綜核太嚴。拙者跼蹐以避咎，巧者委蛇以取容，誰能展布四體，爲國家營職業者。故治象精明，而腹心手足之誼實薄，此英察宜斂也。祖宗朝，閣臣有封還詔旨者，有疏揭屢上而爭一事者。今一奉詰責，則俛首不遑；一承改擬，則順旨恐後。倘處置失宜，亦必不敢執奏，此將順宜戒也。召對本以通下情，未有因而獲罪者。今則惟傳天語，莫睹拜颺。臣同官熊奮渭還朝十日，旁措一詞，遂蒙譴謫。不可稍加薄罰，示優容之度乎？此上下宜洽也。」其二條，請平刑罰，溥膏澤。帝不能盡用。進禮科都給事中。京師地震，規弊政甚切，遷太常少卿。

七年擢右僉都御史，巡撫應天、安慶等十府。其冬，流賊犯桐城，官軍覆沒。國維方壯年，一夕鬚髮頓白。明年正月率副將許自強赴援，遊擊潘可大、知縣陳爾銘等守桐不下。賊乃攻潛山，知縣趙士彥重傷卒。攻太湖，知縣金應元、訓導扈永寧被殺。國維至，解桐圍，遣守備朱士胤趨潛山，把總張其威趨太湖。士胤戰死，自強遇賊宿松，殺傷相當。安慶山民桀石以投賊，賊多死，乃越英山、霍山而遁。九月，賊復由宿松入潛山、太湖，他賊掃地王亦陷宿松等三縣。國維乃募土著二千人戍之，而以兵事屬監軍史可法。明年正月，賊圍江浦，遣守備蔣若來、陳于王戰却之。十二月，賊分兵犯懷寧，可法及左良玉、馬爌遏之。復犯江浦，副將程龍及若來、于王等拒守。諸城並全。又圍望江，遣兵援之，亦解去。

十年三月，國維率龍等赴安慶，禦賊酆家店，龍軍數千悉沒。賊東陷和州、含山、定遠，攻陷六合，知縣鄭同元潰走，賊遂攻天長。國維見賊勢日熾，請於朝，割安慶、池州、太平，別設巡撫，以可法任之。安慶不隸江南巡撫，自此始也。議者欲幷割江浦、六合，俾國維專護江南，不許。

國維爲人寬厚，得士大夫心。屬郡災傷，輒爲請命。築太湖、繁昌二城，建蘇州九里石塘及平望內外塘、長洲至和等塘，修松江捍海堤，濬鎭江及江陰漕渠，並有成績。遷工部右侍郎兼右僉都御史，總理河道。歲大旱，漕流涸，國維濬諸水以通漕。山東饑，振活窮民無算。

十四年夏，山東盜起，改兵部右侍郎兼督淮、徐、臨、通四鎭兵，護漕運。大盜李青山衆數萬，據梁山濼，遣其黨分據韓莊等八閘，運道爲梗。周延儒赴召北上，青山謁之，言率衆護漕，非亂也。延儒許言於朝，授以職。而青山竟截漕舟，大焚掠，迫臨清。國維合所部兵擊降之，獻俘於朝，磔諸市。兵部尚書陳新甲下獄，帝召國維代之。乃定戰守賞罰格，列上嚴世職、酌推陞、愼咨題等七事，帝皆報可。會開封陷，河北震動，條防河數策，帝亦納之。

十六年四月，我大清兵入畿輔，國維檄趙光抃拒螺山，八總兵之師皆潰。言者詆國維，乃解職，尋下獄。帝念其治河功，得釋。召對中左門，復故官，兼右僉都御史，馳赴江南、浙江督練兵輸餉諸務。出都十日而都城陷。

福王召令協理戎政。尋敍山東討賊功，加太子太保，廕錦衣僉事。吏部尚書徐石麒去位，衆議歸國維。馬士英不用，用張捷。國維乃乞省親歸。

南都覆，踰月，潞王監國於杭州，不數日出降。閏六月，國維朝魯王於台州，請王監國。即日移駐紹興，進國維少傅兼太子太傅、兵部尚書、武英殿大學士，督師江上。總兵官方國安亦自金華至。馬士英素善國安，匿其軍中，請入朝。國維劾其十大罪，乃不敢入。連復富陽、於潛，樹木城緣江要害，聯合國安及王之仁、鄭遵謙、熊汝霖、孫嘉績、錢肅樂諸營，爲持久計。順治三年五月，國安等諸軍乏餉潰，王走台州航海，國維亦還守東陽。六月知勢不可支，作絕命詞三章，赴水死，年五十有二。

張肯堂，字載寧，松江華亭人。天啓五年進士。授濬縣知縣。崇禎七年擢御史。明年春，賊陷鳳陽，條上滅賊五事。俄以皇陵震驚，疏責輔臣不宜作秦、越之視，帝不問。出按福建，數以平寇功受賚。還朝，言：「監司營競紛紜，意所欲就，則保留久任；意所欲避，則易地借才。今歲燕、秦，明歲閩、粵，道路往返，動經數千，程限稽遲，多踰數月。加一番更移，輒加一番擾害。」帝是其言。十二年十月，楊嗣昌出督師。肯堂奏言：「從古戡亂之法，初起則解散，勢成則剪除，未有專任撫者。今輔臣膺新命而出，賊必仍用故技，佯搖尾乞憐。而失事諸臣，冀掩從前敗局，必多方熒惑，仍進撫議。請特申一令，專務剿除。有進招撫說者，立置重典。」帝以偏執臆見責之。

十四年四月言：「流寇隳城破邑，往來縱橫，如入無人之境，此督師嗣昌受事前所未有。目前大計，在先釋嗣昌之權。」疏入而嗣昌已死。十二月復言：「今討賊不可謂無人，巡撫之外更有撫治，總督之上又有督師。位號雖殊，事權無別。今楚自報捷，豫自報敗，甚至南陽失守，禍中親藩，督師職掌安在。試問今爲督師者，將居中而運，以發蹤指示爲功乎，抑分賊而辦，以焦頭爛額爲事乎？今爲秦、保二督者，將兼顧提封，相爲掎角之勢乎，抑遇賊追剿，專提出境之師乎？今爲撫者，將一稟督師之令，進退惟其指揮乎，抑兼視賊勢之急，戰守可以擇利乎？凡此肯綮，一切置不問，中樞冥冥而決，諸臣憒憒而任。至失地喪師，中樞糾督撫以自解，督撫又互相委以謝愆，而疆事不可問矣。」帝納其言，下所司詳議。十五年請召還建言譴謫諸臣，乃復給事中陰潤、李清、劉昌，御史周一敬官。肯堂遷大理丞，旋擢右僉都御史，巡撫福建。

總兵鄭鴻逵擁唐王聿鍵入閩，與其兄南安伯芝龍及肯堂勸進，遂加太子少保、吏部尚書。會櫻至，言官請令櫻掌吏部，乃令肯堂掌都察院。肯堂請出募舟師，由海道抵江南，倡義旅，而王由仙霞趨浙東，與相聲援。乃加少保，給敕印，便宜從事。芝龍懷異心，陰沮之，不成行。

順治三年，王敗死，肯堂飄泊海外。六年至舟山，魯王用爲東閣大學士。八年，大清兵乘天霧集螺頭門。定西侯張名振奉王航海去，屬肯堂城守。城中兵六千，居民萬餘，堅守十餘日。城破，肯堂衣蟒玉南向坐，令四妾、一子婦、一女孫先死，乃從容賦詩自經。

時同死者，兵部尚書李向中、禮部尚書吳鍾巒、吏部侍郎朱永佑、安洋將軍劉世勛、左都督張名揚。又有通政使會稽鄭遵儉，兵科給事中鄞縣董志寧，兵部郎中江陰朱養時，戶部主事福建林瑛、蘇州江用楫，禮部主事會稽董元，兵部主事福建朱萬年、長洲顧珍、臨山衞李開國，工部主事長洲顧中堯，中書舍人蘇州蘇兆人，工部所正鄞縣戴仲明，定西侯參謀順天顧明楫，〔一〕諸生福建林世英，錦衣指揮王朝相，內官監太監劉朝。凡二十一人。

李向中，鍾祥人。崇禎十三年進士。授長興知縣，調秀水。福王時，歷車駕郎中，蘇松兵備副使。唐王以爲尙寶卿。閩事敗，避海濱。魯王監國，召爲右僉都御史，從航海，進兵部尙書，從至舟山。及是破，大帥召向中，不赴。發兵捕之，以衰絰見。大帥呵之曰：「聘汝不至，捕卽至，何也？」向中從容曰：「前則辭官，今就戮耳。」

吳鍾巒，字巒稚，武進人。崇禎七年進士。授長興知縣。以旱潦，徵練餉不中額，謫紹興照磨。踰年，移桂林推官。聞京師變，流涕曰：「馬君常必能死節。」已而世奇果死。福王立，遷禮部主事。抵南雄，聞南都失，轉赴福建，痛陳國計。魯王起兵，以鍾巒爲禮部尚書，往來普陀山中。大清兵至寧波，鍾巒慷慨謂人曰：「昔仲達死璫禍，吾以諸生不得死。君常死賊難，吾以遠臣不得從死。今其時矣！」乃急渡海，入昌國衞之孔廟，積薪左廡下，抱孔子木主自焚死。仲達者，江陰李應昇，鍾巒弟子，忤魏忠賢死黨禍者也。

朱永佑，字爰啓。崇禎七年進士。授刑部主事，改吏部，罷歸。事唐王，後至舟山。城破被執，願爲僧，不許，乃就戮。

名揚，名振弟。城破，母范以下自焚者數十人。

朝相聞城失守，護王妃陳氏、貴嬪張氏、義陽王妃杜氏入井，用巨石覆之，自刎其旁。

開國母，瑛、明楫妻皆自盡。

曾櫻，字仲含，峽江人。萬曆四十四年進士。授工部主事，歷郎中。

天啓二年稍遷常州知府。諸御史巡鹽、倉、江、漕及提學、屯田者，皆操舉劾權，文牒日至。櫻牒南京都察院曰：「他方守令，奔命一巡按，獨南畿奔命數巡按。請一切戒飭，罷鈎訪取贖諸陋習。」都御史熊明遇爲申約束焉。

櫻持身廉，爲政愷悌公平，不畏强禦。屯田御史索屬吏應劾者姓名，櫻不應。御史危言恐之，答曰：「僚屬已盡，無可糾，止知府無狀。」因自署下考，杜門待罪。撫按亟慰留，乃起視事。織造中官李實迫知府行屬禮，櫻不從。實移檄以「爾」「汝」侮之，櫻亦報以「爾」「汝」，卒不屈。無錫高攀龍、江陰繆昌期、李應昇被逮，櫻助昌期、應昇貲，而經紀攀龍死後事，爲文祭之，出其子及僮僕於獄。宜興毛士龍坐忤魏忠賢遣戍，櫻諷士龍逃去。上官捕其家人，賴櫻以免。武進孫愼行忤忠賢，當戍，櫻緩其行。忠賢敗，事遂解。

崇禎元年以右參政分守漳南。九蓮山賊犯上杭，櫻募壯士擊退之，夜擣其巢，殲馘殆盡。士民爲櫻建祠。母憂歸。服闋，起故官，分守興、泉二郡。進按察使，分巡福寧。先是，紅夷寇興、泉，櫻請巡撫鄒維璉用副總兵鄭芝龍爲軍鋒，果奏捷。及劉香寇廣東，總督熊文燦欲得芝龍爲援，維璉等以香與芝龍有舊，疑不遣。櫻以百口保芝龍，遂討滅香，芝龍感櫻甚。

十年冬，帝信東廠言，以櫻行賄謀擢官，命械赴京。御史葉初春嘗爲櫻屬吏，知其廉，於他疏微白之。有詔詰問，因具言櫻賢，然不知賄所從至。詔至閩，巡撫沈猶龍、巡按張肯堂閱廠檄有奸人黃四臣名。芝龍前白曰：「四臣，我所遣。我感櫻恩，恐遷去，令從都下訊之。四臣乃妄言，致有此事。」猶龍、肯堂以入告，力白櫻冤，芝龍亦具疏請罪。士民以櫻貧，爲醵金辦裝，耆老數千人隨至闕下，擊登聞鼓訟冤。帝命毋入獄，俟命京邸。削芝龍都督銜，而令櫻以故官巡視海道。

尋以衡、永多寇，改櫻湖廣按察使，分守湖南，給以敕。故事，守道無敕，帝特賜之。時賊已殘十餘州縣，而永州知府推官咸不任職。櫻薦蘇州同知晏日曙、歸德推官萬元吉才。時兩人方坐事罷官，以櫻言並起用。櫻乃調芝龍剿賊，賊多降，一方遂安。遷山東右布政使，分守登、萊。〔二〕

十四年春，擢右副都御史，代徐人龍巡撫其地。明年遷南京工部右侍郎，乞假歸。山東初被兵，巡撫王永吉所部濟、兗、東三府州縣盡失，匿不以聞。兵退，以恢復報。而櫻所部青、登、萊三府失州縣無幾，盡以實奏。及論罪，永吉反擢總督，而櫻奪官，逮下刑部獄。不十日而京師陷，賊釋諸囚，櫻乃遁還。

其後唐王稱號於福州。芝龍薦櫻起工部尚書兼東閣大學士。無何，令掌吏部，尋進太子太保、吏部尚書、文淵閣。王駐延平，令櫻留守福州。大清兵破福州，櫻挈家避海外中左衞。〔三〕越五年，其地被兵，遂自縊死。

朱繼祚，莆田人。萬曆四十七年進士。改庶吉士，授編修。天啓中，與修三朝要典，尋罷去。崇禎初，復官。累遷禮部右侍郎，充實錄總裁。給事中葛樞言繼祚嘗纂修要典，得罪清議，不可總裁國史，不聽。繼祚旋謝病去。起南京禮部尚書，又以人言罷去。福王時起故官，未赴。南都失，唐王召爲東閣大學士，從至汀州。王被擒，繼祚奔還其鄉。魯王監國，繼祚舉兵應王，攻取興化城。既而大清兵至，城復破。繼祚及參政湯芬、給事中林嵋、知縣都廷諫並死之。

芬，字方侯，嘉善人。崇禎十六年進士。福王時，爲史可法監紀推官。唐王以爲御史。尋以監司分守興泉道。城破，緋衣坐堂上，被殺。嵋，字小眉，繼祚同邑人。由進士爲吳江知縣。蘇州失，歸仕唐王。至是自縊死。廷諫，杭州人。莆田知縣。

王自監國二年正月至長垣，迨次年正月，連克建寧、邵武、興化三府，福寧一州，漳浦、海澄、連江、長樂等二十七縣，軍聲頗振。及是得者復失。海澄失，知縣洪有文死之。永福失，邑人給事中鄢正畿、御史林逢經俱投水死。長樂失，邑人御史王恩及服毒死，妻李氏同死。建寧失，守將王祈巷戰不勝，自焚死。

余煌，字武貞，會稽人。天啓五年進士第一。授翰林修撰，與修三朝要典。崇禎時，以內艱歸。服闋，起左中允，歷左諭德、右庶子，充經筵講官。給事中韓源劾禮部侍郎吳士元、御史華琪芳及煌皆與修要典，宜斥，帝置不問。煌疏辯，帝復溫旨慰諭之。戶部尚書程國祥請借京城房租，煌爭，不可，乞假歸。遂丁外艱。服除，久不起。

魯王監國紹興，起禮部右侍郎，再起戶部尚書，皆不就。明年以武將橫甚，拜煌兵部尚書，始受命。時諸臣競營高爵，請乞無厭。煌上言：「今國勢愈危，朝政愈紛，尺土未復，戰守無資。諸臣請祭，則當思先帝烝嘗未備；請葬，則當思先帝山陵未營；請封，則當思先帝宗廟未享；請廕，則當思先帝子孫未保；請謚，則當思先帝光烈未昭。」時以爲名言。大清兵過江，王航海遁。六月二日，煌赴水，舟人拯起之。居二日，復投深處，乃死。

陳函輝，字木叔，臨海人。崇禎七年進士。授靖江知縣，爲御史左光先劾罷。北都陷，誓衆倡義。會福王立，不許草澤勤王，乃已。尋起職方主事，監軍江北。事敗歸，魯王擢爲禮部右侍郎。從王航海，已而相失，哭入雲峰山，作絕命詞十章，投水死。

王瑞柟，字聖木，〔三〕永嘉人。天啓五年進士。授蘇州推官，兼理兌運。軍民交兌，恒相軋啓釁。瑞柟調劑得宜，歲省浮費三萬金，上官爲勒石著令。貴人弟奸法，執問如律。其人中之當道，將議調，遂歸。

崇禎七年起河間推官，遷工部主事，調兵部，轉職方員外郎，擢湖廣兵備僉事，駐襄陽。十一年春，張獻忠據穀城乞撫，總理熊文燦許之。瑞柟以爲非計，謀於巡按林銘球、總兵官左良玉，將俟其至，執之。文燦固執以爲不可。瑞柟言：「賊以計愚我，我不可爲所愚。今良玉及諸將賈一選、周仕鳳之兵俱在近境，誠合而擊之，何患不捷。」文燦怒，責以撓撫局。瑞柟曰：「賊未創而遽撫，彼將無所懼。惟示以必剿之勢，乃心折不敢貳。非相撓，實相成也。」文燦不從。瑞柟乃列上從征、歸農、解散三策，文燦亦不用。瑞柟自爲檄諭獻忠，獻忠恃文燦庇己，不聽。明年，獻忠叛，瑞柟先已丁憂歸。獻忠留書於壁，言己之叛，總理使然。具列上官姓名及取賄月日，而題其末曰：「不納我金者，王兵備一人耳。」由是瑞柟名大著。服闋，未及用而都城陷。

福王時，召爲太僕少卿，極陳有司虐民之狀，旋告歸。唐王召赴福建，仍故官，未幾復歸。及閩地盡失，溫州亦不守，避之山中。有欲薦令出者，乃拜辭家廟，從容入室自經死。

路振飛，字見白，曲周人。天啓五年進士。除涇陽知縣。大吏諂魏忠賢，將建祠涇陽，振飛執不從。邑人張問達忤奄，坐追贓十萬。振飛故遷延，奄敗事解。流賊入境，擊却之。崇禎四年徵授御史。疏劾周延儒卑汚奸險，黨邪醜正，祈立斥以清揆路，被旨切責。未幾，陳時事十大弊，曰務苛細而忘政體，喪廉恥而壞官方，民愈窮而賦愈亟，有事急而無事緩，知顯患而忘隱憂，求治事而鮮治人，責外重而責內輕，嚴於小而寬於大，臣日偸而主日疑，有詔旨而無奉行。疏入，詔付所司。山東兵叛，劾巡撫余大成、孫元化，且論延儒曲庇罪，帝不問。已，劾吏部尚書閔洪學結權勢，樹私人，秉銓以來，吏治日壞，洪學自引去。廷推南京吏部尚書謝陞爲左都御史，振飛歷詆其醜狀，陞遂不果用。

六年巡按福建。海賊劉香數勾紅夷入犯，振飛懸千金勵將士，遣遊擊鄭芝龍等大破之，詔賜銀幣。俸滿，以京卿錄用。初，振飛論海賊情形，謂巡撫鄒維璉不能辦，語侵之。

維璉罷去，命甫下，數奏捷，振飛乃力暴其功，維璉復召用。

八年夏，帝將簡輔臣。振飛言：「枚卜盛典，使夤緣者竊附則不光。如向者周延儒、溫體仁等公論俱棄，宅揆以後，民窮盜興，辱己者必不能正天下。」時延儒已斥，而體仁方居首揆，銜之。已而振飛按蘇、松，請除輸布、收銀、白糧、收兌之四大患，民困以蘇。會常熟錢謙益、瞿式耜爲奸民張漢儒所訐，體仁坐振飛失糾，擬旨令陳狀。振飛白謙益無罪，語刺體仁。體仁恚，激帝怒，謫河南按察司檢校。入爲上林丞，屢遷光祿少卿。

十六年秋，擢右僉都御史、總督漕運，巡撫淮、揚。明年正月，流賊陷山西。振飛遣將金聲桓等十七人分道防河，由徐、泗、宿遷至安東、沭陽。且團練鄉兵，犒以牛酒，得兩淮間勁卒數萬。福、周、潞、崇四王避賊，同日抵淮。大將劉澤清、高傑等亦棄汛地南下。振飛悉延接之。四月初，聞北都陷，福王立於南京。河南副使呂弼周爲賊節度使來代振飛，進士武愫爲賊防禦使招撫徐、沛，而賊將董學禮據宿遷。振飛擊擒弼周、愫，走學禮。竿弼周法場，命軍士人射三矢，乃解磔之。縛愫徇諸市，鞭八十，檻車獻諸朝，伏誅。五月，馬士英欲用所親田仰，乃罷振飛。振飛亦遭母喪，家無可歸，流寓蘇州。尋錄功，即家加右副都御史。

振飛初督漕，謁鳳陽皇陵。望氣者言高牆有天子氣。唐王聿鍵方以罪錮守陵，中官虐之。振飛上疏乞概寬罪宗，竟得請。順治二年，大兵破南京，聿鍵自立於福州，拜爲左都御史。募能致振飛者官五品，賜二千金。振飛乃赴召，道拜太子太保、吏部尚書兼文淵閣大學士。至則大喜，與宴，抵夜分，撤燭送歸，解玉帶賜之，官一子職方員外郎。又錄守淮功，廕錦衣世千戶。王每責廷臣怠玩，振飛因進曰：「上謂臣僚不改因循，必致敗亡。臣謂上不改操切，亦未必能中興也。上有愛民之心，而未見愛民之政；有聽言之明，而未收聽言之效。喜怒輕發，號令屢更。見羣臣庸下而過於督責，因博覽書史而務求明備，凡上所長，皆臣所甚憂也。」其言曲中王短云。三年，大清兵進仙霞關，聿鍵走汀州，振飛追赴不能及。汀州破，走居海島。明年赴永明王召，卒於途。

何楷，字元子，漳州鎮海衞人。天啓五年進士。值魏忠賢亂政，不謁選而歸。崇禎時，授戶部主事，進員外郎，改刑科給事中。流賊陷鳳陽，燬皇陵。楷劾巡撫楊一鵬、巡按吳振纓罪，而刺輔臣溫體仁、王應熊，言：「振纓，體仁私人；一鵬，應熊座主也。逆賊犯皇陵，神人共憤。陛下輟講避殿，感動臣民。二輔臣獨漫視之，欲令一鵬、振纓戴罪自贖。情面重，祖宗陵寢爲輕；朋比深，天下譏刺不恤。」忤旨，鐫一秩視事。又言：「應熊、體仁奏辯，明自引門生姻婭。刑官瞻徇，實由於此。乞宣諭輔臣，毋分別恩仇，以國事爲戲。」

應熊復奏辯。楷言：「臣疏未奉旨，應熊先一日摭引臣疏詞，必有漏禁中語者。」帝意動，令應熊自陳，應熊竟由是去。吏部尚書謝陞言登、萊要地，巡撫陳應元引疾，宜允其去。及推勞永嘉代應元，則言登萊巡撫本贅員。楷亦疏駁之。楷又請給贈都御史高攀龍官，誥賜左光斗諸臣謚，召還惠世揚。疏多見聽。屢遷工科都給事中。

十一年五月，帝以火星逆行，減膳修省。兵部尚書楊嗣昌方主款議，歷引前史以進。楷與南京御史林蘭友先後言其非。楷言：「嗣昌引建武款塞事，欲借以申市賞之說，引元和田興事，欲借以申招撫之說，引太平興國連年兵敗事，欲借以申不可用兵之說，徒巧附會耳。至永平二年馬皇后事，更不知指斥安在。」帝方護嗣昌，不聽。踰月，嗣昌奪情入閣，楷又劾之，忤旨，貶二秩爲南京國子監丞。母憂歸。服闋，廷臣交薦，召入京，都城已陷。

福王擢楷戶部右侍郎，督理錢法，命兼工部右侍郎。連疏請告，不許。順治二年，南都破，楷走杭州。從唐王入閩，擢戶部尚書。鄭芝龍、鴻逵兄弟橫甚，郊天時，稱疾不出，楷言芝龍無人臣禮。王獎其風節，命掌都察院事。鴻逵扇殿上，楷呵止之，兩人益怒。楷知不爲所容，連請告去。途遇賊，截其一耳，乃芝龍所使部將楊耿也。漳州破，楷遂抑鬱而卒。

楷博綜羣書，寒暑勿輟，尤邃於經學。

林蘭友，字翰荃，仙游人。崇禎四年進士。授臨桂知縣。擢南京御史。疏劾大學士張至發、薛國觀，吏部尚書田惟嘉等，因論嗣昌忠孝兩虧。貶浙江按察司照磨，與楷及黃道周、劉同升、趙士春稱「長安五諫」。遷光祿署丞。京師陷，薙髮自匿。爲賊所執，拷掠備至。賊敗，南還。唐王用爲太僕少卿，遷僉都御史。事敗，挈家遁海隅，十餘年卒。

熊汝霖，字雨殷，餘姚人。崇禎四年進士。授同安知縣。擢戶科給事中。疏陳用將之失，言：「自偏裨至副將，歷任有功，方可授節鉞。今足未履行陣，幕府已上首功。胥吏提虎旅，紈袴子握兵符，何由奮敵愾。若大將之選，宜召副將有功者，時賜面對，擇才者用之。廷臣推擇有誤，宜用文吏保舉連坐法。」帝納其言。已，言：「楊嗣昌未罪，盧象昇未褒，殊挫忠義氣。至爲嗣昌畫策練餉、驅中原萬姓爲盜者，原任給事中沈迅也。爲嗣昌運籌、以三千人駐襄陽、城破輒走者，監紀主事余爵也。〔五〕爲嗣昌援引、遭襄藩之陷、重賂陳新甲嫁禍鄖撫袁繼咸者，今解任候代之宋一鶴也。皆悞國之臣，宜罪。」不報。

京師戒嚴，汝霖分守東直門。嘗召對，言：「將不任戰。敵南北往返，謹隨其後，如厮隸之於貴官，負弩前驅，望塵靡及。何名爲將，何名爲督師」帝深然之。已，言：「有司察處者，不得濫舉邊才；監司察處者，不得遽躐巡撫。庶封疆重任，不爲匪人借途。」又言：「自戒嚴以來，臣疏凡二十上。援剿機宜，百不行一。而所揣敵情，不幸言中矣。比者外縣難民紛紛入都，皆云避兵，不云避敵。霸州之破，敵猶不多殺掠，官軍繼至，始無孑遺。朝廷歲費數百萬金錢以養兵，豈欲毒我赤子。」帝惡其中有「飲泣地下」語，謫爲福建按察司照磨。

福王立，召還。上疏言：「臣自丹陽來，知浙兵爲邊兵所擊，火民居十餘里。邊帥有言，四鎭以殺掠獲封爵，我何憚不爲。臣意四鎭必毅然北征，一雪此恥，今戀戀淮、揚，何也？況一鎭之餉多至六十萬，勢必不能供。即倣古藩鎭法，亦當在大河以北開屯設府，曾奧窔之內，而遽以藩籬視之。」頃之，言：「臣竊觀目前大勢，無論恢復未能，即偏安尚未可必。宜日討究兵餉戰守，乃專在恩怨異同。勳臣方鎭，舌鋒筆鍔是逞，近且以匿名帖逐舊臣，以疏遠宗人劾宰輔，中外紛紛，謂將復廠衞。夫廠衞樹威牟利，小民雞犬無寧日，先帝止此一節，未免府怨。前事不遠，後事之師。且先帝篤念宗藩，而聞寇先逃，誰死社稷；先帝隆重武臣，而叛降跋扈，肩背相踵；先帝委任勳臣，而京營銳卒徒爲寇籍；先帝倚任內臣，而開門延敵，衆口諠傳；先帝不次擢用文臣，而邊才督撫，誰爲捍禦，超遷宰執，羅拜賊庭。知前日之所以失，即知今日之所以得。及今不爲，將待何時。」疏奏，停俸。尋補吏科右給事中。

初，馬士英薦阮大鋮，汝霖爭不可。及大鋮起佐兵部，汝霖又言：「大鋮以知兵用，當置有用地，不宜處中朝。」不聽。踰月，以奉使陛辭，言：「朝端議論日新，宮府揣摩日熟。自少宰樞貳悉廢廷推，四品監司竟晉詹尹。蹊徑疊出，謠諑繁興。一人未用，便目滿朝爲黨人；一官外遷，輒訾當事爲可殺。置國恤於罔聞，逞私圖而得志。黃白充庭，青紫塞路，六朝佳麗，復見今時。獨不思他日稅駕何地耶？」不報。

未幾，南京破，士英竄杭州。汝霖責其棄主，士英無以應。杭州亦破，與孫嘉績同起兵。魯王監國，擢右僉都御史，督師防江，戰屢敗。入海寧募兵萬人，進兵部右侍郎。唐王立閩中，遣劉中藻頒詔，汝霖出檄嚴拒之。順治三年進兵部尚書，從魯王泛海。明年以本官兼東閣大學士。又明年春，鄭彩憾汝霖，遣兵潛害之，幷其幼子投海中。

錢肅樂，字希聲，鄞縣人。臨江知府若賡孫，寧國知府敬忠兄子也。崇禎十年成進士，授太倉知州。豪家奴與黠吏爲奸，而兇徒結黨殺人，焚其屍。肅樂痛懲，皆斂手。又以朱白榜列善惡人名，械白榜者階下，予大杖。久之，杖者日少。嘗攝崑山、崇明事，兩縣民皆立碑頌德。遷刑部員外郎，尋丁內外艱。

順治二年，大兵取杭州，屬郡多迎降。閏六月，寧波鄉官議納款，肅樂建議起兵。諸生華夏、董志寧等遮拜肅樂倡首，士民集者數萬人，肅樂乃建牙行事。郡中監司守令皆逃，惟一同知治府事。肅樂索取倉庫籍，繕完守具，與總兵王之仁締盟共守。聞魯王在台州，遣舉人張煌言奉表請監國。會紹興、餘姚亦舉兵，王乃赴紹興行監國事。召肅樂爲右僉都御史，畫錢塘而守。尋進右副都御史。當是時，之仁及大將方國安並加封爵，其兵食用寧波、紹興、台州三郡田賦，不能繼，恒缺食。已，加兵部右侍郎。明年五月，軍食盡，悉散去。魯王航海，肅樂亦之舟山。唐王召之，甫入境，王已沒。遂隱海壇山，採山薯爲食。明年，魯王次長垣，召爲兵部尙書，薦用劉沂春、吳鍾巒等。明年拜肅樂東閣大學士。

唐王雖歿，而其將徐登華爲守富寧，魯王遣大學士劉中藻攻之。登華欲降，疑未決，曰：「海上豈有天子？舟中豈有國公？」肅樂致書：「將軍獨不聞南宋之末二帝並在舟中乎？」登華遂降。鄭彩專柄，連殺熊汝霖、鄭遵謙。肅樂憂憤卒於舟，故相葉向高曾孫進晟葬之福淸黃蘗山。

劉中藻，福安人。由進士官行人。賊陷京師，薙髮，被搒掠。賊敗南還，事唐王。旣事魯王，攻降福寧守之，移駐福安。大清兵破城，冠帶坐堂上，爲文自祭，呑金屑死。

鄭遵謙，會稽人。爲諸生。潞王以杭州降大清，遵謙倡衆起兵，事魯王，崎嶇浙、閩。從王航海，與汝霖並爲彩害。

沈宸荃，慈谿人。崇禎十三年進士。授行人，奉使旋里。福王立，復命。擢御史，疏陳五事，皆切時病。已，論羣臣醜正黨邪，請王臥薪嘗膽，爲雪恥報讎之計。薦詞臣黃道周、劉同升、葛世俊、徐汧、吳偉業等。又言：「經略山東、河南者，王永吉、張縉彥也。永吉失機，先帝拔爲總督，擁兵近甸，不救國危。縉彥官部曹，先帝驟擢典中樞，乃率先從賊。即加二人極刑，不爲過。陛下屈法用之，而永吉觀望逗遛，縉彥狼狽南竄。死何以對先帝，生何以對陛下。昌平巡撫何謙失陷諸陵，罪亦當按。都城旣陷，守土臣宜皆厲兵秣馬，以報國讎，乃賊塵未揚，輒先去以爲民望。如河道總督黃希憲、山東巡撫丘祖德，尙可容偃臥家園乎！」疏入，謙、祖德等皆命逮治，永吉、縉彥不罪。時朝政大亂，宸荃獨持正，要人多疾之。明年以年例出爲蘇松兵備僉事。未赴，南都破，宸荃舉兵邑中。

魯王監國，擢右僉都御史。已而事敗，宸荃棄家從王海外。王次長垣，遷擢至大學士。

從王於舟山，又從泛海抵廈門、金門。後艤舟南日山，遭風，没於海。

其邑子沈履祥嘗爲知縣，監國時，以御史督餉台州。城破，避山中，被獲死之。

贊曰：自甲申以後，明祚既終，不踰年而南都亦覆，勢固無可爲矣。朱大典、張國維等抱區區之義，徒假名號於海濱，以支旦夕。而上替下陵，事無統紀，欲以收偏安之效，何可得乎。

校勘記

〔一〕定西侯參謀順天顧明楫　明楫，原作「民楫」，據本傳下文及明史稿傳一五二張肯堂傳、小腆紀年附考卷一七改。

〔二〕分守登萊　登萊，原作「東萊」。按下文王永吉主管濟、兗、東三府，曾櫻主管青、登、萊三府，是「東」當作「登」。據明史稿傳一五二曾櫻傳改。

〔三〕櫻挈家避海外中左衞　按本書卷九〇兵志福建都司所轄無「中左衞」，有中左千户所，簡稱中左所。疑「衞」字爲「所」字之譌。

〔四〕王瑞栴字聖木　王瑞栴，原作「王瑞枏」。按明史稿傳一五二王瑞栴傳、又傳一八三張獻忠傳、明進士題名碑錄天啓乙丑科都作「王瑞栴」。栴是紫檀香木，與字「聖木」相應，作「栴」是。據改。下同。卷目照改。

〔五〕監紀主事余爵也　余爵，原作「俞爵」，據明史稿傳一五六熊汝霖傳、本書卷二九三李乘雲傳附余爵傳改。

明史卷二百七十七

列傳第一百六十五

袁繼咸 張亮 **金聲** 江天一 **丘祖德** 溫璜 吳應箕 尹民興等

沈猶龍 李待問 章簡 **陳子龍** 夏允彝 徐孚遠 **侯峒曾**

閻應元等 朱集璜等 **楊文驄** 孫臨等 **陳潛夫** 陸培 **沈廷揚**

林汝翥 林垐 **鄭爲虹** 黃大鵬 王士和 胡上琛 熊緯

袁繼咸，字季通，宜春人。天啓五年進士。授行人。崇禎三年冬，擢御史，監臨會試，坐縱懷挾舉子，謫南京行人司副，遷主客員外郎。七年春，擢山西提學僉事。未行，總理戶、工二部中官張彝憲有朝覲官齎册之奏。繼咸疏論之，謂：「此令行，上自藩臬，下至守令，莫不次第參謁，屏息低眉，跪拜於中官之座，率天下爲無恥事，大不便。」彝憲大恚，與繼咸互訐奏。帝不聽，乃才身赴任。久之，巡撫吳甡薦其廉能。而巡按御史張孫振以請屬不應，疏誣繼咸贓私事。帝怒，逮繼咸，責甡回奏。甡賢繼咸，斥孫振。諸生隨至都，伏闕訴冤，繼咸亦列上孫振請屬狀及其贓賄數事。詔逮孫振，坐謫戍；繼咸得復官。

十年除湖廣參議，分守武昌。以兵搗江賊巢興國、大冶山中，擒賊首呂瘦子，降其黨千餘人。詔兼僉事，分巡武昌、黃州。擊退賊老回回、革裏眼等七大部黃陂、黃安，築黃岡城六千餘丈。

十二年移淮陽，忤中官楊顯名，奏鐫二秩調用。督師楊嗣昌以其知兵，引參軍事。明年四月擢右僉都御史，撫治鄖陽。未一年，襄陽陷，被逮，戍貴州。

十五年，廷臣交薦，起故官，總理河北屯政。未赴，賊逼江西。廷議設重臣總督江西、湖廣、應天、安慶軍務，駐九江。擢繼咸兵部右侍郎兼右僉都御史以行。賊已陷武昌，左良玉擁兵東下。繼咸遇良玉於蕪湖，激以忠義。良玉卽還，恢復武昌。廷議呂大器來代，繼咸仍督屯政。大器、良玉不協，長沙、袁州俱陷，仍推繼咸代之。甫抵鎮而京師陷。

福王立南都，頒詔武昌，良玉不拜詔。繼咸致書言倫序正，良玉乃拜受詔。繼咸入朝，高傑新封興平伯。繼咸曰：「封爵以勸有功。無功而封，有功者不勸。跋扈而封，跋扈愈多。」王曰：「事已行，奈何？」繼咸曰：「馬士英引傑渡江，宜令往輯。」王曰：「彼不欲往，輔臣史可法願往。」繼咸曰：「陛下嗣位，固以恩澤收人心，尤宜以紀綱肅衆志。乞振精神，申法紀。冬春間，淮上未必無事。臣雖駑，願奉六龍爲澶淵之舉。」王有難色。因詣榻前密奏曰：「左良玉雖無異圖，然所部多降將，非孝子順孫。陛下初登大寶，人心危疑，意外不可不慮，臣當星馳回鎭。」許之。因赴閣責可法不當封傑，士英嗛之。俄陳致治守邦大計，引宋高宗用黃潛善、汪伯彥事，語復侵士英。會湖廣巡按御史黃澍劾奏士英十大罪，士英擬旨逮治。澍與良玉謀，陰諷將士大譁，欲下南京索餉，保救澍。繼咸爲留江漕十萬石、餉十三萬金給之，且代澍申理，以良玉依仗澍爲言。士英不得已，免逮澍。繼咸旣與士英隙，所奏悉停寢。

明年正月，繼咸言：「元朔者，人臣拜手稱觴之日，陛下嘗膽臥薪之時。念大恥未雪，宜以周宣之未央問夜爲可法，以晚近長夜之飮、角觝之戲爲可戒。省土木之功，節浮淫之費。戒諭臣工，後私鬬而急公讐。臣每歎三十年來，徒以三案葛藤血戰不已。若要典一書，已經先帝焚毀，何必復理其說。書苟未進，宜寢之；卽已進，宜毀之。至王者代興，從古亦多異同。平、勃迎立漢文，不聞窮治朱虛之過；房、杜決策秦邸，不聞力究魏徵之非。固其君豁達大度，亦其大臣公忠善謀，翊贊其美。請再下寬大之詔，解圜扉疑入之囚，斷草野株連之案。」王降旨俞其言。

羣小皆不喜繼咸，汰其軍餉六萬，軍中有怨言，繼咸疏爭不得。又以江上兵寡，鄭鴻逵戰艦不還，議更造，檄九江僉事葉士彥於江流截買材木。士彥家蕪湖，與諸商暱，封還其檄。繼咸以令不行，疏劾士彥。士彥同年御史黃耳鼎亦劾繼咸，言繼咸有心腹將校勸左良玉立他宗，良玉不從云。良玉嘗不拜監國詔，聞之益疑懼，上疏明與繼咸無隙，耳鼎受指使而言，要典宜再焚。江東人乃由是交口言繼咸、良玉倡和，脅制朝廷矣。會都下又有僞太子之事，良玉爭不得，遂與士英輩有隙。繼咸疏言：「太子眞僞，非臣所能懸揣。眞則望行良玉言，僞則不妨從容審處，多召東宮舊臣辨識，以解中外之疑。」疏未達，良玉已反。

初，繼咸聞李自成兵敗南下，命部將郝效忠、陳麟、鄧林奇守九江，自統副將汪碩畫、李士元等援袁州，防賊由岳州、長沙入江西境。既已登舟，聞良玉反，復還九江。良玉舟在北岸，貽書繼咸，願握手一別，爲皇太子死。九江士民泣請繼咸往，紓一方難。繼咸會良玉於舟中，良玉語及太子下獄事，大哭。次日，舟移南岸，良玉袖出皇太子密諭，劫諸將盟。繼咸正色曰：「密諭何從來？先帝舊德不可忘，今上新恩亦不可負，密諭何從來？」良玉色變，良久乃曰：「吾約不破城，改檄爲疏，駐軍候旨。」繼咸歸，集諸將於城樓而灑泣曰：「兵諫非正。晉陽之甲，春秋惡之，可同亂乎？」遂約與俱拒守。而效忠及部將張世勳等則已出與良玉合兵，入城殺掠。繼咸聞之，欲自盡。黃澍入署拜泣曰：「寧南無異圖。公以死激成之，大事去矣。」副將李士春亦密白繼咸隱忍，至前途，王文成之事可圖也。繼咸以爲然，遂出責良玉。良玉已疾篤，夜望見城中火起，大哭曰：「予負臨侯！」臨侯，繼咸別號也。嘔血數升，遂死。其子夢庚秘不發喪，諸將推爲帥，移舟東。

中朝皆疑繼咸、良玉同反。而南都時已破，諸鎭多納款。繼咸勸夢庚旋師，不聽。遣人語林奇、碩畫、士元毋爲不忠事，林奇、碩畫、士元避皖湖中，遣人陰逆繼咸。繼咸已爲效忠紿赴其軍。將及湖口，而夢庚、效忠降於我大清，遂執繼咸北去，館內院。至明年三月，終不屈，乃殺之。

有張亮者，四川人。舉於鄉。崇禎時，歷榆林兵備參議，用薦改安廬兵備，監禁軍討賊，頻有功。十七年擢右僉都御史，巡撫其地。福王既立，亮聞李自成兵敗西奔，奏言賊勢可乘，請解職視賊所向，督兵進討，從之。尋召入京議事，復遣還任。明年四月，左夢庚陷安慶，亮被執。夢庚北行，挾亮與俱，乘間赴河死。

金聲字正希，休寧人。好學，工舉子業，名傾一時。崇禎元年成進士，授庶吉士。明年十一月，大清兵逼都城，聲慷慨乞面陳急務，帝卽召對平臺。退具疏言：「臣書生素矢忠義，遭遇聖明，日夜爲陛下憂念天下事。今兵逼京畿，不得不急爲君父用。夫通州、昌平，都城左右翼，宜戍以重兵。而天津漕艘所聚，尤宜亟防。今天下草澤之雄，欲效用國家者不少，在破格用之耳。臣所知申甫有將才。臣願仗聖天子威靈，與練敢戰士，爲國家捍强敵，惟陛下立賜裁許。」

申甫者，僧也，好談兵，方私製戰車火器。帝納聲言，取其車入覽，授都司僉書。卽日召見，奏對稱旨，超擢副總兵，敕募新軍，便宜從事。改聲御史，參其軍。甫倉猝募數千人，皆市井游手，所需軍裝戎器又不時給。而是時大清兵在郊圻久，勢當速戰，急出營柳林。總理滿桂節制諸軍，甫不肯爲下。桂卒掠民間，甫軍捕之，桂輒索去。聲以兩軍不和聞，帝卽命聲調護。亡何，桂歿，甫連敗於柳林、大井，乃結車營盧溝橋。大清兵遶出其後，御車者惶懼不能轉，殲戮殆盡，甫亦陣亡。聲痛傷之，言甫受事日淺，直前衝鋒，遺骸矢刃殆徧，非喋血力戰不至此。帝亦傷之，命予恤典。

聲恥無功，請率參將董大勝兵七百人，甫遺將古壁兵百人，及豪傑義從數百人，練成一旅，爲劉之綸奇兵，收桑榆之效，不許。俄以清核軍需告竣，奏繳關防，請按律定罪，再疏請罷斥，皆不許。東江自毛文龍被殺，兵力弱，勢孤。聲因東宮册立，自請頒詔朝鮮，俾聯絡東江，張海外形勢。帝雖嘉其意，亦不果用。

尋上疏言：「陛下曉夜焦勞，日親天下之事，實未嘗日習天下之人。必使天下才不才，及才長短，一一程量不爽，方可斟酌位置。往者，陛下數召對羣臣，問無所得，鮮當聖心，遂厭薄之。臣愚妄謂陛下泰交尚未殷，顧問尚未數，不得謂召對無益也。願自今間日御文華，令京卿、翰林、臺諫及中行、評博等官，輪番入直，博咨廣詢。而內外有職業者，亦得不時進見。政事得失，軍民利病，廟堂舉錯，邊塞情形，皆與臣工考究於燕閒之間。歲月既久，品量畢呈。諸臣才不才，及才長短，豈得逃聖鑒。」帝未及報，聲再疏懇言之，終不用，遂屢疏乞歸。

後大學士徐光啓薦聲同修曆書，辭不就。以御史召，亦不赴。八年春，起山東僉事，復兩疏力辭。鄉郡多盜，聲團練義勇，爲捍禦。十六年，鳳陽總督馬士英遣使者李章玉徵貴州兵討賊，迂道掠江西，爲樂平吏民所拒擊。比抵徽州境，吏民以爲賊，率衆破走之。章玉諱激變，謂聲及徽州推官吳翔鳳主使。士英以聞，聲兩疏陳辨。帝察其無罪，不問。其年冬，廷臣交薦，即命召用，促入都陛見，未赴而京師陷。

福王立於南京，超擢聲左僉都御史，聲堅不起。大清兵破南京，列郡望風迎降。聲糾集士民保績溪、黃山，分兵扼六嶺。寧國丘祖德、徽州溫璜、貴池吳應箕等多應之。乃遣使通表唐王，授聲右都御史兼兵部右侍郎，總督諸道軍。拔旌德、寧國諸縣。九月下旬，徽故御史黃澍降於大清，王師間道襲破之。

聲被執至江寧，語門人江天一曰：「子有老母，不可死。」對曰：「天一同公起兵，可不同公殉義乎！」遂偕死。唐王贈聲禮部尚書，謚文毅。天一，歙諸生。

丘祖德，字念修，成都人。崇禎十年進士。授寧國推官，以才調濟南。用薦超擢僉事，分巡東昌。山東土寇猖獗，帝因給事中張元始言，令祖德及東兗道李恪專任招撫，寇多解散。十五年調官沂州。其冬用兵部尚書張國維薦，擢右僉都御史，巡撫保定。十六年罣察典，解職候勘。事白，以故官代王永吉撫山東。京師覆，賊遣使招降。祖德斬之，謀發兵拒守。會中軍梅應元叛，率部卒索印，祖德乃南奔。

福王時，御史沈宸荃劾祖德及河南總督黃希憲輕棄封疆，詔削籍提訊，久之獲釋。而成都亦陷，無家可歸，流寓寧國。金聲起兵績溪，祖德與寧國舉人錢文龍，〔一〕諸生麻三衡、沈壽蕘等各舉兵應之。時郡城已失，祖德駐華陽，三衡駐稽亭，他蠭起者又十餘部，約共攻郡城。不克，壽蕘陣歿，祖德退還山中。大清兵攻拔其寨，被獲，磔死，其子亦死。越四日，三衡軍敗，亦死。壽蕘，都督有容子。三衡，布政使溶孫也。三衡兵既起，旁近吳太平、阮恒、阮善長、劉鼎甲、胡天球、馮百家與俱起，號七家軍，皆諸生也。三衡既敗，太平等亦死。

溫璜，初名以介，字于石，烏程人。大學士體仁再從弟也。母陸守節被旌。璜久爲諸生，有學行。崇禎十六年秋舉進士，授徽州推官。甫莅任，聞京師陷，亟練民兵，爲保障計。明年，南京亦覆。知府秦祖襄及諸僚屬皆遁，璜乃盡攝其印，召士民慰諭之。金聲舉兵績溪，璜與掎角，且轉餉給其軍，而徙家屬於村民舍。未幾，聲敗，璜嚴兵自守。郡中故御史黃澍以城獻，璜趨歸村舍，刃其妻茅氏及長女，遂自剄死。

吳應箕，字次尾，貴池人。善今古文，意氣橫厲一世。阮大鋮以附璫削籍，僑居南京，聯絡南北附璫失職諸人，劫持當道。應箕與無錫顧杲、桐城左國材、蕪湖沈士柱、餘姚黃宗羲、長洲楊廷樞等爲留都防亂公揭討之，列名者百四十餘人，皆復社諸生也。後大鋮得志，謀殺周鑣，應箕獨入獄護視。大鋮聞，急遣騎捕之，應箕夜亡去。南都不守，起兵應金聲，敗走山中，被獲，慷慨就死。

其同時舉兵者有尹民興、吳漢超、龐昌胤、謝球、司石磐、王湛、魯之璵。

民興，字宣子，崇禎初舉進士。歷知寧國、涇二縣，除奸釐蠹，有神明之稱。行取入都，爲陳啓新所訐，謫福建按察司檢校。十五年春，疏陳時務十四事，帝喜，召爲職方主事。數召對，言多當帝意，即擢本司郎中。周延儒出督師，命從軍贊畫。延儒被譴，下民興吏，除名，久之始釋。福王立，起故官，尋謝病歸，流寓涇縣。南京失，與諸生趙初浣等據城拒守。大清兵攻破城，初浣死之，民興走免。唐王以爲御史，事敗歸，卒於家。

漢超，宣城諸生。崇禎十七年聞都城變，謀募兵赴難，會福王立，乃已。明年，南都覆，棄家走涇縣，從尹民興起兵。兵敗，匿華陽山中。先是，丘祖德、麻三衡諸軍潰，保華陽，有徐淮者部署之。漢超與合，連取句容、溧水、高淳、溧陽、涇、太平諸縣。明年正月襲寧國，夜緣南城登。兵潰，城中按首事者。漢超已出城，念母在，且恐累族人，入見曰：「首事者我也。」剖其腹，膽長三寸。妻戚自擲樓下死。

昌胤，西充人。崇禎十年進士。授青陽知縣。南京覆，走匿九華山，謀舉兵。事洩被執，夜死旅店中。

球，溧陽諸生，僉事鼎新子也。毀家募兵。兵散，被執而死。

石磐，鹽城諸生，與都司酆某同舉兵，兵敗被執。酆言：「此儒生，吾劫之爲書記耳。」石磐曰：「吾首事，奈何諱之！」繫獄六十餘日，與酆偕死。

湛，太倉諸生。城已下，與兄淳復集里人數百圍城。城中兵出擊，淳赴水死，湛被斫死。

之璵，歷官副總兵，駐福山。蘇州既降，諸生陸世鑰聚衆焚城樓。之璵率千人入城，與大清兵戰，潰走，之璵戰死。

其時以諸生死者，有六合馬純仁、邳州王台輔。南京既下，六合即歸附，純仁題銘橋柱，抱石投水死。台輔，當崇禎末，聞宦官復出鎮，將草疏極諫。甫入都，都城陷，乃還。福王時，東平伯劉澤清、御史王燮張樂大宴於睢寧。台輔衰絰直入，責之曰：「國破君亡，此公等臥薪嘗膽、食不下咽時，顧置酒大會耶！」左右欲鞭之，燮曰：「狂生也。」命引去。及南京覆，台輔視其廩曰：「此吾所樹，盡此死。」明年，粟盡，北面再拜，自縊死。

沈猶龍，字雲升，松江華亭人。萬曆四十四年進士。除鄞縣知縣。天啓初，徵授御史，出爲河南副使。崇禎元年召復故官，進太僕少卿，拜右僉都御史，巡撫福建。江西妖賊張普薇等作亂，猶龍遣遊擊黃斌卿協剿，大破之。增秩賜金，以憂歸。服闋，起兵部右侍郎兼右僉都御史，總督兩廣軍務，兼廣東巡撫。

十七年冬，福王召理部事，不就，乞葬親歸。明年，南京失守，列城望風下。閏六月，吳淞總兵官吳志葵自海入江，結水寨於泖湖。會總兵官黃蜚擁千艘自無錫至，與合。猶龍乃偕里人李待問、章簡等，募壯士數千人守城，與二將相掎角，而參將侯承祖守金山。八月，大清兵至，二將敗於春申浦，城遂被圍。未幾破，猶龍出走，中矢死。待問守東門，簡守南門，城破，俱被殺。華亭教諭眭明永題詩明倫堂，〔三〕投繯死。諸生戴泓赴池死。嘉定舉人傅凝之參志葵軍事，兵敗，赴水死。大清兵遂攻金山，承祖與子世祿猶固守。城既破，巷戰踰時，世祿中四十矢，被獲，死之。承祖亦被獲，說之降，不從，遂被殺。志葵、蜚既敗，執至江陰城下，令說城中人降。志葵說之，蜚不語，城迄不下，後皆被殺。

待問，字存我，崇禎末進士。授中書舍人。工文章，兼精書法。簡，字坤能。舉於鄉，官羅源知縣。

陳子龍，字臥子，松江華亭人。生有異才，工舉子業，兼治詩賦古文，取法魏、晉，駢體尤精妙。崇禎十年進士。選紹興推官。

東陽諸生許都者，副使達道孫也。家富，任俠好施，陰以兵法部勒賓客子弟，思得一當。子龍嘗薦諸上官，不用，東陽令以私憾之。適義烏奸人假中貴名招兵事發，都葬母山中，會者萬人。或告監司王雄曰：「都反矣。」雄遽遣使收捕，都遂反。旬日間聚衆數萬，連陷東陽、義烏、浦江，遂逼郡城，旣而引去。巡撫董象恆坐事逮，代者未至，巡按御史左光先以撫標兵，命子龍爲監軍討之，稍有俘獲。而遊擊蔣若來破其犯郡之兵，都乃率餘卒三千保南砦。

雄欲撫賊，語子龍曰：「賊聚糧據險，官軍不能仰攻，非曠日不克。我兵萬人，止五日糧，奈何？」子龍曰：「都，舊識也，請往察之。」乃單騎入都營，責數其罪，諭令歸降，待以不死。遂挾都見雄。復挾都走山中，散遣其衆，而以二百人降。光先與東陽令善，竟斬都等六十餘人於江滸。子龍爭，不能得。

以定亂功，擢兵科給事中。命甫下而京師陷，乃事福王於南京。其年六月，言防江之策莫過水師，海舟議不可緩，請專委兵部主事何剛訓練，從之。太僕少卿馬紹愉奉使陛見，語及陳新甲主款事。王曰：「如此，新甲當恤。」廷臣無應者，獨少詹事陳盟曰可。因命予恤，且追罪嘗劾新甲者。廷臣懲劉孔昭殿上相爭事，不敢言。子龍與同官李淸交章力諫，事獲已。

未幾，列上防守要策，請召還故尙書鄭三俊，都御史易應昌、房可壯、孫晉，並可之。又言：「中使四出搜巷。凡有女之家，黃紙貼額，持之而去，閭井騷然。明旨未經有司，中使私自搜採，甚非法紀。」乃命禁訛傳誑惑者。子龍又言：「中興之主，莫不身先士卒，故能光復舊物。今入國門再旬矣，人情泄沓，無異昇平。淸歌漏舟之中，痛飲焚屋之內，臣不知其所終。其始皆起於姑息一二武臣，以至凡百政令皆因循遵養，臣甚爲之寒心也。」亦不聽。明年二月乞終養去。

子龍與同邑夏允彝皆負重名，允彝死，子龍念祖母年九十，不忍割，遁爲僧。尋以受魯王部院職銜，結太湖兵，欲舉事。事露被獲，乘間投水死。

夏允彝，字彝仲。弱冠舉於鄉，好古博學，工屬文。是時東林講席盛，蘇州高才生張溥、楊廷樞等慕之，結文會名復社。允彝與同邑陳子龍、徐孚遠、王光承等亦結幾社相應和。崇禎十年，與子龍同成進士，授長樂知縣，善決疑獄。他郡邑不能決者，上官多下長樂。居五年，邑大治。吏部尙書鄭三俊舉天下廉能知縣七人，以允彝爲首。帝召見，大臣方岳貢等力稱其賢，將特擢。會丁母憂，未及用。

北都變聞，允彝走謁尚書史可法，與謀興復。聞福王立，乃還。其年五月擢吏部考功司主事。疏請終制，不赴。御史徐復陽希要人旨，劾允彝及其同官文德翼居喪授職爲非制，以兩人皆東林也。兩人實未嘗赴官，無可罪。吏部尚書張捷遽議貶秩調用。

未幾，南都失，徬徨山澤間，欲有所爲。聞友人侯峒曾、黃淳耀、徐汧等皆死，乃以八月中賦絕命詞，自投深淵以死。允彝死後二年，子完淳、兄之旭並以陳子龍獄詞連及，亦死。而同社徐孚遠，舉於鄉，因松江破，遁入海，死於島中。

侯峒曾，字豫瞻，嘉定縣人。給事中震暘子也。天啓五年成進士，授南京武選司主事，丁父憂。

崇禎七年入都。兵部尚書張鳳翼薦爲職方郎中，峒曾力辭，乃改南京文選司主事。由稽勳郎中遷江西提學參議。給事中耿始然督賦至，他監司以屬禮見，峒曾獨與抗禮。益王勢方熾，歲試黜兩宗生，王怒，使人誚讓，峒曾不爲動。遷廣東副使，不赴。起浙江右參政，分守嘉、湖。漕卒擊傷秀水知縣李向中，峒曾請於撫按，捕戮首惡，部內肅然。吏部尚書鄭三俊舉天下賢能監司五人，峒曾與焉。召爲順天府丞，未赴而京師陷。

福王時，用爲左通政，辭不就。及南京覆，州縣多起兵自保。嘉定士民推峒曾爲倡，偕里人黃淳耀、張錫眉、董用圓、〔三〕馬元調、唐全昌、夏雲蛟等誓死固守。大清兵來攻，峒曾乞師於吳淞總兵官吳志葵。志葵遣遊擊蔡祥以七百人來赴，一戰失利，束甲遁，外援遂絕，城中矢石俱盡。七月三日大雨，城隅崩，架巨木支之。明日雨益甚，城大崩，大清兵入。峒曾拜家廟，挈二子元演、元潔並沈於池。錫眉、用圓、元調、全昌、雲蛟皆死之。錫眉、用圓皆舉人。用圓官秀水敎諭。元調、全昌、雲蛟並諸生。

其時聚衆城守而死者有江陰閻應元、崑山朱集璜之屬。

應元，字麗亨，順天通州人。崇禎中，爲江陰典史。十七年，海賊顧三麻入黃田港，應元往禦，手射殺三人。賊退，以功遷英德主簿，道阻不赴，寓居江陰。

明年五月，南京亡，列城皆下。閏六月朔，諸生許用倡言守城，遠近應者數萬人。典史陳明遇主兵，用徽人邵康公爲將。而前都司周瑞龍泊江口，相犄角。戰失利，大清兵逼城下。徽人程壁盡散家貲充餉，而身乞師於吳淞總兵官吳志葵。志葵至，壁遂不返。康公戰不勝，瑞龍水軍亦敗去，明遇乃請應元入城，屬以兵事。

大清兵力攻城，應元守甚固。東平伯劉良佐用牛皮帳攻城東北，城中用礮石力擊。良佐乃移營十方庵，令僧陳利害。良佐旋策馬至，應元誓以大義，屹不動。及松江破，大清兵來益衆，四圍發大礮，城中死傷無算，猶固守。八月二十一日，大清兵從祥符寺後城入，衆猶巷戰，男婦投池井皆滿。明遇、用皆舉家自焚。應元赴水，被曳出，死之。

訓導馮厚敦冠帶縊於明倫堂，娣及妻王結衽投井死。里居中書舍人戚勳令妻及子女、子婦先縊，乃舉火自焚，從死者二十人。舉人夏維新，諸生王華、呂九韶自刎死。

貢生黃毓祺者，好學，有盛名，精釋氏學。與門人徐趨舉兵行塘，以應城內兵。及城陷，兩人逸去。明年冬，趨偵江陰無備，率壯士十四人襲之。不克，皆死。毓祺既逸去，避江北。其子大湛、大洪被收，兄弟方爭死。而毓祺以敕印事發，逮繫江寧獄，將刑，其門人告之期，命取襲衣自斂，趺坐而逝。

朱集璜，字以發，崑山貢生。學行爲鄉里所推，教授弟子數百人。

南京既亡，崑山議拒守，而縣丞閻茂才已遣使迎降。縣人共執殺茂才，以六月望，推舊將王佐才爲帥，集璜及周室瑜、陶琰、陳大任等共舉兵。參將陳宏勛、前知縣楊永言率壯士百人爲助。佐才亦邑人，嘗官狼山副總兵，年老矣。大清兵至，宏勛率舟師迎戰，敗還，遊擊孫志尹戰歿。城陷，永言遁去。佐才縱民出走，而已冠帶坐帥府，被殺。集璜投東禪寺後河死。門人孫道民、張謙同日死。室瑜、琰、大任亦死之。室瑜子朝鑛、大任子思翰皆同死。室瑜舉於鄉，官儀封知縣。琰、大任皆諸生。

時以守禦死者，蘇達道、莊萬程、陸世鏜、陸雲將、歸之甲、周復培、陸彥沖。代父死者，沈徵憲、朱國軾。救母死者，徐洛。自盡者，徐瀔、王在中、吳行貞。

楊文驄，字龍友，貴陽人。浙江參政師孔子。萬曆末，舉於鄉。崇禎時，官江寧知縣。御史詹兆恒劾其貪污，奪官候訊。事未竟，福王立於南京，文驄戚馬士英當國，起兵部主事，歷員外郎、郎中，皆監軍京口。以金山踞大江中，控制南北，請築城以資守禦，從之。文驄善書，有文藻，好交遊，干士英者多緣以進。其爲人豪俠自喜，頗推獎名士，士亦以此附之。

明年遷兵備副使，分巡常、鎮二府，監大將鄭鴻逵、鄭彩軍。及大清兵臨江，文驄駐金山，扼大江而守。五月朔，擢右僉都御史，巡撫其地，兼督沿海諸軍。文驄乃還駐京口，合鴻逵等兵南岸，與大清兵隔江相持。大清兵編大筏，置燈火，夜放之中流，南岸軍發礮石，以爲克敵也，日奏捷。初九日，大清兵乘霧潛濟，迫岸。諸軍始知，倉皇列陣甘露寺。鐵騎衝之，悉潰。文驄走蘇州。十三日，大清兵破南京，百官盡降。命鴻臚丞黃家鼒往蘇州安撫，文驄襲殺之，遂走處州。時唐王已自立於福州矣。

初，唐王在鎭江時，與文驄交好。至是，文驄遣使奉表稱賀。鴻逵又數薦，乃拜兵部右侍郎兼右僉都御史，提督軍務，令圖南京。加其子鼎卿左都督、太子太保。鼎卿，士英甥也。士英遣迎福王，遇王於淮安。王貧窶甚，鼎卿賙給之，王與定布衣交，以故寵鼎卿甚。及鼎卿上謁，王以故人子遇之，奬其父子，擬以漢朝大、小耿。然其父子以士英故，多爲人詆諆。

明年，衢州告急。誠意侯劉孔昭亦駐處州，王令文驄與共援衢。七月，大淸兵至，文驄不能禦，退至浦城，爲追騎所獲，與監紀孫臨俱不降被戮。

臨，字武公，桐城人，兵部侍郎晉之弟。文驄招入幕，奏爲職方主事，竟與同死。

其時起兵旁掠郡縣者有吳易，字日生，吳江人。生有膂力，跅弛不羈。崇禎末，成進士。福王時，謁史可法於揚州。可法異其才，題授職方主事，爲己監軍。

明年奉檄徵餉江南，未還而揚州失，已而吳江亦失。易走太湖，與同邑舉人孫兆奎，諸生沈自駧、自炳，武進吳福之等謀舉兵。旬日得千餘人，屯於長白蕩，出沒旁近諸縣，道路爲梗。唐王聞之，授兵部右侍郎兼右僉都御史，總督江南諸軍。文驄奏易斬獲多，進爲兵部尚書。魯王亦授易兵部侍郎，封長興伯。

八月，大清兵至，易遂敗走。父承緒、妻沈及女皆投水死，自駉、自炳、福之亦死焉，兆奎被獲，一軍盡殲。明年，易鄉人周瑞復聚衆長白蕩，迎易入其營。八月，事洩，被獲死之。福之，鍾巒子也。兆奎兵敗時，慮易妻女被辱，視其死而後行，故被獲。械至江寧，死之。

陳潛夫，字元倩，錢塘人。家貧落魄，好大言以駴俗。崇禎九年舉於鄉，益廣交遊，爲豪舉，好臧否人，里中人惡之。友人陸培兄弟爲文逐潛夫，潛夫乃避居華亭。十六年冬，授開封推官。大河南五郡盡爲賊據，開封被河灌，城虛無人，長吏皆寄居封丘。有勸潛夫弗往者，不聽，馳之封丘。會叛將陳永福率賊兵出山西，其子德爲巡撫秦所式部將，縛巡按御史蘇京去。潛夫募民兵千，請於所式及總兵卜從善、許定國，令共剿，皆不肯行。

潛夫乃以十七年正月奉周王渡河居杞縣，檄召旁近長吏，設高皇帝位，歃血誓固守。賊所設僞巡撫梁啓隆居開封，他僞官散布郡邑間甚衆，而開封東西諸土寨剽掠公行，相攻殺無已。潛夫轉側杞、陳留間，朝夕不自保。聞西平寨副將劉洪起勇而好義，屢殺賊有功，躬往說之。五月五日方誓師，而都城失守。報至，乃慟哭，令其下縞素。洪起兵萬，號五萬，潛夫兵三千，俘杞僞官，啓隆聞風遁去。遂渡河而北，大破賊將陳德於柳園。時李自成已敗走山西，而南陽賊乘間犯西平，洪起引還，潛夫亦隨而南。

福王立南京，潛夫傳露布至，朝中大喜，卽擢監軍御史，巡按河南。潛夫乃入朝言：「中興在進取，王業不偏安。山東、河南地，尺寸不可棄。豪傑結寨自固者，引領待官軍。誠分命藩鎭，以一軍出潁、壽，一軍出淮、徐，則衆心競奮，爭爲我用。更頒爵賞鼓舞，計遠近，畫城堡俾自守，而我督撫將帥屯銳師要害以策應之。寬則耕屯爲食，急則披甲乘墉，一方有警，前後救援，長河不足守也。汴梁一路，臣聯絡素定，旬日可集十餘萬人。誠稍給糗糧，容臣自將，臣當荷戈先驅，諸藩鎭爲後勁，河南五郡可盡復。五郡既復，畫河爲固，南連荆楚，西控秦關，北臨趙衞，上之則恢復可望，下之則江淮永安，此今日至計也。兩淮之上，何事多兵，督撫紛紜，並爲虛設。若不思外拒，專事退守，舉土地甲兵之衆致之他人，臣恐江淮亦未可保也。」

當是時，開封、汝寧間列寨百數，洪起最大；南陽列寨數十，蕭應訓最大；洛陽列寨亦數十，李際遇最大。諸帥中獨洪起欲效忠，潛夫請予挂印爲將軍。馬士英不聽，而用其姻娅越其杰巡撫河南。潛夫自九月入覲，便道省親，甫五日卽馳赴河上。所建白皆不用，諸鎭兵無至者。其杰老憊不知兵。兵部尙書張縉彥總督河南、山東軍務，止提空名，不能馭諸將。其冬，應訓復南陽及泌陽、舞陽、桐柏，遣子三傑獻捷。潛夫授告身，飲之酒，鼓吹旌旗前導出。三傑喜過望，往謁其杰。其杰故爲尊嚴，厲辭詰責，詆爲賊。三傑泣而出，萌異心。潛夫過諸寨，皆鐃吹迭迎，其杰間過之，諸寨皆閉門不出。其杰恚，譖潛夫於士英。士英怒，冬盡，召潛夫還，以淩駉代。潛夫亦遭外艱歸。

明年三月，給事中林有本疏劾御史彭遇颽，並及潛夫。士英以遇颽己私人，置不問，獨令議潛夫罪。先是，有童氏者，自言福王繼妃，廣昌伯劉良佐具禮送之。潛夫至壽州，見車馬騶從傳呼皇后來，亦稱臣朝謁。及童氏入都，王以爲假冒，下之獄。遂責潛夫私謁妖婦，逮下獄治之。

未幾，南都不守，潛夫得脫歸。聞魯王監國紹興，渡江往謁，命復故官，加太僕少卿，監軍，乃自募三百人列營江上。尋進大理寺少卿，兼御史如故。順治三年五月晦，江上師盡潰，潛夫走至山陰化龍橋，偕妻妾二孟氏同赴水死，年三十七。

始爲文逐潛夫者陸培，字鯤庭，舉進士，爲行人，奉使事竣歸省。南京既覆，聞潞王又降，以繩授二僕，從容就縊而死，年二十九。培少負俊才，有文名，行誼修謹，客華亭，嘗却奔女於室云。

沈廷揚，字季明，崇明人。好談經濟。崇禎中，由國子生爲內閣中書舍人。十二年冬，帝以山東多警，運道時梗，議復海運。廷揚生海濱，習水道，上疏極言其便，且輯海運書五卷以呈。帝喜，卽命造海舟試之。廷揚乘二舟由淮安出海，抵天津，僅半月。帝大喜，卽加戶部郎中，往登州與巡撫徐人龍計海運事。初，寧遠軍餉率用天津船，自登州候東南風，轉粟至天津；又候西南風轉至寧遠。廷揚請從登州直達寧遠，帝用其議，省費多。十五年命再赴淮安督海運，事竣，加光祿少卿，仍領其事。

及京師陷，福王命廷揚以海舟防江。尋命兼理餉務，餽江北諸軍。南京失守，走還鄉里。後航海至舟山，依黃斌卿。唐王在福建，授兵部右侍郎，總督水師。魯王授官亦如之。魯王航海之明年，廷揚督舟師北上，抵福山，次鹿苑。夜分颶風大作，舟膠於沙，爲大淸兵所執。諭之降，不從，乃就戮。

林汝翥，字大葳，福清人。舉於鄉，授沛縣知縣。天啓二年，戰却徐鴻儒兵，緝妖人王普光黨有功，特擢御史。

四年六月巡視京城。民曹大妻與人奴角口，服毒死。火者曹進、傅國興率衆大掠奴主家，用大錐錐其主，刑官不敢問。汝翥捕得進，進懼劾，請受杖，遂杖之五十。國興邀於道，罵不已，汝翥收繫之，亦請受杖，復杖之。魏忠賢大怒，立傳旨廷杖汝翥。先數日，羣奄毆殺萬璟。汝翥大懼，逸至遵化。巡撫鄧渼爲代題，都御史孫瑋、御史潘雲翼等交章論救。不聽，卒杖之，削籍歸。

崇禎初，起官右參議，分守溫處道，不赴。久之，起瓊州道，坐奸民煽亂，貶秩歸。福王時，起雲南僉事，已而解職。魯王次長垣，召爲兵部右侍郎，與員外郎林垐攻福寧，戰敗被執，諭降不從，繫之，吞金屑而死。

垐，字子野，汝翥同邑人。崇禎十六年進士。授海寧知縣。邑有妖人以劍術惑衆，聚千人，垐捕殺之。南都覆，杭州亦不守，卒乘機乞餉，環署大譟。垐罪爲首者，而如其請。以城孤不能存，引去。唐王以爲御史，改文選員外郎，募兵福寧。聞王被殺，大慟，走匿山中。及魯王航海至長垣，福清鄉兵請陛爲主，與汝翥共攻城，歿於陣。

鄭爲虹，字天玉，江都人。崇禎十六年進士。除浦城知縣。唐王道浦城，知其廉，及自立，召爲御史。部民相率乞留，有十不可去之疏。乃令以御史巡視仙霞關，駐浦城。尋令巡撫上遊四府，兼領關務。鄭芝龍部將奪民舟，〔四〕爲虹叱責之。芝龍訴於王，王爲諭解。然是時芝龍已懷異志，盡撤守關將，仙霞嶺二百里間無一人。順治三年八月，大清兵長驅直入，爲虹亟還浦城，縱士民出走，自守空城。無何，被執，與給事中黃大鵬並死之，年二十有五。

大鵬，字文若，建陽人。崇禎十三年進士。爲義烏知縣，有能聲。唐王召爲兵科給事中，從至建寧，令與爲虹共守仙霞嶺，竟同死。時王在延平，聞仙霞關失守，倉猝走汀州。守延平者爲王士和，從走汀州者有胡上琛、熊緯，皆以死事著。

士和，字萬育，金谿人。崇禎中，舉於鄉。南京既覆，江西亦被兵，士和避入閩，授吏部司務。疏陳時政闕失，凡數千言，唐王刊賜文武諸臣，且召士和入對，嘉獎備至，擢兵部主事。未一月擢延平知府。八月，王走汀州，留兵部侍郎曹履泰偕士和居守。俄警報疊至，士和召父老曰：「吾雖一月郡守，當與城存亡。若等可速出，毋使數萬生靈盡膏斧鑕。」衆泣，士和亦泣。退入內署，謂友人曰：「吾一介書生，數月而忝二千石，安敢偷生。」其友勸止之，正色曰：「君子愛人以德，姑息何爲。」從容正衣冠，閉戶投繯死。

上琛，字席公。世襲福州右衞指揮使。好讀書，能詩。既襲職，復舉武鄉試。唐王時，官錦衣衞指揮，遷署都督僉事，充御營總兵官，從至汀州。王被執，上琛奔還福州，謂家人曰：「吾世臣，不可苟活，爲我採毒草來。」妾劉年二十，願同死。上琛喜曰：「汝幼婦亦能死耶！」遂整冠帶與妾共飲藥酒而卒。

緯，字文江，南昌人。崇禎十六年進士。授行人。兩京既覆，每飲酒，輒涕泗交横下。友人語之曰：「昔狠瞫有言『吾未獲死所』，子既有志，曷求所乎？」乃赴延平謁唐王，擢給事中。尋扈行至汀州，遘變，從官皆散，緯仍奔赴。遇大淸兵，死之。

贊曰：廢興之故，豈非天道哉。金聲等以烏合之師，張皇奮呼，欲挽明祚於已廢之後，心離勢涣，敗不旋踵，何尺寸之能補。然卒能致命遂志，視死如歸，事雖無成，亦存其志而已矣。

校勘記

〔一〕祖德與寧國舉人錢文龍　錢文龍，明史稿傳一五三、小腆紀傳卷四六丘祖德傳都作「錢龍文」。

〔二〕華亭教諭眭明永題詩明倫堂　眭明永，明史稿傳一五三、小腆紀傳卷四六沈猶龍傳作「睦明永」。

〔三〕薑用圓　小腆紀年附考卷一一同。明史稿傳一五三侯峒曾傳、南疆繹史卷三六龔用圓傳、小腆紀傳卷四六黃淳耀傳都作「龔用圓」。

〔四〕鄭芝龍部將奪民舟　部，原作「步」，據小腆紀傳卷四九鄭爲虹傳改。

明史卷二百七十八

列傳第一百六十六

楊廷麟 彭期生等 萬元吉 楊文薦 梁于涘 郭維經 姚奇胤
詹兆恒 胡夢泰 周定仍等 陳泰來 曹志明 王養正 夏萬亨等
曾亨應 弟和應 子筠 揭重熙 傅鼎銓 陳子壯 麥而炫
朱實蓮 霍子衡 張家玉 陳象明等 陳邦彥 蘇觀生

楊廷麟，字伯祥，清江人。崇禎四年進士。改庶吉士，授編修。勤學嗜古，有聲館閣間，與黃道周善。

十年冬，皇太子將出閣，充講官兼直經筵。廷麟具疏讓道周，不許。明年二月，帝御經筵，問保舉考選何者爲得人。廷麟言：「保舉當嚴舉主，如唐世濟、王維章乃溫體仁、王應熊所薦。今二臣皆敗，而舉主不問。是連坐之法先不行於大臣，欲收保舉效得乎？」帝爲動色。

其冬，京師戒嚴。廷麟上疏劾兵部尚書楊嗣昌，言：「陛下有撻伐之志，大臣無禦侮之才，謀之不臧，以國爲戲。嗣昌及薊遼總督吳阿衡內外扶同，朋謀誤國。與高起潛、方一藻倡和款議，武備頓忘，以至於此。今可憂在外者三，在內者五。督臣盧象昇以禍國責樞臣，言之痛心。夫南仲在內，李綱無功；潛善秉成，宗澤殞命。乞陛下赫然一怒，明正向者主和之罪，俾將士畏法，無有二心。召見大小諸臣，咨以方略。諭象昇集諸路援師，乘機赴敵，不從中制。此今日急務也。」

時嗣昌意主和議，冀紓外患，而廷麟痛詆之。嗣昌大恚，詭薦廷麟知兵。帝改廷麟兵部職方主事，贊畫象昇軍。象昇喜，卽令廷麟往眞定轉餉濟師。無何，象昇戰死賈莊。嗣昌意廷麟亦死，及聞其奉使在外，則爲不懌者久之。

初，張若麒、沈迅官刑曹，謀改兵部，御史涂必泓沮之。必泓，廷麟同里也。兩人疑疏出廷麟指，因與嗣昌比而搆廷麟。會廷麟報軍中曲折，嗣昌擬旨責以欺罔。事平，貶廷麟秩，調之外。黃道周獄起，詞連廷麟，當逮。未至而道周已釋，言者多薦廷麟。

十六年秋，復授職方主事，未赴，都城失守，廷麟慟哭，募兵勤王。福王立，用御史祁彪佳薦，召爲左庶子，辭不就。宗室朱統鏍誣劾廷麟召健兒有不軌謀，以姜曰廣爲內應。王不問，而廷麟所募兵亦散。

順治二年，南都破，江西諸郡惟贛州存。唐王手書加廷麟吏部右侍郎，劉同升國子祭酒。同升自雩都至贛，與廷麟謀大舉。乃偕巡撫李永茂集紳士於明倫堂，勸輸兵餉。九月，大兵屯泰和，副將徐必達戰敗，廷麟、同升乘虛復吉安、臨江。加兵部尚書兼東閣大學士，賜劍，便宜從事。十月，大兵攻吉安，必達戰敗，赴水死。會廣東援兵至，大兵退屯峽江。已而萬元吉至贛。十二月，同升卒。

三年正月，廷麟赴贛，招峒蠻張安等四營降之，號龍武新軍。廷麟聞王將由汀赴贛，將往迎王，而以元吉代守吉安。無何，吉安復失，元吉退保贛州。四月，大兵逼城下，廷麟遣使調廣西狼兵，而身往雩都趣新軍張安來救。五月望，安戰梅林，再敗，退保雩都。廷麟乃散其兵，以六月入贛，與元吉憑城守。未幾，援兵至，圍暫解，已，復合。八月，水師戰敗，援師悉潰。及汀州告變，贛圍已半年，守陴者皆懈。十月四日，大兵登城。廷麟督戰，久之，力不支，走西城，投水死。同守者郭維經、彭期生輩皆死。

期生，字觀我，海鹽人，御史宗孟子。登萬曆四十四年進士。崇禎初，爲濟南知府，坐失囚謫布政司照磨，量移應天推官，轉南京兵部主事，進郎中。十六年，張獻忠亂江西，遷湖西兵備僉事，駐吉安。吉安不守，走贛州，偕廷麟招降張安等，加太常寺卿，仍視兵備事。城破，冠帶自縊死。

一時同殉者，職方主事周瑚，磔死。通判王明汲，編修兼兵科給事中萬發祥，吏部主事龔棻，戶部主事林琦，兵部主事王其宖、黎遂球、柳昂霄、魯嗣宗、錢謙亨，中書舍人袁從鶚、劉孟鍧、劉應試，推官署府事吳國球，監紀通判郭寧登，臨江推官胡縝，贛縣知縣林逢春，皆被戮。鄉官盧觀象盡驅男婦大小入水，乃自沉死。舉人劉日佺偕母妻弟婦子姪同日死。參將陳烈數力戰，衆以其弟已降，疑之，烈益奮勇疾鬭。及見執，不屈，顧謂贛人曰：「而後乃今知我無二心也。」遂就戮。

萬元吉，字吉人，南昌人。天啓五年進士。授潮州推官，補歸德。捕大盜李守志，散其黨。崇禎四年大計，謫官。十一年秋，用曾櫻薦，命以永州檢校署推官事。居二年，督師楊嗣昌薦其才，改大理右評事，軍前監紀。嗣昌倚若左右手，諸將亦悅服，馳驅兵間，未嘗一夕安枕。嗣昌卒，元吉丁內艱歸。十六年起南京職方主事，進郎中。

福王立，仍故官。四鎭不和，元吉請奉詔宣諭。又請發萬金犒高傑於揚州，諭以大義，令保江、淮。乃渡江詣諸將營。傑與黃得功、劉澤清方爭揚州，元吉與得功書，令共獎王室。得功報書如元吉指，乃錄其橐示澤清、傑，嫌漸解。廷議以元吉能輯諸鎭，擢太僕少卿，監視江北軍務。元吉身在外，不忘朝廷，數有條奏。請修建文實錄，復其尊稱，并還懿文追尊故號，祀之寢園，以建文配，而速褒靖難死事諸臣，及近日北都四方殉難者，以作忠義之氣。從之。又言：

先帝天資英武，銳意明作，而禍亂益滋。寬嚴之用偶偏，任議之途太畸也。

先帝初懲逆璫用事，委任臣工，力行寬大。諸臣狃之，爭意見之異同，略綢繆之桑土，敵入郊圻，束手無策。先帝震怒，宵小乘間，中以用嚴。於是廷杖告密，加派抽練，使在朝者不暇救過，在野者無復聊生，廟堂號振作，而敵强如故，寇禍彌張。十餘年來，小人用嚴之效如是。先帝亦悔，更從寬大，悉反前規，天下以爲太平可致。諸臣復競賄賂，肆欺蒙，每趨愈下，再攖先帝之怒，誅殺方興，宗社繼歿。蓋諸臣之孽，每乘於先帝之寬；而先帝之嚴，亦每激於諸臣之玩。臣所謂寬嚴之用偶偏者此也。

國步艱難，於今已極。乃議者求勝於理，卽不審勢之重輕；好伸其言，多不顧事之損益。殿上之彼己日爭，閫外之從違遙制，一人任事，衆口議之。如孫傳庭守關中，識者俱謂不宜輕出，而已有以逗撓議之者矣。賊既渡河，臣語史可法、姜曰廣急撤關、寧吳三桂兵，隨樞輔迎擊。先帝召對時，羣臣亦曾及此，而已有以蹙地議之者矣。及賊勢燎原，廷臣或勸南幸，或勸皇儲監國南都，皆權宜善計，而已有以邪妄議之者矣。由事後而觀，咸追恨議者之誤國。倘事幸不敗，必共服議者之守經。大抵天下事，無全害亦無全利，當局者非樸誠通達，誰敢違衆獨行；旁持者競意氣筆鋒，必欲强人從我。臣所謂任議之途太畸者此也。

乞究前事之失，爲後事之師，以寬爲體，以嚴爲用。蓋崇簡易、推眞誠之謂寬，而濫賞縱罪者非寬；辨邪正、綜名實之謂嚴，而鉤距索隱者非嚴。寬嚴得濟，任議乃合。仍請於任事之人，嚴覈始進，寬期後效，無令行間再踵藏垢，邊才久借然灰，收之以嚴，然後可任之以寬也。

詔褒納之。

明年五月，南京覆，走福建，歸唐王。六月，我大清兵已取南昌、袁州、臨江、吉安。踰月，又取建昌。惟贛州孤懸上游，兵力單寡。會益府永寧王慈炎招降峒賊張安，所號龍武新軍者也，遣復撫州。南贛巡撫李永茂乃命副將徐必達扼泰和，拒大兵。未幾，戰敗，至萬安，遇永茂。永茂遂奔贛。

八月，叛將白之裔入萬安，江西巡撫曠昭被執，知縣梁于涘死之。于涘，江都人。崇禎十六年進士。時唐王詔適至贛，永茂乃與楊廷麟、劉同升同舉兵。未幾，王召永茂爲兵部右侍郎，以張朝綖代。甫任事，擢元吉兵部右侍郎兼右副都御史，總督江西、湖廣諸軍，召朝綖還，以同升代。元吉至贛，同升已卒，遂以元吉兼巡撫。

順治三年三月，廷麟將朝王，元吉代守吉安。初，崇禎末，命中書舍人張同敞調雲南兵，至是抵江西，兩京已相繼失，因退還吉安。廷麟留與共守，用客禮待之。其將趙印選、胡一青頻立功，而元吉約束甚嚴，諸將漸不悅。時有廣東兵亦以赴援至。而新軍張安者，汀、贛間峒賊四營之一，驍勇善戰，既降，有復撫州功，且招他營盡降。元吉以新軍足恃也，蔑視雲南、廣東軍，二軍皆解體。然安卒故爲賊，居贛淫掠，遣援湖西，所過殘破。及是，大兵逼吉安，諸軍皆內攜，新軍又在湖西。城中軍不戰潰，城遂破。元吉退屯皂口，檄諭贛州極言雲南兵棄城罪，其衆遂西去。四月，大兵逼皂口，元吉不能禦，入贛城。大兵乘勝抵城下。給事中楊文薦奉命湖南，過贛，入城共守禦，城中賴之。文薦，元吉門生也。

元吉素有才，涖事精敏。及失吉安，士不用命，昏然坐城上，對將吏不交一言。隔河大營遍山麓，指爲空營。兵民從大營中至，言敵勢盛，輒叱爲間諜，斬之。江西巡撫劉遠生令張琮者，將兵趨湖東。及贛圍急，遠生自出城，召琮於雩都。贛人曰「撫軍遁矣」，怒焚其舟，拘遠生妻子。俄遠生率琮兵至，贛人乃大悔。琮軍渡河，抵梅林，中伏大敗，還至河，爭舟，多死於水。遠生憤甚，五月朔，渡河再戰，身先士卒，遇大兵，被獲，復逃歸。而新軍先往湖西者，聞吉安復失，仍還雩都。廷麟躬往邀之，與大兵戰梅林，再敗，乃散遣其軍，而身入城，與元吉同守。自遠生敗，援軍皆不敢前。六月望，副將吳之蕃以廣東兵五千至，圍漸解，未幾復合，城中守如初。

王聞贛圍久，獎勞之，賜名忠誠府，加元吉兵部尙書，文薦右僉都御史，使尙書郭維經來援。維經與御史姚奇胤沿途募兵，得八千人。元吉部將汪起龍率師數千，雲南援將趙印選、胡一青率師三千，大學士蘇觀生遣兵如之。兩廣總督丁魁楚亦遣兵四千。廷麟又收集散亡，得數千。先後至贛，營於城外。諸將欲戰，元吉待水師至並擊。而中書舍人來從諤募砂兵三千，吏部主事龔棻、兵部主事黎遂球募水師四千，皆屯南安，不敢下。主事王其弦謂元吉曰：「水師帥羅明受海盜也，桀驁難制，棻、遂球若慈母之奉驕子。且今水涸，巨舟難進，豈能如約。」不聽。及八月，大兵聞水師將至，卽夜截諸江，焚巨舟八十，死者無算，明受遁還，舟中火藥戎器盡失。於是兩廣、雲南軍不戰而潰，他營亦稍稍散去。城中僅起龍、維經部卒四千餘人，城外僅水師後營二千餘人。參將謝志良擁衆萬餘雩都不進，廷麟調廣西狼兵八千人踰嶺，亦不卽赴。會聞汀州破，人情益震懼。

十月初，大兵用嚮導夜登城，鄉勇猶巷戰。黎明，兵大至，城遂破，元吉死之。先是，元吉禁婦女出城。其家人潛載其妾縋城去，元吉遣飛騎追還，捶其家人，故城中無敢出者。及城破，部將擁元吉出城。元吉歎曰：「爲我謝贛人，使闔城塗炭者我也，我何可獨存！」遂赴水死，年四十有四。

楊文薦，字幼宇，京山人。由進士爲兵科給事中。城破時，病困不能起，執送南昌，絕粒而卒。

郭維經，字六修，江西龍泉人。天啓五年進士。授行人。崇禎三年遷南京御史，疏陳時弊，中有所舉刺。帝責令指實，乃極稱順天府尹劉宗周之賢，力詆吏部尚書王永光谿刻及用人顚倒罪，帝置不問。六年秋，溫體仁代周延儒輔政，維經言：「執政不患無才，患有才而用之排正人，不用之籌國事。國事日非，則委曰我不知，坐視盜賊日猖，邊警日急，止與二三小臣爭口舌，角是非。平章之地幾成聚訟，可謂有才邪？」帝切責之。憂去。久之，起故官。

北都變聞，南都諸臣有議立潞王者，維經力主福王。王立，進應天府丞，仍兼御史，巡視中城。俄上言：「聖明御極將二旬，一切雪恥除兇、收拾人心之事，絲毫未舉。今僞官縱橫於鳳、泗，悍卒搶攘於瓜、儀，焚戮剽掠之慘，漸逼江南，而廊廟之上不聞動色相戒，惟以慢不切要之務，盈庭而議。乞令內外文武諸臣洗滌肺腸，盡去刻薄偏私及恩怨報復故習，一以辦賊復仇爲事。」報聞。尋遷大理少卿，左僉都御史。命專督五城御史，察非常，清輦轂。明年二月，隆平侯張拱日、保國公朱國弼相繼以他事劾罷維經，維經回籍。唐王召爲吏部右侍郎。

順治三年五月，大兵圍贛州。王乃命維經爲吏、兵二部尚書兼右副都御史，總理湖廣、江西、廣東、浙江、福建軍務，督師往援。維經與御史姚奇胤募兵八千人入贛州，與楊廷麟、萬元吉協守。及城破，維經入嵯峨寺自焚死，奇胤亦死之。

奇胤，字有僕，錢塘人。由進士授南海知縣。地富饒，多盜賊。奇胤絕苞苴，力以弭盜爲事，政聲大起。入爲兵部主事，改監察御史，巡按廣東。未任，與維經赴援，遂同死。

詹兆恒，字月如，廣信永豐人。父士龍，順天府尹。兆恒舉崇禎四年進士。由甄寧知縣，徵授南京御史，疏陳盜鑄之弊，帝下所司察核。十四年夏，言燕、齊二千里間，寇盜縱橫，行旅阻絕，四方餉金滯中途者，至數百萬，請急發京軍剿滅。又言楚、豫之疆盡青燐白骨，新徵舊逋，斷無從出，請多方蠲貸。帝並采納。明年，賊陷含山，犯無爲，劾總督高斗光。又明年秋，賊陷廬州，臨江欲渡，陳內外合防策。再劾斗光，請以史可法代，斗光遂獲譴。時江北民避亂，盡走南京。兆恒慮賊諜闌入，處之城外，爲嚴保伍，察非常，奸宄無所匿。

福王立，擢兆恒大理寺丞。馬士英薦阮大鋮，令冠帶陛見。兆恒言：「先皇手定逆案，芟刈羣兇，第一美政。今者大仇未報，乃忽召大鋮，還之冠帶，豈不上傷先皇靈，下短忠義氣哉！」疏奏，命取逆案進覽，兆恒卽上進。而士英亦以是日進三朝要典，大鋮竟起用。其秋，奉命祭告，尋進本寺少卿。使事竣，卽旋里。

唐王立，拜兆恒兵部左侍郎，佐黃道周協守廣信。廣信破，奔懷玉山，聚衆數千人自保。尋進攻衢州之開化縣，兵敗，歿於陣。

胡夢泰，字友蠡，廣信鉛山人。崇禎十年進士。除奉化知縣。邑人戴澳官順天府丞，怙勢不輸賦。夢泰捕治其子，其子走京師，愬澳，令劾去夢泰。澳念州民不當劾長吏，而劫於其子，姑出一疏，言天下不治由守令貪汚，以陰詆夢泰。及得旨，令指實。其子卽欲訐夢泰，而澳念夢泰無可劾，乃以嘉興推官文德翼、平遙知縣王凝命實之。給事中沈迅爲兩人訴枉，發澳隱情。澳下詔獄，除名。夢泰聲益起。

十六年夏，吏部會廷臣舉天下賢能有司十人，夢泰與焉，行取入都。帝以畿輔州縣殘破，欲得廉能者治之，諸行取者悉出補。夢泰得唐縣。京師陷，南歸。

唐王時，授兵科給事中，奉使旋里。順治三年，大兵逼城下，夢泰傾家募士，與巡撫周定仍等守城。圍數月，城破，夫婦俱縊死。

定仍，南昌人。崇禎十六年進士。與萬文英、胡奇偉、胡甲桂舉兵保廣信，唐王即以爲右僉都御史，巡撫其地。城破，死之。

文英，亦南昌人。初爲鳳陽推官，以子元亨代死，得脫歸。福王時，起禮部主事，丁艱不赴。唐王授爲兵部員外郎，監黃道周諸軍，協守廣信。諸軍敗於鉛山，文英舉家赴水死。

奇偉，進賢人。歷官兵部主事。唐王授爲湖東副使，守廣信，兵敗，死之。

甲桂，字秋卿，崑山人。崇禎十二年以鄉試副榜貢入國學，授南昌通判。遷永州同知，以道梗改廣信。至則南昌、袁州、吉安俱失。廣信止疲卒千人，士民多竄徙。會黃道周以募兵至，相與議城守。已而道周敗歿，勢益孤，甲桂效死不去。城破被執，諭降不從，幽別室，自經死。

有畢貞士者，貴溪人，舉於鄉。同守廣信，城破，赴水。家人救之，行至五里橋，望拜祖塋，觸橋柱死。

陳泰來，字剛長，江西新昌人。崇禎四年進士。由宣城知縣入爲戶科給事中。十五年冬，都城戒嚴，泰來陳戰守數策。總督趙光抃言泰來與同官荆祚永素晰邊情，行間奏報，宜敕二臣參預，報可。泰來又自請假兵一萬，肅淸輦轂。帝壯之，即改授兵科，出視諸軍戰守方略，召對中左門。至軍中，奏界嶺失事狀，劾副將柏永鎭論死。以功遷吏科右給事中，乞假歸。福王時，起刑科左給事中，不赴。

唐王擢爲太僕寺少卿，與萬元吉同守贛州。再擢右僉都御史，提督江西義軍。李自成敗走武昌，其部下散掠新昌境，泰來大破之。初，益王起兵建昌，泰來欲從之。同邑按察使漆嘉祉、舉人戴國士持不可。已而新昌破，國士出降，泰來惡之。會上高舉人曹志明等兵起，泰來與相結。十二月攻取上高、新昌、寧州，殺國士妻子，遂取萬載。已而大兵逼新昌，守將出降，泰來走界埠，志明等從上高移軍會之，進攻撫州，兵敗皆死。

王養正，字聖功，泗州人。崇禎元年進士。授海鹽知縣。遭父喪，服除，起官秀水，中大計，補河南按察司照磨，累遷南康知府。計殲巨寇鄧毛溪、熊高，一方賴之。福王時，進副使，分巡建昌。南都既覆，大兵下江西。巡撫曠昭棄南昌遁，走瑞州，列城望風潰。養正乃與布政夏萬亨、知府王域、推官劉允浩、南昌推官史夏隆起兵拒守。閱三日，有客兵內應，城卽破。養正等被執，械至南昌，與萬亨等同死。其妻張氏聞之，絕粒九日而死。

萬亨，字元禮，崑山人，起家舉人。南昌失守，避建昌，與養正同死。妻顧、子婦陸及一孫、一孫女先赴井死。僕婢死者復十餘人。

域，字元壽，松江華亭人。舉於鄉，授宿州學正。流賊至，佐有司捍禦有功。屢遷工部主事，榷稅蕪湖。都城陷，諸榷稅者多以自入。域歎曰：「君父遭非常禍，臣子反因以爲利邪！」悉歸之南京戶部。尋由郎中遷建昌知府。城破，械至南昌，與允浩、夏隆同日死。

允浩，掖縣人。夏隆，宜興人。皆崇禎十六年進士。時同死者六人，其一人失其姓名。

建昌人哀其忠，哀而瘞之，表曰「六君子之墓」。

初，建昌南城諸生有鄧思銘者，聞北都陷，集其儕數十人爲庠兵，期朔望習射，學技擊，爲國報仇。請於有司，有司笑曰：「庠可兵邪？」衆志遂懈。思銘鬱鬱不得志。明年，城破，死之。

建昌旣破，新城知縣譚夢開迎降，民潛導守關兵殺之。夢開黨與民互相殘，〔一〕彌月不靖。唐王以邵武貢生李翔爲新城知縣。翔至，擒殺餘黨，衆遂散。然民習於亂，佃人以田主徵租斛大，聚數千人，譟縣庭。翔潛遣義兵三百，詭稱鄭彩軍，殺亂民。明日復斬百餘級，亂乃靖。彩兵數萬駐新城，畏大兵，遁入關。獨監軍張家玉、新城人徐伯昌與翔共守。及大兵逼，家玉亦戰敗入關。翔率民兵千餘出城拒擊。大兵從間道入城，民兵皆散，翔與伯昌皆死之。伯昌，字子期，唐王時，由舉人授兵部主事，改御史者也。

時江西郡邑吏城守者，又有李時興、高飛聲。時興，福清人，舉於鄉，歷官袁州同知，攝府事。會城已降，時興力城守。無何，守將蒲纓兵潰，湖廣援將黃朝宣五營亦譟歸。時興度不能守，自縊於萍鄉官舍，一僕亦同死。飛聲，字克正，長樂人。崇禎中，由鄉舉授玉山知縣，遷同知，乞養去。唐王時，黃道周出督師，邀與偕，令攝撫州事。大兵至，遣家人懷印走謁王，而身守城死焉。

曾亨應，字子嘉，臨川人。父棟，廣東布政使。亨應舉崇禎七年進士。歷官吏部文選主事。十五年秋，有詔起廢，亨應以毛士龍、李右讜、喬可聘等十人上。御史張懋爵劾其納賄行私，亨應疏辨。懋爵三疏力攻，遂被謫去。

福王立之明年，江西列城皆不守。亨應命弟和應奉父入閩，而己與艾南英、揭重熙謀城守。會永寧王慈炎招連子峒土兵數萬復建昌，入撫州，寓書亨應。亨應募兵數百，與相掎角。一日，方置酒宴客，大兵至。亨應避石室，其從弟指示之，遂被執，幷執其長子筠。亨應顧筠曰：「勉之，一日千秋，毋自負！」筠曰：「諾。」先受刑死。釋亨應縛，諭之降，不答，被戮。和應聞兄死，曰：「烈哉！兄爲忠臣，兄子爲孝子，復何憾！」既奉父入閩，又走避之肇慶，乃拜辭其父，投井死。先是，棟弟栻爲蒲圻知縣，栻兄益爲貴州僉事，並死難，人稱「曾氏五節」云。

始，亨應爲懋爵所訐，朝士頗疑之。後亨應死節，而懋爵竟降李自成爲直指使。

揭重熙，字祝萬，臨川人。崇禎十年以五經登進士，授福寧知州。福王時，擢吏部考功主事。外艱歸。撫州破，與同里曾亨應先後舉兵。唐王命以故官聯絡建昌兵，戰敗被劾。用大學士曾櫻薦，以考功員外郎兼兵科給事中，從大學士傅冠辦湖東兵事。瀘溪告警，冠不能救，重熙劾解冠任，兵事遂皆委重熙。江西巡撫劉廣胤戰敗被執，復用櫻薦，擢右僉都御史，代廣胤。攻撫州，不克而退。俄聞汀州失，解兵入山。永明王拜重熙兵部尚書兼右副都御史，總督江西兵，召募萬餘人，薄邵武，敗還。金聲桓，左良玉將也，已降於大清，復乘間爲亂，據南昌。大兵攻討之，聲桓死，諸軍盡散，獨張自盛衆數萬走閩。重熙入其軍，約廣信曹大鎬並進。自盛掠邵武，戰敗被執。重熙走依大鎬百丈磜。適大鎬還軍鉛山，惟空營在，衆就營炊食。大兵偵得之，率衆至，射重熙中項，執至建寧，下之獄。重熙日呼高皇帝，祈死不得。至冬十一月，昂首受刃，顏色不改。

傅鼎銓，字維新，重熙同邑人。崇禎十三年進士。除翰林檢討。李自成陷京師，鼎銓出謁，賊敗南還。

唐王時，曾櫻薦鼎銓，命予知府銜，赴贛州軍自效，尋復其故官。贛州破，退隱山中。

已，閩金聲桓叛，鼎銓舉兵以應。永明王命爲兵部右侍郎兼翰林院侍讀學士。聲桓滅，鼎銓往來自盛、大鎬軍。順治八年，至廣信張村，爲守將所執，繫南昌獄。諭之降，不從。令作書招重熙，亦不從。八月朔，乃從容就刑。

鼎銓自降流賊，爲鄉人非笑，嘗欲求一死所。至是得死，鄉人更賢鼎銓。已，重熙、大鎬相繼敗，都昌督師余應桂亦以是歲亡，江右兵遂盡。

陳子壯，字集生，南海人。萬曆四十七年以進士第三人授翰林編修。天啓四年典浙江鄉試，發策刺閹豎。魏忠賢怒，假他事削子壯及其父給事中熙昌籍。

崇禎初，起子壯故官，累遷禮部右侍郎。流賊犯皇陵，帝素服召對廷臣。子壯言：「今日所急，在收人心。宜下罪己詔，激發忠義。」帝納之。乃會諸臣，列上蠲租、清獄、使過、宥罪等十二事。帝以海內多故，思廣羅賢才，下詔援祖訓，郡王子孫文武堪任用者，得考驗授職。子壯慮爲民患，立陳五不可。會唐王上疏，歷引前代故事，詆子壯，遂除子壯名，下之獄，坐贖徒歸。久之，廷臣交薦，起故官，協理詹事府。未上，京師陷。

福王立，起禮部尚書。至蕪湖，南京亦失守，乃歸。唐王立福建，召相子壯。以前議宗室事，有宿憾，辭不行。

順治三年，汀州遘變，丁魁楚等擁立桂王子永明王由榔於肇慶。蘇觀生又議立唐王弟聿鐭，子壯沮不得，退居邑之九江村。永明王授子壯東閣大學士兼兵部尚書，督廣東、福建、江西、湖廣軍務。會大兵入廣州，聿鐭被執死，子壯止不行。

明年春，張家玉、陳邦彥及新會王興、潮陽賴其肖先後起兵，子壯亦以七月起兵九江村。〔三〕兵多蜑户番鬼，善戰。乃與陳邦彥約共攻廣州，結故指揮使楊可觀等爲內應。事洩，可觀等死。子壯駐五羊驛，爲大兵擊敗，走還九江村。長子上庸陣歿。會故御史麥而炫破高明，迎子壯，以故主事朱實蓮攝縣事。實蓮，子壯邑子也。九月，大兵克高明，實蓮戰死。子壯、而炫俱執至廣州，不降，被戮。子壯母自縊。永明王贈子壯番禺侯，謚文忠，廕子上圖錦衣衛指揮使。

而炫，字章闇，高明人。由進士歷上海、安肅知縣。唐王時，擢御史。

實蓮，字子潔。由舉人歷官刑部主事。

初，聿鐭之自立於廣州也，召南海霍子衡爲太僕卿。子衡，字覺商，舉萬曆中鄉試，歷袁州知府。及官太僕時，而廣州不守。子衡乃召妾莫氏及三子應蘭、應荃、應芷語之曰：

「禮」，『臨難毋苟免』，若輩知之乎？」三子皆應曰：「惟大人命！」子衡援筆大書「忠孝節烈之家」六字，懸中堂，易朝服，北向拜。又易緋袍，謁家廟，先赴井死。妾從之，應蘭偕妻梁氏及一女繼之，應荃、應芷偕其妻徐氏、區氏又繼之。惟三孫得存。有小婢見之，亦投井死。

張家玉，字元子，東莞人。崇禎十六年進士。改庶吉士。

李自成陷京師，被執。上書自成，請旌己門爲「翰林院庶吉士張先生之廬」，而褒恤范景文、周鳳翔等，隆禮劉宗周、黃道周，尊養史可程、魏學濂。自稱殷人從周，願學孔子，稱自成大順皇帝。自成怒，召之入，長揖不跪。縛午門外三日，復脅之降，怵以極刑，卒不動。自成曰：「當磔汝父母！」乃跪。時其父母在嶺南，家玉遽自屈，人咸笑之。

賊敗南歸。阮大鋮等攻家玉薦宗周、道周於賊，令收人望，集羣黨。家玉遂被逮。明年，南都失守，脫歸。從唐王入福建，擢翰林侍講，監鄭彩軍。出杉關，謀復江西，解撫州之圍。

順治三年，風聞大兵至，彩即奔入關，家玉走新城。大兵來攻，出戰，中矢，墮馬折臂，走入關。令以右僉都御史巡撫廣信。廣信已失，請募兵惠、潮，說降山賊數萬，將赴贛州急。會大兵克汀州，乃歸東莞。

四年，家玉與舉人韓如璜結鄉兵攻東莞城，知縣鄭霖降，乃籍前尚書李覺斯等貲以犒士。甫三日，大兵至，家玉敗走。奉表永明王，進兵部尚書。無何，大兵來擊，如璜戰死，家玉走西鄉。祖母陳、母黎、妹石寶俱赴水死，妻彭被執，不屈死，鄉人殲焉。西鄉大豪陳文豹奉家玉取新安，襲東莞，戰赤岡。未幾，大兵大至，攻數日，家玉敗走鐵岡，文豹等皆死。覺斯怨家玉甚，發其先壟，毀及家廟，盡滅家玉族，村市爲墟。家玉過故里，號哭而去。道得衆數千，取龍門、博羅、連平、長寧，遂攻惠州，克歸善，還屯博羅。大兵來攻，家玉走龍門，復募兵萬餘人。家玉好擊劍，任俠，多與草澤豪士游，故所至歸附。乃分其衆爲龍、虎、犀、象四營，攻據增城。

十月，大兵步騎萬餘來擊。家玉三分其兵，掎角相救，倚深谿高崖自固。大戰十日，力竭而敗，被圍數重。諸將請潰圍出，家玉歎曰：「矢盡礮裂，欲戰無具；將傷卒斃，欲戰無人。烏用徘徊不決，以頸血濺敵人手哉！」因徧拜諸將，自投野塘中以死，年三十有三。明年，永明王贈家玉少保、武英殿大學士、吏部尚書、增城侯，諡文烈。其父兆龍猶在，以子爵封之。

陳象明，字麗南，家玉同邑人。崇禎元年進士。授戶部主事，榷稅淮安，以清操聞。屢遷饒州知府，忤巡按御史，被劾。謫兩浙鹽運副使，〔三〕累遷湖南道副使。唐王時，總督何騰蛟令徵餉廣西。會永明王立，廣東地盡失。象明徵調土兵，與陳邦傳連營，東至梧州榕樹潭，遇大兵，戰敗，死之。

廣東之失也，龍門破，里人廖翰標以二幼子託從父，從容自縊死。番禺破，里人梁萬爵曰「此志士盡節之秋也」，赴水死。翰標，天啓中舉人，官江西新城知縣，廉惠，民爲建祠。萬爵，字天若，唐王時舉人。

陳邦彥，字令斌，順德人。爲諸生，意氣豪邁。福王時，詣闕上政要三十二事，格不用，唐王聿鍵讀而偉之。既自立，即其家授監紀推官。未任，舉於鄉。以蘇觀生薦，改職方主事，監廣西狼兵，援贛州。至嶺，聞汀州變，勸觀生東保潮、惠，不聽。

會丁魁楚等已立永明王監國於肇慶，觀生遣邦彥入賀。王因贛州破，懼逼己，西走梧州。邦彥甫入謁，而觀生別立唐王聿鐭於廣州，邦彥不知也。夜二鼓，王遣中使十餘輩召入舟中。王太后垂簾坐，王西向坐，魁楚侍，語以廣州事。邦彥請急還肇慶，正大位以繫人心。命南雄勍卒取韶，制粵東十郡之七，而委其三於唐王，代我受敵，從而乘其敝。王大悅，立擢兵科給事中，齎敕還諭觀生。抵廣州，聞使臣彭燿被殺，乃遣從人授觀生敕，而自以書曉利害。觀生猶豫累日，欲議和，會聞永明王兵大敗，不果。邦彥遂變姓名入高明山中。

順治三年冬十二月，大兵破廣州，觀生死，列城悉下，邦彥乃謀起兵。初，贛州萬元吉遣族人萬年募兵於廣，得余龍等千餘人，未行而贛州失。龍等無所歸，聚甘竹灘爲盜，他潰卒多附，至二萬餘人。總督朱治憪招降之，旣而譟歸。四年春，大兵定廣州，克肇慶、梧州，敗走治憪，殺魁楚，前驅抵平樂。永明王方自梧道平樂，走桂林，勢危甚。邦彥乃說龍乘間圖廣州，而已發高明兵由海道入珠江與龍會。且遺張家玉書曰：「桂林累卵，但得牽制毋西，潯、平間可完葺，是我致力於此而收功於彼也。」家玉以爲然。然龍卒故無紀律，大兵自桂林還救，揚言取甘竹灘，龍等顧其家，輒退，邦彥亦却歸。旣，乃遣門人馬應芳會龍軍取順德。無何，大兵至，龍戰敗，應芳被執，赴水死。四月，龍再戰黃連江，亦敗歿。大兵攻家玉於新安。邦彥乃棄高明，收餘衆，徇下江門據之。

初，廣州之圍，大兵知謀出邦彥，求其家，獲妾何氏及二子，厚遇之，爲書招邦彥。邦彥判書尾曰：「妾辱之，子殺之。身爲忠臣，義不顧妻子。」七月與陳子壯密約，復攻廣州。子壯先至，謀洩，將引退。邦彥軍亦至，謀伏兵禺珠洲側，伺大兵還救會城，而縱火以焚舟。子壯如其計，果焚舟數十。大兵引而西，邦彥尾之。會日暮，子壯不能辨旗幟，疑皆敵舟也，陣動。大兵順風追擊，遂大潰。子壯奔高明，邦彥奔三水。八月，清遠指揮白常燦以城迎邦彥。乃入清遠，與諸生朱學熙嬰城固守。

邦彥自起兵，日一食，夜則坐而假寐，與其下同勞苦，故軍最强，嘗分兵救諸營之敗者。至是精銳盡喪，外無援軍。越數日，城破，常燦死。邦彥率數十人巷戰，肩受三刃，不死，走朱氏園，見學熙縊，拜哭之。旋被執，饋之食，不食，繫獄五日，被戮。邦彥死，子壯被執，踰月，家玉亦自沉。永明王贈邦彥兵部尚書，謚忠愍，廕子錦衣指揮。

蘇觀生，字宇霖，東莞人。年三十始爲諸生。崇禎中，由保舉授無極知縣。總督范志完薦其才，進永平同知，監紀軍事，尋遷戶部員外郎。十七年，京師陷，脫還南京，進郎中，催餉蘇州。明年五月，南京破，走杭州。會唐王聿鍵至，觀生謁王。王與語大悅，聯舟入福建。與鄭芝龍、鴻逵兄弟擁立王，擢爲翰林學士，旋進禮部右侍郎兼學士。設儲賢館，分十二科，招四方士，令觀生領之。觀生矢清操，稍有文學，而時望不屬。王以故人，恩眷出廷臣右，乃超拜東閣大學士，參機務。

觀生數贊王出師。見鄭氏不足有爲，事權悉爲所握，請王赴贛州，經略江西、湖廣。王乃議觀生先行。明年，觀生赴贛州，大徵甲兵。餉不繼，竟不能出師。

時順治三年三月，大兵破吉安，總督萬元吉乞援，觀生遣二百人往。元吉令協守綿津灘，遇大兵，潰走。元吉乃退回贛州，大兵遂圍城。觀生走南康，贛人數告急，不敢援。六月，大兵退屯水西，觀生發三千人助贛守。久之，他將戰敗。九月，大兵再攻贛州，三千人皆引去。時觀生移駐南安，閩中急，不能救。聿鍵死於汀州，〔四〕贛州亦破，觀生退入廣州。監紀主事陳邦彥勸觀生疾趨惠、潮，扼漳、泉，兩粵可自保。觀生不從。

會丁魁楚等議立永明王，觀生欲與共事。魁楚素輕觀生，拒不與議，呂大器亦叱辱之。適唐王弟聿𨮁與大學士何吾騶自閩至，南海關捷先、番禺梁朝鍾首倡兄終弟及議。觀生遂與吾騶及布政使顧元鏡，侍郎王應華、曾道唯等以十一月二日擁立王，就都司署爲行宮。卽日封觀生建明伯，掌兵部事，進吾騶等秩，擢捷先吏部尚書，旋與元鏡、應華、道唯並拜東閣大學士，分掌諸部。時倉卒舉事，治宮室、服御、鹵簿，通國奔走，夜中如晝。不旬日，除官數千，冠服皆假之優伶云。

永明王監國肇慶，遣給事中彭燿、主事陳嘉謨齎敕往諭。燿，順德人，過家拜先廟，託子於友人。至廣州，以諸王禮見，備陳天潢倫序及監國先後，語甚切至，因歷詆觀生諸人。觀生怒，執殺之，嘉謨亦不屈死。乃治兵日相攻，以番禺人陳際泰督師，與永明王總督林佳鼎戰於三水。兵敗，復招海盜數萬人，遣大將林察將。

十二月二日，戰海口，斬佳鼎。觀生意得，務粉飾爲太平事，而委任捷先及朝鍾。捷先，由進士歷官監司，小有才，便筆札。朝鍾舉於鄉，善談論，浹旬三遷至祭酒。有楊明競者，潮州人。好爲大言，詭稱精兵滿惠、潮間，可十萬，卽特授惠潮巡撫。朝鍾語人：「內有捷先，外有明競，强敵不足平矣。」觀生亦器此三人，事必咨之。又有梁鍙者，妄人也，觀生才之，用爲吏科都給事中，與明競大納賄賂，日薦用數十人。

觀生本乏猷略，兼總內外任，益昏瞀。招海盜資捍禦，其衆白日殺人，縣肺腸於貴官之門以示威，城內外大擾。時大兵已下惠、潮，長吏皆降附，卽用其印移牒廣州，報無警。觀生信之。

是月十五日，聿鐭視學，百僚咸集，或報大兵已逼。觀生叱之曰：「潮州昨尙有報，安得遽至此。妄言惑衆，斬之！」如是者三。大兵已自東門入，觀生始召兵搏戰。兵精者皆西出，倉卒不能集。觀生走鍙所問計。曰：「死爾，復何言！」觀生入東房，鍙入西房，各拒戶自縊。觀生慮其詐，稍留聽之。鍙故扼其吭，氣湧有聲，且推几仆地，久之寂然。觀生信爲死，遂自經。明日，鍙獻其屍出降。朝鍾聞變赴池，爲鄰人救出，自經死。聿鐭方事閱射，急易服踰垣匿王應華家。俄縋城走，爲追騎所獲。饋之食，不受，曰：「我若飮汝一勺水，何以見先人地下！」投繯而絕。吾騶、應華等悉降。

贊曰：自南都失守，列郡風靡。而贛以彈丸，獨憑孤城，誓死拒命。豈其兵力果足恃哉，激於義而衆心固也。迨汀、贛繼失，危近目睫，而肇慶、廣州日治兵相攻，自取兩敗。蓋天速其禍，如發蒙振槁，無煩驅除矣。

校勘記

〔一〕夢開黨與民互相殘　黨，原作「等」。按夢開已被殺，不能與民相殘。據明史稿傳一五四、小腆紀傳卷四三王養正傳改。

〔二〕子壯亦以七月起兵九江村　七月，原作「八月」，據本卷陳邦彥傳、小腆紀年附考卷一四改。

〔三〕謫兩浙鹽運副使　兩浙，原作「兩淮」，據明史稿傳一五五、小腆紀傳卷五〇陳象明傳改。

〔四〕聿鍵死於汀州　本書卷一一八聿鍵傳作被執於汀州，死於福州。

明史卷二百七十九

列傳第一百六十七

呂大器　文安之　樊一蘅范文光　詹天顏　吳炳侯偉時

王錫袞　堵胤錫　嚴起恒　朱天麟張孝起

楊畏知　吳貞毓高勣等

呂大器，字儼若，遂寧人。崇禎元年進士。授行人，擢吏部稽勳主事，更歷四司，乞假歸。以邑城庳惡，倡議修築。工甫竣，賊至，佐有司拒守，城獲全。詔增秩一等。出爲關南道參議，遷固原副使。巡撫丁啓睿檄大器討長武賊，用穴地火攻法滅之。十四年擢右僉都御史，巡撫甘肅。劾總兵官柴時華不法，解其職，立遣副將王世寵代之。時華乞兵西部及土魯番爲變，大器令世寵討敗時華及西部，時華自焚死。塞外爾迭尼、黃台吉等擁衆乞賞，謀犯肅州，守臣拒走之。大器假賞犒名，毒飲馬泉，殺其衆無算。又遣總兵官馬爌督副將世寵等討羣番爲亂者，斬首七百餘級，撫三十八族而還。又擊敗其餘黨。西陲略定。

十五年六月擢兵部添註右侍郎。大器負才，性剛躁，善避事。見天下多故，懼當軍旅任，力辭，且投揭吏科，言己好酒色財，必不可用。帝趣令入京，詭稱疾不至。嚴旨切責，亦不至，命所司察奏。明年三月始至，命以本官兼右僉都御史，總督保定、山東、河北軍務。時畿輔未解嚴，大器及諸將和應薦、張汝行馳扼順義牛欄山。總督趙光抃集諸鎭師大戰螺山，應薦陣亡，他將亦多敗。大器所部無失事，增俸一等。

五月，以保定息警，罷總督官，特設江西、湖廣、應天、安慶總督，駐九江，大器任之。湖北地已失，武昌亦陷，左良玉駐九江，稱疾不進。以侯恂故疑大器圖己，語具良玉傳中。大器詣榻前與慰勞，疑稍釋。而張獻忠大躪湖南，分兵陷袁州、吉安。大器急遣部將及良玉軍連破之樟樹鎭，峽江、永新二郡皆復。已而建昌、撫州陷，良玉、大器不和，兵私鬬，焚南昌闤㢠。廷議因改大器南京兵部右侍郎，以袁繼咸代。

十七年四月，京師報陷，南京大臣議立君。大器主錢謙益、雷縯祚言，立潞王。議未定而馬士英及劉澤清諸將擁福王至。福王立，遷大器吏部左侍郎。大器以異議絀，自危，乃上疏劾士英。言其擁兵入朝，覩留政地，翻先皇手定逆案，欲躋阮大鋮中樞。其子以銅臭爲都督，女弟夫未履行陣，授總戎，姻婭越其杰、田仰、楊文驄先朝罪人，盡登膴仕，亂名器。「夫吳甡、鄭三俊，臣不謂無一事失，而端方諒直，終爲海內正人之歸；士英、大鋮，臣不謂無一技長，而奸回邪慝，終爲宗社無窮之禍」。疏入，以和衷體國答之。

未幾，澤清入朝，劾大器、縝祚懷異圖。大器遂乞休去，以手書監國告廟文送內閣，明無他。士英憾未已，令太常少卿李沾劾之。遂削大器籍，復命法司逮治之。以蜀地盡失，無可蹤跡而止。大器既去，沾得超擢左都御史。謙益亦以附士英、大鋮，得爲禮部尚書。獨縝祚論死。

明年，唐王召爲兵部尚書兼東閣大學士。道梗，久之至。汀州失，奔廣東，與丁魁楚等擁永明王監國，令以原官兼掌兵部事。久之，進少傅，盡督西南諸軍，代王應熊，賜劍，便宜從事。至涪州，與將軍李占春深相結。他將楊展、于大海、胡雲鳳、袁韜、武大定、譚弘、譚詣、譚文以下，皆受大器約束。宗室朱容藩自稱天下兵馬副元帥，據夔州。大器檄占春、大海、雲鳳討殺容藩。大器至思南得疾，次都勻而卒，王謚爲文肅。

文安之，夷陵人。天啓二年進士。改庶吉士，授檢討，除南京司業。崇禎中，就遷祭酒，爲薛國觀所搆，削籍歸。久之，言官交薦，未及召而京師陷。

福王時，起爲詹事。唐王復召拜禮部尚書。安之方轉側兵戈間，皆不赴。永明王以瞿式耜薦，與王錫衮並拜東閣大學士，亦不赴。

順治七年六月，安之謁王梧州。安之敦雅操，素淡宦情，遭國變，絕意用世。至是見國勢愈危，慨然思起扶之，乃就職。時嚴起恒爲首輔，王化澄、朱天麟次之，起恒讓安之而自處其下。

孫可望再遣使乞封秦王，安之持不予。其後桂林破，王奔南寧。大兵日迫，雲南又爲可望據，不可往。安之念川中諸鎭兵尙强，欲結之，共奬王室，乃自請督師，加諸鎭封爵。王從之，加安之太子太保兼吏、兵二部尙書，總督川、湖諸處軍務，賜劍，便宜從事。進諸將王光興、郝永忠、劉體仁、袁宗第、李來亨、王友進、塔天寶、馬雲翔、郝珍、李復榮、譚弘、譚詣、譚文、党守素等公侯爵，卽令安之齎敕印行。可望聞而惡之，又素銜前阻封議，遣兵伺於都勻，邀止安之，追奪光興等敕印。留數月，乃令入湖廣。安之遠客他鄉，無所歸，復赴貴州，將謁王於安龍。可望坐以罪，戍之畢節衞。

先是，可望欲設六部、翰林等官，慮人議其僭，乃以范鑛、馬兆義、任僎、萬年策爲吏、戶、禮、兵尚書，並加行營之號。後又以程源代年策。而僎最寵，與方于宣屢勸進，可望令待王入黔議之。王久駐安龍，可望遂自設內閣六部等官，以安之爲東閣大學士。安之不爲用，久之走川東，依劉體仁以居。

李赤心、高必正等久竄廣西賓、橫、南寧間。赤心死，養子來亨代領其衆，推必正爲主。必正又死，其衆食盡，且畏大兵逼，率衆走川東，分據川、湖間，耕田自給。川中舊將王光興、譚弘等附之，衆猶數十萬。

順治十六年正月，王奔永昌。安之率體仁、宗第、來亨等十六營由水道襲重慶。會譚弘、譚詣殺譚文，諸將不服。安之欲討弘、詣，弘、詣懼，率所部降於大兵，諸鎮遂散。時王已入緬甸，地盡失，安之不久鬱鬱而卒。

樊一蘅，字君帶，宜賓人。父垣，常德知府。一蘅舉萬曆四十七年進士，知安義、襄陽。累官吏部郎中，請告歸。

崇禎三年秋，遷榆林兵備參議。流賊多榆林人，又久荒，饑民益相挻爲盜。一蘅撫創殘，修戎備，討斬申在庭、馬丙貴，平不沾泥。累被薦，遷監軍副使，再遷右參政，分巡關南。

總兵曹文詔敗歿，羣賊迫西安。總督洪承疇令一蘅監左光先、張應昌軍，連破賊，擊走混天星。賊逼漢中，瑞王告急，一蘅偕副將羅尚文往救。會承疇大軍至，賊乃走。進按察使，偕副將馬科、賀人龍屢挫祁總管於漢中，降之。

十二年擢右僉都御史，代鄭崇儉巡撫寧夏，被劾罷歸。十六年冬，用薦起兵部右侍郎，總督川、陝軍務，道阻，命不達。

順治元年，福王立於南京，復申前命。時張獻忠已據全蜀，惟遵義未陷，一蘅與王應熊避其地。既拜命，檄諸郡舊將會師大舉。會巡撫馬乾復重慶，松潘副將朱化龍、同知詹天顏擊斬賊將王運行，復龍安、茂州。一蘅乃起舊將甘良臣爲總統，副以侯天錫、屠龍，合參將楊展，游擊馬應試、余朝宗所攜潰卒，得三萬人。明年三月攻敍州，應試、朝宗先登，展等繼至，斬馘數千級。僞都督張化龍走，遂復其城。一蘅乃犒師江上。

初，乾復重慶，賊將劉廷舉走，求救於獻忠。獻忠命養子劉文秀攻重慶，水陸並進。副將曾英與參政劉麟長自遵義至，〔一〕與部將于大海、李占春、張天相等夾擊，破賊兵數萬。英威名大振，諸別將皆屬，兵二十餘萬，奉一蘅節制。

楊展既復敍州，賊將馮雙禮來寇，每戰輒敗，孫可望以大衆援之。隔江持一月，糧盡，一蘅退屯古藺州，展退屯江津。賊退截朱化龍及僉事蔡肱明於羊子嶺，化龍率番騎數百衝賊兵，賊驚潰，死者滿山谷。化龍以軍孤，還守舊地。他將復連敗賊於摩泥、滴水。

一衡乃命展、應試取嘉定、邛、眉，故總兵官賈連登及其中軍楊維棟取資、簡，天錫、高明佐取瀘州，占春、大海守忠、涪。其他據城邑奉征調者，洪、雅則曹勛及監軍副使范文光，松、茂則監軍僉事詹天顏，夔、萬則譚弘、譚詣。一衡乃移駐納溪，居中調度，與督師應熊會瀘州，檄諸路刻期並進。獻忠頗懼，盡屠境內民，沈金銀江中，大焚宮室，火連月不滅，將棄成都走川北。

明年春，展盡取上川南地，屯嘉定，與勛等相聲援。而應熊及王祥在遵義，乾、英在重慶，皆宿重兵。賊勢日蹙，惟保寧、順慶爲賊將劉進忠所守，進忠又數敗。獻忠怒，遣孫可望、劉文秀、王尚禮、狄三品、王復臣等攻川南郡縣。應熊、一衡急令展、天錫、龍、應試及顧存志、莫宗文、張登貴連營犍爲、敍州以禦之。賊連戰不利，英、祥乘間趨成都，獻忠立召可望等還。又聞大清兵入蜀境，劉進忠降，大懼。

七月，棄成都走順慶，尋入西充之鳳凰山。至十二月，大清兵奄至，射殺獻忠，賊降及敗死者二三十萬。可望等率殘卒南奔，驟至重慶。英出不意，戰敗，死於江。賊遂陷綦江，應熊避之畢節衞。踰月，賊陷遵義，入貴州。大清兵追至重慶，巡撫乾敗死，遂入遵義。以餉乏，旋師。

王祥等復取保、寧二郡。一衡再駐江上，爲收復全蜀計，乃列上善後事宜及諸將功狀於永明王。拜一衡戶、兵二部尚書，加太子太傅，祥、展、天錫等進爵有差。時應熊已卒，而宗室朱容藩、故偏沅巡撫李乾德並以總制至，楊喬然、江爾文以巡撫至，各自署置，官多於民。諸將袁韜據重慶，于大海據雲陽，李占春據涪州，譚詣據巫山，譚文據萬縣，譚弘據天字城，侯天錫據永寧，馬應試據蘆衞，王祥據遵義，楊展據嘉定，朱化龍、曹勛仍據故地。搖、黃諸家據夔州夾江兩岸，而李自成餘孽李赤心等十三家亦在建始縣。一衡令不行，保敍州一郡而已。

順治五年，容藩自稱楚世子，建行臺夔州，稱制封拜。時喬然已進總督，而范文光、詹天顏巡撫川南、北，呂大器以大學士來督師，皆惡容藩，謀誅之。六年春，容藩遂爲占春所敗，走死雲陽。初，展與祥有隙，遣子璟新攻之。璟新先襲殺應試，與祥戰敗歸。乾德利展富，說韜、大定殺展，分其貲。一衡誚乾德，諸鎭亦皆憤，有離心。

秋九月，孫可望遣白文選攻殺祥，降其衆二十餘萬，盡得遵義、重慶。一衡益孤。七年秋，可望又使劉文秀大敗武大定兵，長驅至嘉定。大定、韜皆降，乾德投水死。文秀兵復東，譚弘、譚詣、譚文盡降。占春、大海降於大清。明年正月，文秀還雲南，留文選守嘉定，劉鎭國守雅州。三月，大淸兵南征，文選、鎭國挾曹勛走，文光、天顏、化龍相繼死。一衡時已謝事，避山中。至九月，亦遘疾死。文武將吏盡亡。

范文光，內江人。天啓初，舉於鄉。崇禎中，歷官工部主事，南京戶部員外郎，告歸。十七年，張獻忠亂蜀，文光偕邛州舉人劉道貞，蘆山舉人程翔鳳，雅州諸生傅元修、洪其仁等舉義兵，奉鎭國將軍朱平檙爲蜀王，推黎州參將曹勛爲副總兵，統諸將，而文光以副使爲監軍，道貞等授官有差。勛敗賊雅州龍鸖山，追至城下，反爲所敗，退守小關山。十一月，文光督參將黎神武攻雅州，不克。明年九月，神武合雅州土、漢兵再擊賊將艾能奇於雅州，敗績。僞監司郝孟旋守緜州，文光、翔鳳遣間使招之，孟旋襲殺守雅州賊，以城來歸，文光等入居之。

獻忠死，文光保境如故。永明王命爲右僉都御史，巡撫川南，而以安緜道詹天顏巡撫川北。總督李乾德殺楊展，文光惡之，遂入山不視事。大清兵克嘉定，文光賦詩一章，仰藥死。天顏兵敗被執，亦死之。天顏，龍巖人，起家選貢生。

吳炳，宜興人。萬曆末進士。授蒲圻知縣。崇禎中，歷官江西提學副使。江西地盡失，流寓廣東。永明王擢爲兵部右侍郎，從至桂林，令以本官兼東閣大學士，仍掌部事。又從至武岡。大兵至，王倉猝奔靖州，令炳扈王太子走城步，吏部主事侯偉時從之。既至，城已爲大兵所據，遂被執，送衡州。炳不食，自盡於湘山寺，偉時亦死之。

偉時，公安人。崇禎中進士，歷官吏部考功主事，罷官。至是補官數月，即遘難。

王錫袞，祿豐人。天啓二年進士。改庶吉士，授檢討。崇禎中，累官少詹事。十三年擢禮部右侍郎。

明年秋，尚書林欲楫出視孝陵，錫袞以左侍郎掌部事。帝禁內臣干預外政，敕禮官稽先朝典制以聞。錫袞等備列諸監局職掌，而不及東廠。提督內臣王德化言：「東廠之設，始永樂十八年，國朝典彙可據。禮官覆議不及，請解臣職，停廠不設。」錫袞等言：「典彙雖載此條，但係下文箋註。臣等以正史無文，故不敢妄引。」帝不聽。錫袞復抗疏，請罷廠，亦不允。二月，帝再耕耤田。錫袞因言頻歲旱蝗，三餉疊派，請量除加徵，嚴核蠹餉，俾農夫樂生。又以時方急才，請召還故侍郎陳子壯、顧錫疇，故祭酒倪元璐、文安之，且乞免黃道周永戍。給事中沈胤培請增天下解額，錫袞因言南畿、浙江人文更盛，宜倍增。又言舉人不第，有三十年不謁選者，宜定制，數科不售，即令服官。從之。

欲楫還朝，錫袞調吏部尚書。李日宣下獄，遂掌部事。帝性純孝，嘗以秋夜感念聖母孝純太后，遂欲終身蔬食。錫袞疏諫，帝嘉其寓愛於規，進秩一等。尋解部務，直講筵。十六年憂歸。

唐王立，拜禮部尚書兼東閣大學士。永明王立，申前命。皆不至。土酋沙定洲作亂，執至會城，詭草錫袞疏上永明王，言定洲忠勇，請代黔國公鎮雲南。疏既行，以稿示之。錫袞大恨，愬上帝祈死。居數日，竟卒。

堵胤錫，字仲緘，無錫人。崇禎十年進士。歷官長沙知府。山賊掠安化、寧鄉，官軍數敗，胤錫督鄉兵破滅之，又殺醴陵賊魁，遂以知兵名。

十六年八月，賊陷長沙。胤錫朝覲還，賊已退。明年六月，福王命爲湖廣參政，分守武昌、黃州、漢陽。左良玉稱兵，總督何騰蛟奔長沙，令攝湖北巡撫事，駐常德。唐王立，拜右副都御史，實授巡撫。

李自成死，衆擁其兄子錦爲主，奉自成妻高氏及高氏弟一功，驟至澧州。擁衆三十萬，言乞降，遠近大震。胤錫議撫之，騰蛟亦馳檄至。乃躬入其營，開誠慰諭，稱詔賜高氏命服，錦、一功蟒玉金銀器，犒其軍，皆踴躍拜謝。乃卽軍中宴之，導以忠孝大義數千言。明日，高氏出拜，謂錦曰：「堵公，天人也，汝不可負！」別部田見秀、劉汝魁等亦來歸。唐王大喜，加胤錫兵部右侍郎兼右僉都御史，總制其軍，手書獎勞。授錦御營前部左軍，一功右軍，並掛龍虎將軍印，封列侯。賜錦名赤心，一功名必正，他部賞賚有差，號其營曰忠貞。封高氏貞義夫人，賜珠冠綵幣，命有司建坊，題曰「淑贊中興」。胤錫遂與赤心等深相結，倚以自强。然赤心書疏猶稱自成先帝，稱高氏太后云。

已而袁宗第、劉體仁諸營先歸騰蛟者，亦引與赤心合，衆益盛。胤錫以芻糧難繼，令散處江北就食。明年正月，騰蛟大舉，期諸軍盡會岳州。獨赤心先至，餘逗遛，卒不進。永明王立，進胤錫兵部尚書，總制如故。

順治四年，永明王令赤心等攻荆州。月餘，大清兵援荆州。赤心等大敗，步走入蜀，數日不得食。乃散入施州衞，聲言就食湖南。時王在武岡，劉承胤懼爲赤心所幷，計非胤錫不能禦，乃加胤錫東閣大學士，封光化伯，賜劍，便宜從事。胤錫疏請得給空敕鑄印，頒賜秦中舉兵者，時頗議其專。承胤欲殺騰蛟，胤錫劾其罪。

八月，大兵破武岡及寶慶、常德、辰、沅，胤錫走永順土司。尋赴貴陽，抵遵義，乞師於皮熊王祥。又入施州，請忠貞營軍。會楚宗人朱容藩僞稱監國天下兵馬副元帥，擅居夔州，御史錢邦芑傳檄討之。五年正月，胤錫見容藩，責以大義，曉譬利害，散其黨。

未幾，金聲桓、李成棟叛我大清，以江西、廣東附永明王。於是馬進忠、王進才、曹志建、李赤心、高必正等乘間取常德、桃源、澧州、臨武、藍山、道州、靖州、荆門、宜城諸州縣，進忠、赤心、必正皆封公。胤錫與進忠有隙，令赤心、必正爭進忠所取常德，進忠盡焚廬舍而去。赤心等棄空城引而東，所至守將皆燒營棄城走，湖南已復州縣爲一空。胤錫乃率赤心等入湘潭，與騰蛟會。騰蛟令胤錫向江西，而自率進忠等向長沙。

六年正月，兵方逼長沙，騰蛟在湘潭被執，諸軍遂散。赤心等走廣西，緣道掠衡、永、郴、桂。胤錫與胡一青守衡州，戰敗走桂陽。

初，赤心等入廣西，龍虎關守將曹志建惡其淫掠，並惡胤錫，胤錫不知也。或說志建，胤錫將召忠貞營圖志建。志建夜發兵圍胤錫，殺從卒千餘。胤錫及子逃入富川瑤峒。志建索之急，瑤潛送胤錫於監軍僉事何圖復，間關達梧州。會王遣大臣嚴起恒、劉湘客安輯忠貞營。至梧而赤心等已走賓、横二州，乃載胤錫謁王於肇慶。志建遷怒圖復，誘殺之，闔門俱盡。

胤錫至肇慶，時馬吉翔及李元胤、袁彭年等皆專柄，各樹黨。胤錫乃結歡於吉翔，激赤心等東來，與元胤爲難。移書瞿式耜，欲間元胤，託言王有密敕，令己與式耜圖元胤，王頗不悅。元胤黨丁時魁、金堡又論其喪師失地，乃令總統兵馬，移駐梧州。胤錫以赤心等不足恃，欲遙結孫可望爲强援，矯王命封爲平遼王。胤錫尋至潯州，自恨發病，十一月卒。王贈胤錫潯國公，謚文忠。

嚴起恒，浙江山陰人。崇禎四年進士。歷廣州知府，遷衡永兵備副使。十六年，張獻忠躪湖南，吏民悉逋竄。起恒獨堅守永州，賊亦不至。唐王時，擢戶部右侍郎，總督湖南錢法。

永明王立，令兼督湖南軍餉。順治四年，王駐武岡，拜起恒禮部尚書兼東閣大學士，仍領錢法。王走靖州，起恒從不及，避難萬村。已知王在柳州，閒道往從之。從返桂林，復從至柳州、南寧。李成棟叛大清，以廣東附於王。起恒從王至肇慶，與王化澄、朱天麟同入直。無何，化澄、天麟相繼罷。黄士俊繼何吾騶爲首輔，起恒次之。

時朝政決於成棟子元胤，都御史袁彭年，少詹事劉湘客，給事中丁時魁、金堡、蒙正發五人附之，攬權植黨，人目爲五虎。起恒居其閒，不能有所匡正。然起恒潔廉，遇事持平，與文安侯馬吉翔、司禮中官龐天壽共患難久，無所忤。而五虎憾起恒，競詆爲邪黨。王在梧州，尚書吳貞毓等十四人合疏攻五虎，下湘客等獄，欲置之死。起恒顧跪王舟力救，貞毓等並惡之，乃請召還化澄，而合攻起恒。給事中雷德復劾其二十餘罪，比之嚴嵩。王不悅，奪德復官。起恒力求罷，王輓留之不得，放舟竟去。

會鄖國公高必正入覲王，貞毓欲藉其力以傾起恒，言：「朝事壞於五虎，主之者，起恒也。公入見，請除君側奸，數言決矣。」必正許之。有爲起恒解者，謂必正曰：「五虎攻嚴公，嚴公反力救五虎。此長者，奈何以爲奸？」必正見王，乃力言起恒虛公可任，請手敕邀與俱還。文安之入朝，起恒讓爲首輔。桂林破，從王奔南寧。

先是，孫可望據雲南，遣使乞封王。天麟議許之，起恒持不可。後胡執恭矯詔封爲秦王，可望知其僞，遣使求真封。起恒又持不可，可望大怒。至是，可望知王播遷，遣其將賀九儀、張勝等率勁卒五千，迎王至南寧，直上起恒舟，怒目攘臂，問王封是「秦」非「秦」。起恒曰：「君遠迎主上，功甚偉，朝廷自有隆恩。若專問此事，是挾封，非迎主上也。」九儀怒，格殺之，投屍於江。遂殺給事中劉堯珍、吳霖、張載述，追殺兵部尚書楊鼎和於崑崙關，皆以阻封議故。時順治八年二月也。起恒既死，屍流十餘里，泊沙渚間。虎負之登崖，葬於山麓。

朱天麟，字游初，崑山人。崇禎元年進士。授饒州推官，有惠政。考選入都，貧不能行賂，擬授部曹。帝御經筵，講官並爲稱屈。及臨軒親試，乃改翰林編修。十七年正月奉命祭淮王，抵山東而京師陷。及南都破，走福州，唐王擢少詹事，署國子監事。天麟見鄭芝龍跋扈，乞假至廣東。聞汀州變，又走廣西，入安平土州。順治四年，永明王居武岡，以禮部侍郎召。天麟疏請王自將，倡率諸鎭，毋坐失事機。辭不至。

明年，王在南寧，擢禮部尙書，尋拜東閣大學士。天麟請親率土兵略江右，不聽，乃趨謁王。會李成棟反大清，從王至潯州。而潯帥陳邦傳請世居廣西如黔國公故事，天麟執不允。邦傳怒，以慶國公印、尙方劍擲天麟舟中，要必得，仍執不允。已而成棟奉王駐肇慶，天麟謂機可乘，復勸王亟頒親征詔，規取中原。王優詔答之。

當是時，朝臣各樹黨。從成棟至者，曹曄、耿獻忠、洪天擢、潘曾緯、毛毓祥、李綺，自誇反正功，氣淩朝士。從廣西扈行至者，天麟及嚴起恒、王化澄、晏淸、吳貞毓、吳其雷、洪士彭、雷德復、尹三聘、許兆進、張孝起，自恃舊臣，詆曹、耿等嘗事異姓。久之復分吳、楚兩黨。主吳者，天麟、孝起、貞毓、李用楫、堵胤錫、王化澄、萬䎱、程源、郭之奇，皆內結馬吉翔，外結陳邦傳。主楚者，袁彭年、丁時魁、蒙正發、劉湘客、金堡，皆外結瞿式耜，內結李元胤。元胤者，惠國公成棟子，爲錦衣指揮使，進封南陽伯，握大權。彭年等倚爲心腹，勢張甚。

彭年嘗論事王前，語不遜。王責以君臣之義，彭年勃然曰：「儻向者惠國以五千鐵騎，鼓行而西，君臣義安在？」王變色，大惡之。彭年等謀攻去吉翔、邦傳，權可獨擅也。而堡居言路，有鋒氣，乃疏陳八事，劾慶國公邦傳十可斬，文安侯吉翔，司禮中官龐天壽，大學士起恒、化澄與焉。起恒、化澄乞去，天麟奏留之。堡與給事中時魁等復相繼劾起恒、吉翔、天壽無已。太后召天麟面諭，武岡危難，賴吉翔左右，令擬諭嚴責堡等。天麟爲兩解，卒未嘗罪言者，而彭年輩怒不止。王知羣臣水火甚，令盟於太廟，然黨益固不能解。

明年春，邦傳訐堡官臨清嘗降流賊，受其職，且請堡爲己監軍。天麟因擬諭譏堡，堡大憤。時魁乃鼓言官十六人詣閣詆天麟，至登殿陛大譁，棄官擲印而出。王方坐後殿，與侍臣論事，大驚，兩手交戰，茶傾於衣，急取還天麟所擬而罷。天麟遂辭位，王慰留再三，不可。陛辭，叩頭泣。王亦泣曰：「卿去，余益孤矣。」

初，時魁等謂所擬出起恒意，欲入署毆之。是日，起恒不入，而天麟獨自承。遂移怒天麟，逐之去，天麟移居慶遠。化澄貪鄙無物望，亦爲時魁等所攻，碎冠服辭去。王乃召何吾騶、黃士俊入輔。未幾，吾騶亦爲堡等排去，獨士俊、起恒在，乃復召天麟，天麟不至。堡等既連逐三相，益橫，每闌入閣中，授閣臣以意指。王不得已，建文華殿於正殿旁，令閣臣侍坐擬旨以避之。堡又連劾堵胤錫及侍郎萬翺、程源、郭之奇，尚書吳貞毓。貞毓等欲排去之，畏元胤爲援，不敢發。

七年春，王赴梧州，元胤留肇慶，陳邦傳適遣兵入衞。貞毓、之奇、翺、源乃合諸給事御史劾彭年、湘客、時魁、堡、正發把持朝政，罔上行私罪。王謂彭年反正有功，免議，下堡等獄。堡又以語觸忌，與時魁並謫戍。湘客、正發贖配追贓。王乃再召天麟，天麟疏言：「年來百爾構爭，盡壞實事。昔宋高宗航海，猶有退步。今則何地可退？當奮然自將，文武諸臣盡擐甲冑。臣亦抽峒丁，擇土豪，募水手，經略嶺北、湖南，爲六軍倡。若徒責票擬，以爲主持政本，今政本安在乎？」

時大兵益逼，孫可望請王赴雲南。初，起恒持可望封，天麟及化澄獨謂宜許。及可望使至，天麟力請從之。諸臣以起恒被殺故，皆不可。天麟乃奉命經略左、右兩江土司，以爲勤王之助。兵未集，大兵逼南寧，王倉皇出走，天麟扶病從之。明年四月抵廣南，王已先駐安龍。天麟病劇，不能入覲，卒於西坂村。

張孝起，吳江人。舉於鄉，授廉州推官。大兵至，逼海濱，舉兵謀恢復。戰敗被獲，妻妾俱投海死。孝起羈軍中，會李成棟叛大清，孝起乃脫去。永明王以爲吏科給事中。清眞介直，不與流俗伍。

王至梧州。劉湘客、丁時魁、金堡、蒙正發以失李元胤援，並辭職。王報許，以孝起代時魁，掌吏科印。俄與廷臣共排去湘客等，遂爲其黨所疾。高必正，湘客鄉人也，尤疾之，怒罵於朝，王爲解乃已。久之，擢孝起右僉都御史，巡撫高、雷、廉、瓊四府。城破，走避龍門島。島破，被執，不食七日死。

楊畏知，寶雞人。崇禎中，歷官雲南副使，分巡金滄。乙酉秋，武定土官吾必奎反，連陷祿豐、廣通諸縣及楚雄府。畏知督兵復楚雄，駐其地。必奎伏誅，而阿迷土官沙定洲繼亂，據雲南，黔國公沐天波走楚雄。巡撫吳兆元不能制，許爲奏請鎭雲南。定洲遂西追天波，畏知說天波走永昌，而已以楚雄當定洲。定洲至，畏知復紿之曰：「若所急者，黔國爾，今已西。待爾定永昌還，朝命當已下，予出城以禮見。」今順逆未分，不能爲不義屈也。」定洲恐失天波，與盟而去。分兵陷大理、蒙化。畏知乘間淸野繕堞，徵隣境援兵，姚安、景東俱響應。定洲聞，不敢至永昌，還攻楚雄，不能下。畏知伺賊懈，輒出擊，殺傷多。乃引去，還攻石屏、寧州、嶍峨，皆陷之。〔二〕復西攻楚雄，迄不能下。明年，孫可望等入雲南，定洲還救，大敗，遁歸阿迷，可望等遂據會城。

初，唐王聞畏知抗賊，進授右僉都御史，巡撫雲南，以巡撫吳兆元爲總督。及可望等至，以畏知同鄉，甚重之。尋與劉文秀西略，畏知拒戰敗，投水不死，踞而罵。可望下馬慰之曰：「聞公名久。吾爲討賊來，公能共事，相與匡扶明室，非有他也。」畏知瞪目視之曰：「給我爾。」可望曰：「不信，當折矢誓。」畏知曰：「果爾，當從我三事：一不得仍用僞西年號，二不得殺人，三不得焚廬舍，淫婦女。」可望皆許諾。乃與至楚雄，略定大理諸郡，使文秀至永昌迎天波歸。迤西八府免屠戮，畏知力也。

時永明王已稱號於肇慶，而詔令不至。前御史臨安任僎議尊可望爲國主，以干支紀年，鑄興朝通寶錢。畏知憤甚，有所忤，輒抵掌謾罵。可望數欲殺之，李定國、劉文秀爲保護得免。可望與劉、李同輩，一旦自尊，兩人不爲下。聞肇慶有君，李錦、李成棟等並加封爵，念得朝命，加王封，庶可相制，乃議遣使奉表。畏知亦素以尊主爲言。歲己丑，遣畏知及永昌故兵部郎中龔彝赴肇慶進可望表，請王封，爲金堡等所持。畏知乃曰：「可望欲權出劉、李上爾。今晉之上公，而卑劉、李侯爵可也。」乃議封可望景國公，賜名朝宗；定國、文秀皆列侯。遣大理卿趙昱爲使，加畏知兵部尚書，彝兵部侍郎，同行。

時堵胤錫曾賜空敕，得便宜行事。昱乃就與謀，矯命改封可望平遼王，易敕書以往。武康伯胡執恭者，慶國公陳邦傳中軍也，守泗城。州與雲南接，欲自結可望，言於邦傳，先矯命封可望秦王，曰：「藉其力可制李赤心也。」邦傳乃鑄金章曰「秦王之寶」，填所給空敕，令執恭齎行。可望大喜，郊迎。亡何，畏知等至。可望駭不受，曰：「我已封秦王矣。」畏知曰：「此僞也。」執恭亦曰：「彼亦僞也，所封實景國公，敕印故在。」可望怒，辭敕使，下畏知及執恭獄，而遣使至梧州問故，廷臣始知矯詔事。文安侯馬吉翔請封可望澂江王，使者言，非「秦」不敢復命。大學士嚴起恒持不可，兵部侍郎楊鼎和助之，且請却所獻白金玉帶。會鄖國公高必正等入朝，召使者言：「本朝無異姓封王例。我破京師，逼死先帝，滔天大罪，蒙恩宥赦，亦止公爵爾。張氏竊據一隅，罪固減等，封上公足矣，安敢冀王爵。自今當與我同心報國，洗去賊名，毋欺朝廷孱弱，我兩家士馬足相當也。」又致書可望，詞義嚴正。使者唯唯退，議遂寢。必正者，李自成妻弟，同陷京師者也。

可望不得封，益怒。其年九月親率兵至貴州。十一月，大兵破廣州、桂林，王走南寧。事急，遣編修劉茝封可望冀王，可望仍不受。畏知曰：「『秦』『冀』等爾，假何如真？」可望不聽。定國等勸可望遣畏知終其事，可望許之。明年二月先遣部將賀九儀、張勝、張明志赴南寧索沮「秦」封者起恒、鼎和及給事中劉堯珍、吳霖、張載述殺之，乃真封可望秦王。而畏知旋至，痛哭自劾，語多侵可望。遂留爲東閣大學士，與吳貞毓同輔政。可望聞之怒，使人召至貴陽，面責數之。畏知大憤，除頭上冠擊可望，遂被殺。楚雄人以畏知守城功，爲立祠以祀。

吳貞毓，字元聲，宜興人。崇禎十六年進士。事唐王爲吏部文選主事。事敗，擁立永明王，進郎中。王駐全州，加太常少卿，仍掌選事。已，擢吏部右侍郎，從至肇慶，拜戶部尚書。廣東、西會城先後失，王徙潯州，再徙南寧，貞毓並從。貞毓與嚴起恒共阻孫可望秦王封，可望殺起恒，貞毓以奉使獲免。及還，進東閣大學士，代起恒。可望自雲南遷貴陽，議移王自近，挾以作威。其將掌塘報者曹延生惎貞毓，言不可移黔。

時順治八年，大兵南征，勢日迫。王召諸臣議，有請走海濱就李元胤者，有議入安南避難者，有議泛海抵閩依鄭成功者。惟馬吉翔、龐天壽結可望，堅主赴黔。貞毓因前阻封議，且入延生言，不敢決。元胤疏請出海。王不欲就可望，而以海濱遠，再下廷議，終不決。亡何，開國公趙印選、衞國公胡一青殿後軍，戰敗奔還。請王速行，急由水道走土司，抵瀨湍。二將報大兵益近，相距止百里。上下失色，皆散去。已，次羅江土司，追騎相距止一舍。會日晡引去，乃稍安。次龍英，抵廣南，歲已暮。

可望遣兵以明年二月迎王入安隆所，改爲安龍府，奉王居之。宮室庳陋，服御粗惡，守護將悖逆無人臣禮，王不堪其憂。吉翔掌戎政，天壽督勇衞營，諂事可望，謀禪代。惡貞毓不附己，令其黨冷孟銋、吳象元、方祚亨交章彈擊。且語孟銋等曰：「秦王宰天下，我具啓，以內外事盡付戎政、勇衞二司。大權歸我，公等爲羽翼，貞毓何能爲！」吉翔遂遣門生郭璘說主事胡士瑞擁戴秦王。士瑞怒，厲聲叱退之。他日，吉翔遣璘求郎中古其品畫堯舜禪受圖以獻可望，其品拒不從。吉翔譖於可望，杖殺其品，而可望果以朝事盡委吉翔、天壽。於是士瑞與給事中徐極，員外郎林青陽、蔡縯，主事張鐫連章發其奸謀。王大怒。兩人求救於太后，乃免。

前御史任僎、中書方于宣勸可望設內閣九卿科道官，改印文爲八疊，盡易其舊，立太廟，定朝儀，擬改國號曰「後明」，日夕謀篡位。王聞憂懼，密謂中官張福祿、全爲國曰：「聞晉王李定國已定廣西，軍聲大振。欲密下一敕，令統兵入衞。若等能密圖乎？」二人言徐極、林青陽、張鐫、蔡縯、胡士瑞嘗疏劾吉翔、天壽，宜可與謀，王卽令告之。五人許諾，引以告貞毓。貞毓曰：「主上憂危，正我輩報國之秋。諸君中誰能充此使者？」青陽請行。乃令佯乞假歸葬，而使員外郎蔣乾昌撰予定國敕，主事朱東旦書之，福祿等持入用寶。青陽於歲盡間道馳至定國所。定國接敕感泣，許以迎王。

明年夏，青陽久未還，王將擇使往促，貞毓以翰林孔目周官對。都督鄭胤元曰：「吉翔晨夕在側，假他事出之外，庶有濟。」王乃令吉翔奉使祭先王及王太后陵於梧州、南寧，而遣周官詣定國。吉翔在道，微知青陽密敕事，遣人至定國營偵之。主事劉議新者，道遇吉翔，意其必預謀也，告以兩使齎敕狀。吉翔驚駭，啓報可望。可望大怒，並疑吉翔預謀，遣其將鄭國赴南寧逮之。會鏞、士瑞及李元開以王親試，極、縯、東旦及御史林鍾以久次，皆予美官。天壽及吉翔弟都督雄飛忌甚，與其黨郭璘方謀陷之。而鍾、縯、極、鏞、士瑞亦知事洩，倉皇劾吉翔、天壽表裏爲奸。王見事急，卽下廷臣議罪。天壽懼，與雄飛馳貴陽，告可望。

初，青陽還至南寧，爲守將常榮所留，密遣親信劉吉告之王。王喜，改青陽給事中，諭貞毓再撰敕，鑄「屛翰親臣」金印，令吉還付青陽。至廉州，周官與青陽遇，偕至高州賜定國，定國拜受命。

而是時鄭國已械吉翔至安龍，與諸臣面質。貞毓謝不知，國怒，因挾貞毓直入王所居文華殿，迫脅王，索主謀者。王懼，不敢正言，謂必外人假敕寶爲之。國遂努目出，與天壽至朝房，械貞毓並胤元、鍾、縯、乾昌、元開、極、鏞、士瑞、東旦及太僕少卿趙賡禹，御史周允吉、朱議㶇，員外郎任斗墟，主事易士佳繫私室。又入宮擒福祿、爲國而出。其黨冷孟銋、蒲纓、宋德亮、朱企鋘等迫王速具主名，王悲憤而退。翊日，國等嚴刑拷掠，獨貞毓以大臣免。衆不勝楚，大呼二祖列宗，且大罵。時日已暮，風雷忽震烈。纘厲聲曰：「今日纘等直承此獄，稍見臣子報國苦衷。」由是衆皆自承。國又問曰：「主上知否？」纘大聲曰：「未經奏明。」乃復收繫，以欺君悞國盜寶矯詔爲罪，報可望。可望請王親裁，王不勝憤，下廷議。吏部侍郎張佐辰及纓、德亮、孟鋋、企鋘、蔣御曦等謂國曰：「此輩盡當處死。儻留一人，將爲後患。」於是御曦執筆，佐辰擬旨，以鐫、福祿、爲國爲首罪，凌遲，餘爲從罪，斬。王以貞毓大臣，言於可望罪絞。吉翔以福祿等內侍，謂王后知情，將廢之，令主事蕭尹歷陳古廢后事。后泣訴於王，乃已。諸人就刑，神色不變，各賦詩大罵而死。其家人合瘞於安龍北關之馬場。已而靑陽逮至，亦被殺，獨官走免。時順治十一年三月也。

居二載，定國竟奉前敕護王入雲南。乃贈貞毓少師、太子太師、吏部尙書、中極殿大學士，賜祭，謚文忠，廕子錦衣，世千戶，餘贈恤有差。已，建廟於馬場，勒碑大書「十八先生成仁處」以旌其忠。

定國既奉王居滇，卽捕吉翔及其家人，令部將靳統武收繫，將殺之。吉翔日媚統武，定國客詣統武，吉翔復媚之。因相與譽吉翔於定國，而微爲辨冤。定國召吉翔，吉翔入謁，卽叩頭言：「王再造功，千古無兩。吉翔幸望見顏色，死且不朽，他是非，何足辨也。」定國乃大喜。吉翔因日諂定國客，令說定國薦己入內閣，遂與定國客蟠結，盡握中外權，天壽亦復用事。後從王入緬甸，天壽先死，吉翔爲緬人所殺。

高勣，字無功，紹興人。事永明王，歷官光祿少卿。馬吉翔、龐天壽搆殺吳貞毓等，李定國奉王至雲南，捕吉翔將殺之。已，爲其所詉，遂免死，且薦入閣，遂得盡握中外權，而天壽亦用事。定國與劉文秀時詣二人家，定國時封晉王，文秀蜀王也。勣與御史鄔昌期患之，合疏言二人功高望重，不當往來權佞之門，恐滋奸弊，復蹈秦王故轍。疏上，二王遂不入朝。吉翔激王怒，命各杖一百五十，除名。定國客金維新走告定國曰：「勣等誠有罪，但不可有殺諫官名。」定國卽偕文秀入救，乃復官。

及定國敗孫可望兵，自以爲無他患，武備盡弛。勣與郎官金簡進諫曰：「今內難雖除，外憂方大。伺我者頓刃待兩虎之斃，而我酣歌漏舟之中，熟寢爇薪之上，能旦夕安耶？二王老於兵事，胡泄泄如此。」定國愬之王前，頗激。王擬杖二臣以解之，朝士多爭不可，移時未能決。而三路敗書至，定國始逡巡引謝，二臣獲免。簡，字萬藏，勣鄉人。後王入緬甸，二人扈行，並死之。

有李如月者，東莞人，官御史。王駐安龍時，孫可望獲叛將陳邦傳父子，去其皮，傳屍至安龍。如月劾可望不請旨，擅殺勛鎭，罪同莽、操，而請加邦傳惡謚，以懲不忠。王知可望必怒，留其疏。召如月入，諭以謚本褒忠，無惡謚理。小臣妄言亂制，杖四十，除名，意將解可望。而可望大怒，遣人至王所，執如月至朝門外，抑使跪。如月向闕叩頭，大呼太祖高皇帝，極口大駡。其人遂剝其皮，斷手足及首，實草皮內紉之，懸於通衢。

又有任國璽者，官行人。順治十五年，永明王將出奔，國璽獨請死守。章下廷議，李定國等言：「行人議是。但前途尚寬，暫移蹕，捲土重來，再圖恢復，未晚也。」乃扈王入緬甸。緬俗以中秋日大會羣蠻，令黔國公沐天波偕諸酋椎髻跣足，以臣禮見。天波不得已從之，歸泣告衆曰：「我所以屈辱者，懼驚憂主上耳。否則彼將無狀，我罪益大。」國璽與禮部侍郎楊在抗疏劾之。

時龐天壽已死，李國泰代掌司禮監印，吉翔復與表裏爲奸。國璽集宋末大臣賢奸事爲一書，進之王，吉翔深恨之。王覽止一日，國泰即竊去。國璽尋進御史，疏論時事三不可解，中言禍急然眉，當思出險。吉翔不悅，即令國璽獻出險策。國璽忿然曰：「時事至此，猶抑言官使不言耶！」

時緬甸弟弒兄自立，欲盡殺文武諸臣，遣人來言曰：「蠻俗貴詛盟，請與天朝諸公歃呪水。」吉翔、國泰邀諸臣盡往。至則以兵圍之，令諸臣以次出外，出輒殺之，凡殺四十二人。國璽及在、天波、吉翔、國泰、華亭侯王維恭、綏寧伯蒲纓、都督馬雄飛、吏部侍郎鄧士廉等皆預焉。惟都督同知鄧凱以傷足不行，獲免。時順治十八年七月也。自是由榔左右無人。至十二月，緬人遂送之出境，事具國史。

初，由榔之走緬甸也，昆明諸生薛大觀歎息曰：「不能背城戰，君臣同死社稷，顧欲走蠻邦以苟活，不重可羞耶！」顧子之翰曰：「吾不惜七尺軀，爲天下明大義，汝其勉之！」之翰曰：「大人死忠，兒當死孝。」大觀曰：「汝有母在。」時其母適在旁，顧之翰妻曰：「彼父子能死忠孝，吾兩人獨不能死節義耶？」其侍女方抱幼子，問曰：「主人皆死，何以處我？」大觀曰：「爾能死，甚善。」於是五人偕赴城北黑龍潭死。次日，諸屍相牽浮水上，幼子在侍女懷中，兩手堅抱如故。大觀次女已適人，避兵山中，相去數十里，亦同日赴火死。

有那嵩者，沅江土官也。世爲知府。嵩嗣職，循法無過。王走緬甸，過沅江，嵩與子燾迎謁，供奉甚謹，設宴皆金銀器。宴畢，悉以獻，曰：「此行上供者少，聊以佐缺乏耳。」後李定國號召諸土司兵，嵩卽起兵應之。已而城破，登樓自焚，闔家皆死，其士民亦多巷戰死。

贊曰：明自神宗而後，寖微寖滅，不可復振。揆厥所由，國是紛呶，朝端水火，寧坐視社稷之淪胥，而不能破除門户之角立。故至桂林播越，旦夕不支，而吴、楚之樹黨相傾，猶仍南都翻案之故態也。顛覆之端，有自來矣，於當時任事諸臣何責哉。

校勘記

〔一〕副將曾英與參政劉麟長自遵義至　曾英，原作「曹英」。本書卷二五三王應熊傳作「曾英」。明通鑑附編卷一上附記一上、綏寇紀略卷一〇、懷陵流寇始終録卷一八、南疆逸史列傳第四七、小腆紀年附考卷六等書也都作「曾英」。據改。

〔二〕還攻石屏寧州嶍峨皆陷之　本書卷三一三雲南傳作「攻石屏不下」。

明史卷二百八十

列傳第一百六十八

何騰蛟 章曠 傅作霖 瞿式耜 汪皡等

何騰蛟，字雲從，貴州黎平衞人。天啓元年舉於鄉。崇禎中授南陽知縣。地四達，賊出沒其間，數被挫去。已，從巡撫陳必謙破賊安皋山，斬首四百餘級，又討平土寇，益知名。遷兵部主事，進員外郎，出爲懷來兵備僉事，調口北道。才諝精敏，所在見稱。遭母憂，巡撫劉永祚薦其賢，乞奪情任事。騰蛟不可，固辭歸。服除，起淮徐兵備僉事。討平土寇，部內宴然。

十六年冬，拜右僉都御史，代王聚奎巡撫湖廣。時湖北地盡失，止存武昌，屯左良玉大軍，軍橫甚。騰蛟與良玉交歡，得相安。明年春，遣將惠登相、毛憲文復德安、隨州。五月，福王立。詔至，良玉駐漢陽，其部下有異議，不欲開讀。騰蛟曰：「社稷安危，繫此一舉。倘不奉詔，吾以死殉之。」抵良玉所，而良玉已聽正紀盧鼎言，開讀如禮。正紀者，良玉所置官名也。八月，福王命加騰蛟兵部右侍郎，兼撫湖南，代李乾德。尋以故官總督湖廣、四川、雲南、貴州、廣西軍務，召總督楊鶚還。明年三月，南京有北來太子事，中外以爲眞，朝臣皆曰僞。騰蛟力言不可殺，與當國者大忤。

無何，良玉舉兵反，邀騰蛟偕行，不可，則盡殺城中人以劫之。士民爭匿其署中，騰蛟坐大門縱之入。良玉破垣舉火，避難者悉焚死。騰蛟急解印付家人，令速走，將自剄，爲良玉部將擁去。良玉欲與同舟，不從，乃置之別舟，以副將四人守之。舟次漢陽門，乘間躍入江水。四人懼誅，亦赴水。騰蛟漂十餘里，漁舟救之起，則漢前將軍關壯繆侯廟前也。家人懷印者亦至，相視大驚。覓漁舟，忽不見。遠近謂騰蛟忠誠得神佑，益歸心焉。

騰蛟乃從寧州轉瀏陽，抵長沙。集諸屬吏堵胤錫、傅上瑞、嚴起恆、章曠、周大啓、吳晉錫等，痛哭盟誓。分士馬舟艦糗糧，各任其一。令胤錫攝湖北巡撫，上瑞攝湖南巡撫，曠爲總督監軍，大啓提督學政。起恆故衡永道，卽督二郡軍食，晉錫以長沙推官攝郴桂道事。卽遣曠調副將黃朝宣、張先璧、劉承胤兵。朝宣自燕子窩，先璧自漵浦，承胤自武岡，先後至，兵勢稍振。而是時良玉已死。

順治二年五月，大兵下南都。唐王聿鍵自立於福州。王居南陽時，素知騰蛟賢，委任益至。李自成斃於九宮山，其將劉體仁、郝搖旂等以衆無主，議歸騰蛟。率四五萬人驟入湘陰，距長沙百餘里。城中人不知其來歸也，懼甚。朝宣卽引兵還燕子窩。上瑞請騰蛟出避，騰蛟曰：「死於左，死於賊，一也，何避焉。」長沙知府周二南請往偵之，以千人護行。賊謂其迎敵也，射殺之，從行者盡死。城中益懼，士女悉竄。騰蛟與曠謀，遣部將萬大鵬等二人往撫。賊見止二騎，迎入演武場，飲之酒。二人不交一言，與痛飲。飲畢，賊問來意，答言督師以湘陰褊小，不足容大軍，請卽移長沙。因致騰蛟手書召之曰：「公等歸朝，誓永保富貴。」搖旂等大喜，與大鵬至長沙。騰蛟開誠撫慰，宴飲盡歡，犒從官牛酒。命先壁以卒三萬馳射，旌旗蔽天。搖旂等大悅，招其黨袁宗第、藺養成、王進才、牛有勇皆來歸，驟增兵十餘萬，聲威大震。

未幾，自成將李錦、高必正擁衆數十萬逼常德。騰蛟令胤錫撫降之，置之荆州。錦，自成從子，後賜名赤心。必正則自成妻高氏弟也。高氏語錦曰：「汝願爲無賴賊，抑願爲大將邪？」錦曰：「何謂也？」曰：「爲賊無論，旣以身許國，當愛民，受主將節制，有死無二，吾所願也。」錦曰：「諾。」騰蛟慮錦跋扈，他日過其營，請見高氏，再拜，執禮恭。高氏悅，戒其子毋忘何公，錦自是無異志。

自成亂天下二十年，陷帝都，覆廟社，其衆數十萬悉歸騰蛟。而騰蛟上疏，但言元兇已除，稍洩神人憤，宜告謝郊廟，卒不言己功。唐王大喜，立拜東閣大學士兼兵部尚書，封定興伯，仍督師。而疑自成死未實。騰蛟言自成定死，身首已糜爛。不敢居功，因固辭封爵。不允，令規取江西及南都。

當是時，降卒既衆，騰蛟欲以舊軍參之，乃題授朝宣、先璧爲總兵官，與承胤、赤心、郝永忠、宗第、進才及董英、馬進忠、馬士秀、曹志建、王允成、盧鼎並開鎭湖南、北，時所謂十三鎭者也。永忠卽搖旂，英，騰蛟中軍，志建則故巡按劉熙祚中軍，餘皆良玉舊將也。

騰蛟銳意東下，拜表出師。明年正月與監軍御史李膺品先赴湘陰，期大會岳州。先璧逗遛，諸營亦觀望，獨赤心自湖北至，爲大兵所敗而還，諸鎭兵遂罷，騰蛟威望由此損。時諸將皆驕且貪殘，朝宣尤甚，劫人而剝其皮，永忠效之，殺民無虛日，騰蛟不能制。故總督楊鶚者，剋餉失軍心，至是復夤緣爲偏沅總督。騰蛟以爲言，乃召鶚還。

王數議出關，爲鄭氏所阻。騰蛟屢請幸贛，協力取江西。王遣使徵兵，騰蛟發永忠精騎五千往。永忠不肯前，五月始抵郴州。會大兵破汀州，聿鍵被執死，贛州亦失。騰蛟聞王死，大慟，厲兵保境如平時。

已聞永明王立，乃稍自安。王尋以騰蛟爲武英殿大學士，加太子太保。王進才故守益陽，聞大兵漸逼，還長沙。

四年春，進才揚言乏餉，大掠，幷及湘陰。適大兵至長沙，進才走湖北。騰蛟不能守，單騎走衡州，長沙、湘陰並失。盧鼎時守衡州，而先璧兵突至，大掠。鼎不能抗，走永州。先璧遂挾騰蛟走祁陽，又間道走辰州。騰蛟脫還，走永州。甫至，鼎部將復大掠。鼎走道州，騰蛟與侍郎嚴起恒走白牙市，大兵遂下衡、永。初，騰蛟建十三鎭以衞長沙，至是皆自爲盜賊。大兵入衡州，守將黃朝宣降。數其罪，支解之，遠近大快。大清以一知府守永州，副將周金湯瞷城虛，夜鼓譟而登，知府出走，金湯遂入永。

六月，騰蛟在白牙。王密遣中使告以劉承胤罪，令入武岡除之。騰蛟乃走謁王，王及太后皆召見。承胤由小校，以騰蛟薦至大將，已漸倨。騰蛟在長沙徵其兵，承胤大怒，言：「先調朝宣、先璧軍，皆章曠親行，今乃折箠使我。」遂馳至黎平，執騰蛟子，索餉數萬。子走訴騰蛟，騰蛟遣曠行，承胤乃以衆至。騰蛟爲請於王，得封定蠻伯，且與爲姻，承胤益驕。至是爵安國公，勛上柱國，賜尚方劍，益坐大。忌騰蛟出己上，欲奪其權，請用爲戶部尚書，專領餉務，王不許。王召騰蛟圖承胤，騰蛟無兵，命以雲南援將趙印選、胡一青兵隸之。及辭朝，賜銀幣，命廷臣郊餞。承胤伏千騎襲騰蛟，印選卒力戰，盡殲之，騰蛟乃還駐白牙。

八月，大兵破武岡，承胤降。王走靖州，又走柳州。時常德、寶慶已失，永亦再失。王將返桂林，而城中止焦璉軍，騰蛟率印選、一青入爲助。而南安侯郝永忠忽擁衆萬餘至，與璉兵欲鬬，會宜章伯盧鼎兵亦至，騰蛟爲調劑，桂林以安。乃遣璉、永忠、鼎、印選、一青分扼興安、靈川、永寧、義寧諸州縣。十一月，大兵逼全州，騰蛟督五將合禦。

五年正月，王居桂林，加騰蛟太師，進爵爲侯，子孫世襲。二月，大兵破全州，至興安。永忠兵大潰，奔桂林，逼王西，縱兵大掠。騰蛟自永福至。大兵知桂林有變，直抵北門。騰蛟督璉、一青等分三門拒守，大兵乃還全州。會金聲桓、李成棟叛大清，以兵附。大兵在湖南者姑退，騰蛟遂取全州。復遣保昌侯曹志建、宜章侯盧鼎、新興侯焦璉、新寧侯趙印選攻永州，圍城三月，大小三十六戰，十一月朔克之。未幾，監軍御史余鯤起、職方主事李甲春取寶慶，諸將亦取衡州，馬進忠取常德，所失地多復。

騰蛟議進兵長沙。會督師堵胤錫惡進忠，招忠貞營李赤心軍自夔州至，令進忠讓常德與之。進忠大怒，盡驅居民出城，焚廬舍，走武岡。寶慶守將王進才亦棄城走，他守將皆潰。赤心等所至皆空城，旋棄走，東趨長沙。騰蛟時駐衡州，大駭。六年正月檄進忠由益陽出長沙，期諸將畢會，而親詣忠貞營，邀赤心入衡。部下卒六千人，懼忠貞營掩襲，不護行，止攜吏卒三十人往。將至，聞其軍已東，即尾之至湘潭。湘潭空城也，赤心不守而去，騰蛟乃入居之。大兵知騰蛟入空城，遣將徐勇引軍入。勇，騰蛟舊部將也，率其卒羅拜，勸騰蛟降。騰蛟大叱，勇遂擁之去。絕食七日，乃殺之。永明王聞之哀悼，賜祭者九，贈中湘王，謚文烈，官其子文瑞僉都御史。

章曠，字于野，松江華亭人。崇禎十年進士。授沔陽知州。十六年三月，賊將郝搖旂陷其城，同知馬飈死之。曠走免，謁總督袁繼咸於九江，署爲監紀。從諸將方國安、毛憲文、馬進忠、王允成等復漢陽。武昌巡按御史黄澍令署漢陽推官兼攝府事，承德巡撫王揚基令署分巡道事。明年四月，憲文偕惠登相復德安，揚基檄曠往守。城空無人，衞官十數人齎印送賊將白旺。曠收斬之，日夕爲警備。居三月，代者李藻至，巡撫何騰蛟檄曠署荆西道事。曠去，藻失將士心，城復陷。給事中熊汝霖、御史游有倫劾曠沔陽失城罪，候訊黄州。用騰蛟薦，令戴罪立功。

福王立南京，左良玉將犯闕。騰蛟至長沙，以曠爲監軍。副將黄朝宣者，故巡撫宋一鶴部將，駐燕子窩，騰蛟令曠召之來。副將張先璧屯精騎三千於漵浦，復屬曠召之，留爲親軍，而以朝宣戍茶陵。又令曠調劉承胤兵於武岡。會李自成死，其下劉體仁、郝搖旂、袁宗第、藺養成、王進才、牛有勇六大部各擁數萬兵至。騰蛟與曠計，盡撫其衆，軍容大壯。左良玉死，其將馬進忠、王允成無所歸，突至岳州。偏沅巡撫傅上瑞大懼，曠曰：「此無主之兵，可撫也。」入其營，與進忠握手，指白水爲誓，進忠等皆從之。進忠即賊中渠魁混十萬也。時南京已破，大兵逼湖南，諸將皆畏怯，曠獨悉力禦。唐王擢爲右僉都御史，提督軍務，恢剿湖北。曠有智略，行軍不避鋒鏑。身扼湘陰、平江之衝，湖南恃以無恐。嘗戰岳州，以後軍不繼而還。已，又大戰大荊驛。永明王加兵部右侍郎。長沙守將王進才與狼兵將覃遇春閧，大掠而去。騰蛟奔衡州，曠亦走寶慶，長沙遂失。騰蛟駐祁陽，曠來會。騰蛟以兵事屬曠，而謁王武岡。曠移駐永州，見諸大將擁兵，聞警輒走，抑鬱而卒。

傅作霖，武陵人。由鄉舉仕唐王，大學士蘇觀生奏爲職方主事，監紀其軍。觀生歿，倚何騰蛟長沙，改監軍御史。永明王在全州，超拜兵部左侍郎，掌部事，尋進尚書，從至武岡。時劉承胤擅政，作霖與相善，故驟遷。及大兵逼武岡，承胤議迎降，作霖勃然責之。承胤遣使納款，大兵入城，作霖冠帶坐堂上。承胤力勸之降，不從，遂被殺。妾鄭有殊色，被執，驅之過橋，躍入水中死。

有蕭曠者，武昌諸生，爲承胤坐營參將。騰蛟題爲總兵官，管黎平參將事。及承胤降，令降將陳友龍招曠，曠不從。已而城破，死之。

傅上瑞，初爲武昌推官，賊圍城，遁走。久之，騰蛟薦爲長沙僉事，又令攝偏沅巡撫事。勸騰蛟設十三鎮，卒爲湖南大害。唐王時，用騰蛟薦，擢右僉都御史，實授偏沅巡撫。性反覆，棄騰蛟如遺。武岡破，大兵逼沅州，上瑞出降。踰年，與劉承胤並誅死。

瞿式耜，字起田，常熟人。禮部侍郎景淳孫，湖廣參議汝說子也。舉萬曆四十四年進士。授吉安永豐知縣，有惠政。天啓元年調江陵。永豐民乞留，命再任。以憂歸。

崇禎元年擢戶科給事中，疏言李國槽宜留內閣，王永光宜典銓，曹于汴宜秉憲，鄭三俊、畢懋良宜總版曹，李邦華宜主戎政。帝多采其言。俄陳朝政不平，爲王之宷請恤，孫愼行訟冤，速楊鎬、王化貞之誅，白楊漣、左光斗結毒之謗，追論故相魏廣微、顧秉謙、馮銓、黃立極之罪。因言奪情建祠之朱童蒙不可寬，積惡久廢之湯賓尹不可用。帝亦納之。又極論來宗道、楊景辰附逆不可居政府，二人旋罷去。御史袁弘勛劾大學士劉鴻訓，逆黨徐大化實主之。川貴總督張鶴鳴先已被廢，其復用由魏忠賢。式耜並疏論。已，頌楊漣、魏大中、周順昌爲淸中之淸，忠中之忠，三人遂賜謚。未幾，陳時務七事，言：「起廢不可不覈，陞遷不可不漸，會推不可不愼。謚典宜嚴，刑章宜飭，論人宜審，附璫者宜區分。」又極論館選奔競之弊，請臨軒親試。末言：「古有左右史，記天子言動。今召對時勤，宜令史官入侍紀錄，昭示朝野。」事多議行。時將定逆案，請盡發紅本，定其情罪輕重。又言宣府巡撫徐良彥不附逆奄，爲崔呈秀誣劾遣戍，亟當登用。良彥遂獲起。

式耜矯矯立名，所建白多當帝意，然搏擊權豪，大臣多畏其口。十月詔會推閣臣，禮部侍郎錢謙益以同官周延儒方言事蒙眷，慮並推則己絀，謀沮之。式耜，謙益門人也，言於當事者，擯延儒弗推，而列謙益第二。溫體仁遂發難，延儒助之。謙益奪官閒住，式耜坐貶謫。式耜嘗頌貴寧參政胡平表殺賊功，請優擢。其後平表爲貴州布政使，坐不謹罷。式耜再貶二秩，遂廢於家。久之，常熟奸民張漢儒希體仁指，訐謙益、式耜貪肆不法。體仁主之，下法司逮治。巡撫張國維、巡按路振飛交章白其冤，不聽。比兩人就獄，則體仁已去位，獄稍解。謙益坐削籍，式耜贖徒。言官疏薦，不納。

十七年，福王立於南京。八月起式耜應天府丞。已，擢右僉都御史，代方震孺巡撫廣西。明年夏，甫抵梧州，聞南京破。靖江王亨嘉謀僭號，召式耜。拒不往，而檄思恩參將陳邦傳助防。止狼兵，勿應亨嘉調。亨嘉至梧，劫式耜，幽之桂林，遣人取其敕印。初，式耜議立桂端王子安仁王。及唐王監國，式耜以爲倫序不當立，不奉表勸進。至是爲亨嘉所幽，乃遣使賀王，因乞援。王喜，而亨嘉爲丁魁楚所攻，勢窘，乃釋式耜。式耜與中軍官焦璉召邦傳共執亨嘉，亂遂定。唐王擢式耜兵部右侍郎，協理戎政，以晏日曙來代。式耜不入朝，退居廣東。

順治三年九月，大兵破汀州。式耜與魁楚等議立永明王由榔，乃迎王梧州，以十月十日監國肇慶。進式耜吏部右侍郎、東閣大學士，兼掌吏部事。未幾，贛州敗報至，司禮王坤迫王赴梧州。式耜力爭，不得。十一月朔，蘇觀生立唐王聿鐭於廣州。式耜乃與魁楚等定議迎王還肇慶，遣總督林佳鼎禦觀生兵，敗歿。式耜視師峽口。十二月望，大兵破廣州。王坤趣王西走。式耜趨赴王，王已越梧而西。

四年正月，大兵破肇慶，逼梧州，巡撫曹曄迎降。王欲走依何騰蛟於湖廣，丁魁楚、呂大器、王化澄皆棄王去，止式耜及吳炳、吳貞毓等從，乃由平樂抵桂林。二月，大兵襲平樂，分兵趨桂林。王將走全州，式耜極陳桂林形勢，請留，不許。自請留守，許之。進文淵閣大學士，兼兵部尚書，賜劍，便宜從事。平樂、潯州相繼破，桂林危甚。總督侍郎朱盛濃走靈川，巡按御史辜延泰走融縣，布政使朱盛濶、副使楊垂雲、桂林知府王惠卿以下皆遁，惟式耜與通判鄭國藩，縣丞李世榮及都司林應昌、李當瑞、沈煌在焉。王令兵部右侍郎丁元曄代盛濃，御史魯可藻代延泰。未赴而大兵已於三月薄桂林，以騎數十突入文昌門，登城樓瞰式耜公署。式耜急令援將焦璉拒戰。

初，永明王爲賊執，璉率衆攀城上，破械出之。王病不能行，璉負王以行。王以此德璉，用破靖江王功，命爲參將。及是戰守三月，璉功最多，元曄、可藻亦盡力。式耜身立矢石中，與士卒同甘苦。積雨城壞，吏士無人色，式耜督城守自如，故人無叛志。援兵索餉而譁，式耜括庫不足，妻邵捐簪珥佐之。既而璉兵主客不和，譟而去，城幾破者數矣。會陳邦彥等攻廣州，大兵引而東，桂林獲全。璉亦復陽朔及平樂，陳邦傳亦由潯復梧州。王聞捷，封式耜臨桂伯，璉新興伯，元曄等進秩有差。

式耜初請王返全州，不聽。已，請還桂林。王已許之，會武岡破，王由靖州走柳州，式耜復請還桂林。十一月，大兵自湖南逼全州，式耜偕騰蛟拒卻。已，梧州復破，王方在象州，欲走南寧。以大臣力爭，乃以十二月還桂林。

五年二月，南安侯郝永忠駐桂林，惡城外團練兵，盡破水東十八村，殺戮無算，與式耜搆難。式耜力調劑，永忠乃駐興安。大兵前驅至靈川，永忠戰敗，奔入桂林，請王卽夕西走。式耜力爭，不聽。左右皆請速駕，式耜又爭。王曰：「卿不過欲予死社稷爾。」式耜爲泣下沾衣。王甫行，永忠卽大掠，捶殺太常卿黃太元。式耜家亦被掠，家人矯騰蛟令箭，乃出城。日中，趙印選諸營自靈川至，亦大掠，城內外如洗。永忠走柳州，印選等走永寧。明日，式耜息城中餘燼，安撫遠近。焦璉及諸鎭周金、湯兆佐、胡一青等各率所部至，騰蛟軍亦至。三月，大兵知桂林有變，來襲，抵北門。騰蛟督諸將拒戰，城獲全。時王駐南寧，式耜遣使慰三宮起居。王始知式耜無恙，爲泣下。

閏三月，廣東李成棟、江西金聲桓皆叛大清，據地歸，式耜請王還桂林。王從成棟請，將赴廣州。式耜慮成棟挾王自專，如劉承胤事，力爭之，乃駐肇慶。十一月，永州、寶慶、衡州並復。式耜以機會可乘，請王還桂林，圖出楚之計，不納。慶國公陳邦傳守潯州，自稱世守廣西，欲如黔國公例。式耜特疏劾之，會中外多爭者，邦傳乃止。廣西巡撫魯可藻自署銜巡撫兩廣，式耜亦疏駁之。式耜身在外，政有闕，必疏諫。嘗曰：「臣與主上患難相隨，休戚與共，不同他臣。一切大政，自得與聞。」王爲褒納。而是時成棟子元胤專朝政，知敬式耜，袁彭年、丁時魁、金堡等遂爭相倚附。六年正月，時魁等逐朱天麟，不欲何吾騶爲首輔。召式耜入直，以文淵印畀之，式耜終不入也。未幾，騰蛟、聲桓、成棟相繼敗歿，國勢大危。朝士方植黨相角，式耜不能禁。

七年正月，南雄破。王懼，走梧州。諸大臣許時魁等下獄，式耜七疏論救。胡執恭之擅封孫可望也，式耜疏請斬之。皆不納。九月，全州破。開國公趙印選居桂林，衞國公胡一青守榕江，與寧遠伯王永祚皆懼不出兵，大兵遂入嚴關。十月，一青、永祚入桂林分餉，榕江無戍兵，大兵益深入。十一月五日，式耜檄印選出，不肯行，再趣之，則盡室逃。一青及武陵侯楊國棟、綏寧伯蒲纓、寧武伯馬養麟亦逃去。永祚迎降，城中無一兵。式耜端坐府中，家人亦散。部將戚良勛請式耜上馬速走，式耜堅不聽，叱退之。俄總督張同敞至，誓偕死，乃相對飲酒，一老兵侍。召中軍徐高付以敕印，屬馳送王。是夕，兩人秉燭危坐。黎明，數騎至。式耜曰「吾兩人待死久矣」，遂與偕行，至則踞坐於地。諭之降，不聽，幽於民舍。兩人日賦詩倡和，得百餘首。至閏十一月十有七日，將就刑，天大雷電，空中震擊者三，遠近稱異，遂與同敞俱死。同敞，大學士居正曾孫，事見居正傳。

時桂林殉難者光祿少卿汪皞投水死。其破平樂也，守將鎮西將軍朱旻如自剄。有周震者，官中書舍人，居全州，慷慨尚氣節。武岡失，全州危，震邀文武將吏盟於神，誓死拒守。條城守事宜，上之留守瞿式耜。式耜卽題爲御史，監全州軍。無何，郝永忠、盧鼎自全州撤兵還桂林。守全諸將議舉城降，震力爭不可，衆怒殺之，全州遂失。

贊曰：何騰蛟、瞿式耜崎嶇危難之中，介然以艱貞自守。雖其設施經畫，未能一覩厥效，要亦時勢使然。其於鞠躬盡瘁之操，無少虧損，固未可以是爲訾議也。夫節義必窮而後見，如二人之竭力致死，靡有二心，所謂百折不回者矣。明代二百七十餘年養士之報，其在斯乎！其在斯乎！